麓山文化　编著

淘宝新手店铺装修一本通

（2014）最新版

机械工业出版社

本书全面讲解了淘宝旺铺装修知识，从图片处理和美化，到各个模块的设计与制作，能够为淘宝卖家提供全面、实用、快速的店铺装修指导。

全书共 3 篇 13 章，第 1 篇基础装修篇讲解了淘宝店铺装修的基本知识和流程，以及宝贝美化的一些方法和技巧；第 2 篇精致装修篇讲解了店铺装修各大模块的设计制作，如背景、页头、页尾、左侧模块、右侧模块、中间模块，以及宝贝详情页、全屏海报、导航菜单等内容，第 3 篇完整案例篇通过 4 个有代表性的店铺装修案例，详细讲解了不同风格店铺装修的完整过程，涉及的软件有图像处理软件 Photoshop 和网页设计软件 Dreamweaver。

本书配套光盘包含了各个实例的素材文件、PSD 源文件，网页文件和源代码文件，还免费赠送全书所有实例的高清语音视频教学，以及编者精心收集的网店装修的分类素材，读者可以在店铺装修过程中随时调用，可以大大提高工作效率。

本书内容丰富全面，图文并茂，适用于广大网商、网络从业人员及网上创业者学习和参考。

图书在版编目（CIP）数据

淘宝新手店铺装修一本通/麓山文化编著. —2 版. —北京：机械工业出版社，2014.8重印

ISBN 978-7-111-44904-1

Ⅰ. ①淘…　Ⅱ. ①麓…　Ⅲ. ①电子商务-商业经营-基本知识-中国　Ⅳ. ①F724.6

中国版本图书馆 CIP 数据核字(2013)第 281960 号

机械工业出版社（北京市百万庄大街 22 号　邮政编码 100037）
责任编辑：曲彩云
印　　刷：北京兰星球彩色印刷有限公司
2014 年 8 月第 2 版第 2 次印刷
184mm×210mm・16.5 印张・317 千字
4001－7000 册
标准书号：ISBN 978-7-111-44904-1
　　　　　ISBN 978-7-89405-216-2　（光盘）
定价：68.00 元（含 DVD）
凡购本书，如有缺页、倒页、脱页，由本社发行部调换
销售服务热线电话（010）68326294
购书热线电话（010）88379639　88379641　88379643
编辑热线电话（010）68327259

前言

随着互联网的飞速发展，网络购物已经日益为人们所熟悉和接纳，这为更多人在网上创业提供了途径，而淘宝作为人气最高的专业平台，当然是不二之选。

网上开店，低成本创业成为很多人的选择。那么如何让自己的店铺在茫茫店海中脱颖而出，就成了我们共同探讨的话题。

和实体店一样，网店也是需要包装的。在淘宝有一个耳熟能详的名词“店铺装修”。它已经发展成为一种趋势。

本书编写的初衷就是为了帮助成千上万的卖家，尤其是中小卖家更好地装修自己的店铺，让原本粗糙、简陋的店铺焕然一新，俨然专业卖家的店铺，给来访者以不同的心理感受，进而提高店铺的访问量和知名度。

作为一个有着丰富经验的网店装修设计师，希望从一个全新的角度来帮助更多的淘宝卖家，打造自己专业的形象店铺，通过相关店铺装修知识的讲解，让更多卖家能够学以致用，亲手装点自己的店铺。

全书共 3 篇 13 章，第 1 篇基础装修篇，讲解了淘宝店铺装修的基本知识和流程，以及宝贝美化的一些方法和技巧；第 2 篇，精致装修篇讲解了店铺装修各大模块的设计制作，如背景、页头、页尾、左侧模块、右侧模块、中间模块，以及宝贝详情页、全屏海报、导航菜单等内容；第 3 篇完整案例篇，通过 4 个有代表性的店铺装修案例，详细讲解了不同风格店铺装修的完整过程，涉及的软件有图像处理软件 Photoshop 和网页设计软件 Dreamweaver。

本书由麓山文化组织编写，具体参与编写的有陈志民、江凡、张洁、马梅桂、戴京京、骆天、胡丹、陈运炳、申玉秀、李红萍、李红艺、李红术、陈云香、陈文香、陈军云、彭斌全、林小群、刘清平、钟睦、刘里锋、朱海涛、廖博、喻文明、易盛、陈晶、张绍华、黄柯、何凯、黄华、陈文轶、杨少波、杨芳、刘有良、刘珊、赵祖欣、齐慧明等。

由于编者水平有限，书中疏漏与不妥之处在所难免。在感谢您选择本书的同时，也希望您能够把对本书的意见和建议告诉我们。

编者 邮箱：lushanbook@gmail.com

读者 QQ 群：327209040

编　者

第 2 篇 精致装修篇

第 3 篇　完整案例篇

基础装修篇

如今，网上购物已成为一种时尚，要想在众多的网店中让自己的网店脱颖而出，给买家留下深刻印象，精心的装修至关重要。本篇将从装修基础着手，讲解有关网店装修的知识。

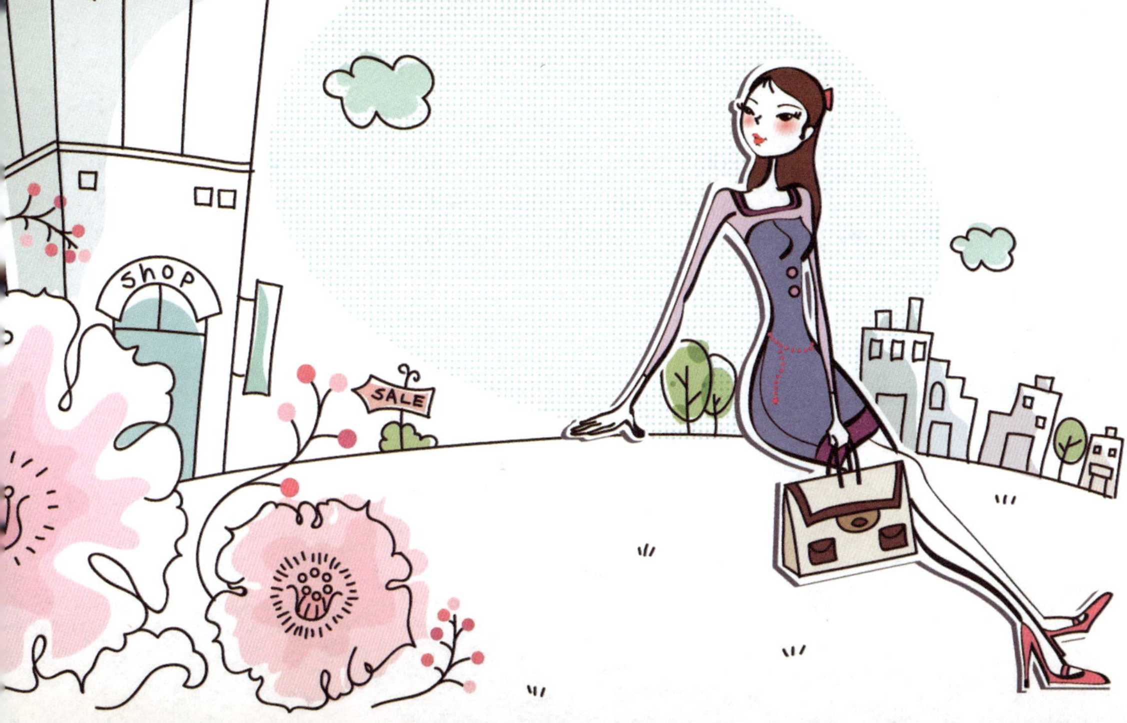

第1章 网店装修基础知识

当顾客进入一个网店时，留下的第一印象不是缤纷的商品、超低的价格，而是整个网店的装修。因此在不计其数的淘宝网店里，要想让自己的店铺出类拔萃，离不开好的店铺装修。

1.1 装修前期准备工作

在正式进入淘宝店铺装修之前，首先需要做些什么呢？本节将学习装修前期准备工作。

1.1.1 了解网店装修的必要性

淘宝店铺是一个网络销售平台，作为网络中的店铺，如果要将其进行美化，自然离不开网页设计，也就是店铺装修，如图 1-1 所示，该店铺通过模板设计，整体风格突出，以柔美的粉色为主，表现女性服饰的甜美，清新的颜色往往容易吸引顾客，而模块的精心设计更美化了店铺形象，将宝贝的品质提升了一个档次。

同样是服装店，相比之下，图 1-2 所示的店铺就简约了很多，虽然商品类目比较全，可是没有店招，没有个性的装修，整体的趣味也就减少了大半，如果能将店铺进行旺铺的全套装修，更好地利用自定义内容区来推出人气商品、促销商品，相信会吸引更多的顾客。

图 1-1　精致装修店铺

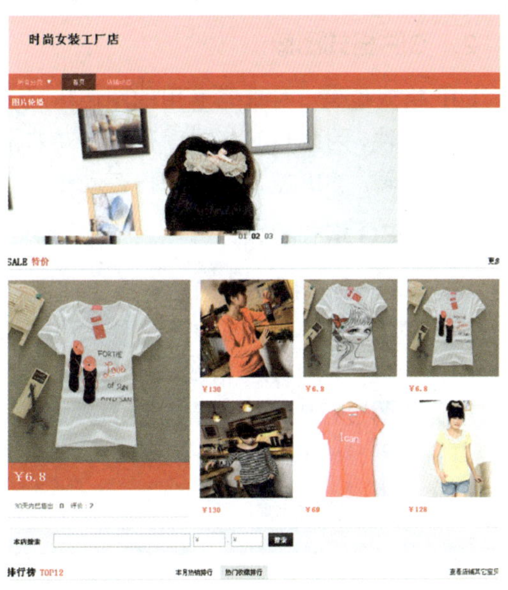

图 1-2　简单装修店铺

如此可见，淘宝店铺装修就像人物化妆，越是细致入微，就越是耐人寻味、美不胜收。因此，装修的必要性也就显而易见了。

1.1.2 了解装修所需常用图像素材

在进行网店装修前先得来了解常用的图像素材有哪些。

1. PSD 格式图像

PSD 格式是 Adobe Photoshop 软件专用的格式，也是新建和保存图像文件默认的格式。PSD 格式是唯一可支持所有图像模式的格式，并且可以存储在 Photoshop 中建立的所有的图层、通道、参考线、注释(历史记录除外)等信息。因此，对于没有编辑完成，下次需要继续编辑的文件最好保存为 PSD 格式。

当然，PSD 格式也有其缺点，由于保存的信息较多，相比其他格式的图像文件而言，PSD 保存时所占用的磁盘空间要大得多。另外，由于 PSD 是 Photoshop 的专用格式，许多软件（特别是排版软件）都不提供直接支持，因此，在图像编辑完成之后，应将图像转换为兼容性好并且占用磁盘空间小的图像格式，如 JPG、TIFF 格式。

2. GIF 格式图像

GIF 格式也是一种非常通用的图像格式，由于最多只能保存 256 种颜色，且使用 LZW 压缩方式压缩文件，因此 GIF 格式保存的文件非常轻便，不会占用太多的磁盘空间，非常适合 Internet 上的图片传输。GIF 格式还可以保存动画。

3. JPEG 格式图像

JPEG 是一种高压缩比的、有损压缩真彩色图像文件格式，其最大特点是文件比较小，可以进行高倍率的压缩，因而在注重文件大小的领域应用广泛，比如网络上的绝大部分要求高颜色深度的图像都是使用 JPEG 格式。JPEG 格式是压缩率最高的图像格式之一，这是由于 JPEG 格式在压缩保存的过程中会以失真最小的方式丢掉一些肉眼不易察觉的数据，因此保存后的图像与原图会有所差别，没有原图像的质量好，不宜在印刷、出版等高要求的场合下使用。

4. PNG 格式图像

PNG 是 Portable Network Graphics（轻便网络图像）的缩写，是 Netscape 公司专为互联网开发的网络图像格式，不同于 GIF 格式图像的是，它可以保存 24 位的真彩色图像，并且有支持透明背景和消除锯齿边缘的功能，可以在不失真的情况下压缩保存图像，但由于并不是所有的浏览

器都支持 PNG 格式，所以该格式使用范围没有 GIF 和 JPEG 广泛。

1.1.3 收集常用装修素材

在对店铺和分类进行了主题的定位之后，就要开始着手准备素材了，任何一个好的设计的完成都离不开大量的素材。如果连素材都要自己亲手制作的话，那么一个店铺装修就太花时间和精力了。所以在不涉及版权的情况下，可以借助互联网来收集大量可用的素材，根据主体和风格选用适当的素材，完成设计装修。收集的方法很简单，除了一些常见的素材网站，比如昵图网（http://www.nipic.com/）、搜素材网（http://www.sosucai.com/）等大型素材网站之外，还可以直接在百度里面搜索“素材”，如图 1-3 所示，这样既可以找到更多的素材网站，还可以根据自己的需要进行筛选，如果有必要，还可以购买一些素材图库。这样，素材越丰富全面，设计的时候也就越容易。

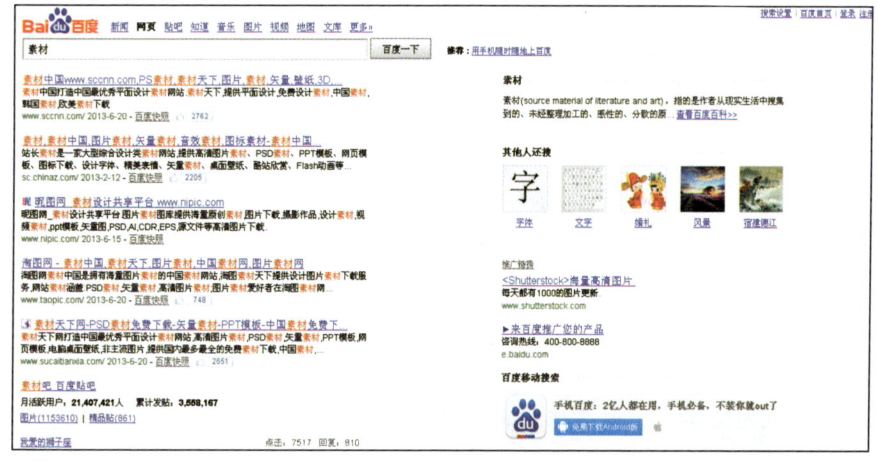

图 1-3　“素材”搜索结果

素材的收集是一项长期的工作，除了即时搜索所需要的素材之外，平时在上网的时候，还要留心，一旦发现好的素材就要保存起来，以备下次使用。如图 1-4 所示就是一些为店铺装修而搜集的素材。

旺旺提示

通常把搜集来的素材放到一个文件夹下，按分类进行存储，这样在使用的时候就可以很快找到。

图 1-4　收藏素材

1.1.4 认识旺铺的种类

旺铺是淘宝的一套专业店铺系统，能管理和装修你的店铺和产品。它可以让您的店铺更加专业，提供更佳的用户体验和更多店铺功能，为你打造最佳的虚拟商店，随时随地满足一切开店所需。

目前淘宝旺铺一共分为 3 种，分别为旺铺基础版、旺铺专业版、旺铺虚拟版。

- 旺铺基础版：所用用户永久免费，原普通店铺直达通道。
- 旺铺专业版：旺铺专业版 50 元/月。包含原拓展版功能+300M 图片空间，旺铺专业版是现有旺铺最高版本，所有其他旺铺都可升级，一钻以下会员可以免费使用旺铺专业版。
- 旺铺虚拟版：旺铺虚拟版是淘宝旺铺专为虚拟类目卖家量身定做的一个旺铺版本。配置两个模块：手机充值模块和游戏快充模块，配置 3 套免费装修模板，资费为 10 元/月。

1.1.5 了解网店装修的流程

1. 收集网店装修素材。
2. 定位网店风格和结构。
3. 对宝贝照片进行优化处理。
4. 设计店招和导航。

⑤ 处理和优化推荐宝贝。
⑥ 设计商品展示区。
⑦ 切片并保存图像为网页元素。
⑧ 进行代码编写、生成。
⑨ 上传装修到店铺中，实现效果。

1.2 了解网店装修中的色彩搭配

在现今生活中，色彩无时无刻不在影响人们的生活。色彩令这个世界五彩缤纷，它能传递信息，影响我们对世间万物的看法。网店给人的第一印象来自视觉冲击，为了美化购物环境，促进商品的成交量，让顾客心情愉悦地购买商品，网店装修中也需讲究色彩与色调的搭配。

1.2.1 网店装修中的色彩

色彩运用是门学问，对不同的色彩，人们的视觉感受是不同的，因此色彩对网店装修有十分重要的意义。利用色彩可以起到调节喜好的作用。

另外季节，气候和时间的不同都会让大家对色彩有不同的要求。站在买家立场上思考，如果网上看到的都是大同小异的店，便会感到视觉疲劳，这时翻到你的店如有自己的特色，就会让人眼前一亮，相同的产品买家自然会选择有品味有档次的网店。所以大家在装修的时候千万注意颜色的运用及色彩搭配，下面就说说各种颜色的魅力吧。

1. 黄色

黄色本身具有一种明朗愉快的效果，表现为乐观和年轻，可以起到强调突出的作用，所以常用于店铺装修中的特价标志或者想要突出的图标背景色。

2. 白色

白色有明亮、洁净的特点，常用于销售结婚用品、卫生用品、女性用品、电子产品等的店铺。

3. 红色

红色表现为充满活力，激情四射，一般用于营造紧张氛围，比如产品的促销，如图 1-5 所示。

4. 橙色

橙色通常会给人一种朝气活泼的感觉。橙色店铺装修一般能促进行动、下单、购买和销售，多用于家居和食品店铺，如图 1-6 所示。

图 1-5　红色装修

图 1-6　橙色装修

5. 粉色

粉色通常代表女性，常用于销售女性和年轻女孩产品的店铺，如图 1-7 所示。

6. 黑色

黑色代表强大和沉稳，一般常用于男性或高端品牌销售的店铺，如图 1-8 所示。

7. 紫色

紫色是缓和放松情绪的颜色，还代表高雅、浪漫，常用于销售美容美肤等产品的店铺。

千万别小看了颜色在网店装修中所起的作用，很多时候它可能会悄然间影响到买家的最终决定。要想提升网店的销量，有心的店长朋友们一定不要忽视了。

图 1-7 粉色装修

图 1-8 黑色装修

1.2.2 色彩搭配的原理

色彩是人的视觉最敏感的东西，不同的色彩搭配会产生不同的效果，它是体现风格的关键。网店主页的色彩处理得好，可以锦上添花，达到事半功倍的效果。在色彩搭配中最先要考虑的是色彩的和谐性。总体而言，色彩搭配的原则应该是“总体协调，局部对比”，即做到统一中有变化，变化中有统一。也就是主页的整体色彩效果应该是和谐的，只有局部的、小范围的地方可以有一些强烈色彩的对比。

根据主页内容的需要，可以分别采用不同的主色调。因为色彩具有象征性，例如：嫩绿色、翠绿色、金黄色、灰褐色就可以分别象征着春、夏、秋、冬。其次还有职业的标志色，例如：军警的橄榄绿，医疗卫生的白色等。色彩还具有明显的心理感觉，例如冷、暖的感觉，进、退的效果等。另外，色彩还有民族性，各个民族由于环境、文化、传统等因素的影响，对于色彩的喜好也存在着较大的差异。充分运用色彩的这些特性，可以使我们的主页具有深刻的艺术内涵，从而提升主页的文化品位。下面介绍几种常用的配色方案：

1. 暖色调搭配

暖色调搭配即红色、橙色、黄色、赭色等色彩的搭配。这种色调的运用，可使主页呈现温馨、和煦、热情的氛围。

2. 冷色调搭配

冷色调搭配即青色、绿色、紫色等色彩的搭配。这种色调的运用，可使主页呈现宁静、清凉、高雅的氛围。

3. 对比色调搭配

对比色搭配即把色性完全相反的色彩搭配在同一个空间里。例如：红与绿、黄与紫、橙与蓝等。这种色彩的搭配，可以产生强烈的视觉效果，给人亮丽、鲜艳、喜庆的感觉。当然，对比色调如果用得不好，会适得其反，产生俗气、刺眼的不良效果。这就要把握"大调和，小对比"这一个重要原则，即总体的色调应该是统一和谐的，局部的地方可以有一些小的强烈对比。

最后，还要考虑主页背景色的深、浅。背景颜色深，文字的颜色就要浅，以深色的背景衬托浅色的文字或图片等内容；反之，背景色淡的，文字的颜色就要深些，以浅色的背景衬托深色的内容。这种深浅的变化在色彩学中称为"明度变化"。

有些主页，底色是黑的，但文字也选用了较深的色彩，由于色彩的明度比较接近，读者在阅览时，眼睛就会感觉很吃力，影响了阅读效果。当然，色彩的明度也不能变化太大，否则屏幕上的亮度反差太强，同样也会使读者的眼睛受不了。

旺旺提示

提示：在淘宝店铺装修中，切忌色彩搭配杂乱众多，不分主次，盲目地罗列各种信息，这样会缺乏统一的美感，以致于影响用户的识别及浏览率。

1.3 网店装修的基本原则

在店铺装修前，需要了解一些必须掌握的网店装修的基本原则。

1. 准备定位

定位店铺的消费人群、消费市场是店铺装修的大前提。只有对店铺进行准备定位后才能有的放矢，设计出适合自己的店铺效果。

2. 选择合适的风格

在建立一个装修主题的前提上，合适地烘托出店铺的风格、特色，突出店铺的活动、商品信息。

3. 风格统一

网店装修中风格不搭是大忌，除了要考虑整体的色调及模块协调外，还要注意突出主次。不是为了装修而装修，而是为了店铺销量而装修，突出宝贝是重点。

4. 图片的合理使用

在店铺装修的过程中，要充分考虑到浏览速度，尽量不要使用过多图片，过多过大的图片往往会使访问速度变慢，影响买家的购物体验，从而降低成交率。

5. 合理的宝贝分类

宝贝分类的目的是方便买家快速找到需要的宝贝。过多的宝贝分类无法做到让买家一目了然。而且会影响浏览速度。

6. 慎重选择图片存储空间

很多装修用到的图片都是存放在淘宝网以外的空间服务器上的，在访问店铺的时候用户将下载这些图片作为缓存。而存放图片的空间服务器的速度将决定店铺的访问速度。由于很多服务器在不同的 ISP 提供商的情况下访问速度是完全不同的，所以在选择空间服务器的时候需要慎重。

1.4 装修必备的图片存储空间

店铺装修中经常使用大量的素材图片，需要将商品说明、图片等相关信息放置在自己的空间中，因此图片存储空间对于卖家是必不可少的。那么可以通过哪些途径获得图片存储空间呢？本节将讲述 4 种获取存储空间的方法。

1.4.1 旺铺图片空间

当店铺升级为旺铺专业版后，淘宝会有 1.29G 的免费图片空间，在自己店铺的图片空间有空间的使用情况，如图 1-9 所示。

如果旺铺提供的图片空间还不够用，那么还可以订购其他容量的空间，如图 1-10 所示。

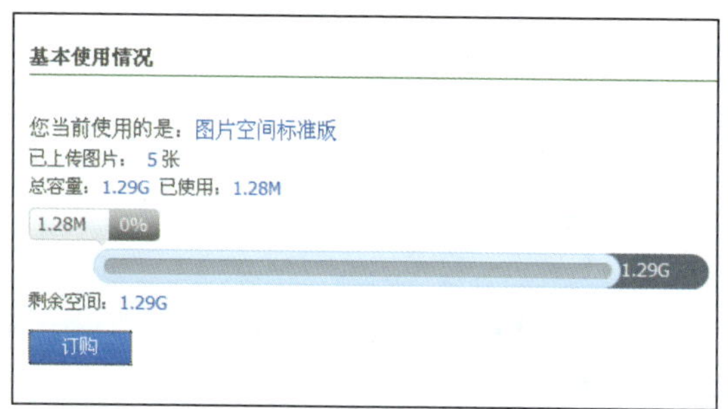

图 1-9　空间使用情况

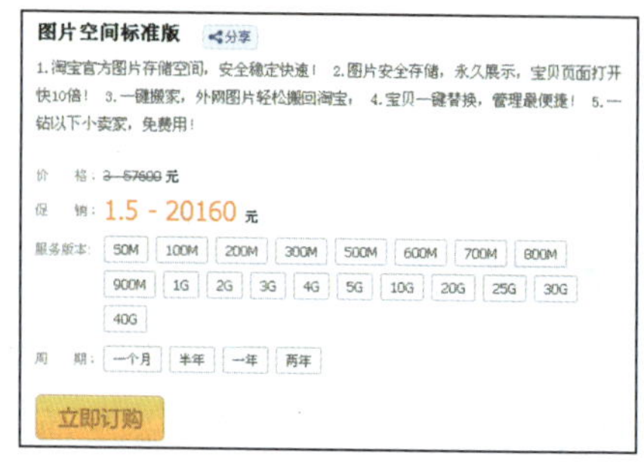

图 1-10　空间订购页面

1.4.2 外部相册

使用外部相册上传图片，然后通过外链到淘宝中，就是使用外部相册的功能。现在互联网上的免费相册虽然很多，但是大都不能支持免费外链。另外很多可以外链到淘宝的相册，如又拍图片管家、16 相册、51 财神相册、有照片相册、TAOBAOCDN、巴比豆相册、淘小宝，大淘营相册、巴巴变相册，随意贴、外链吧等，这些相册可以免费试用一个月，部分使用积分兑换空间的方式来续期，部分需要小额续费方可继续使用，相对来说，这些相册更适合淘宝网店的卖家。下面就以外链吧为例，讲解使用外部相册的方法。

图 1-11　外链吧首页

01 搜索并进入外链吧首页，注册或登录外链吧，如图 1-11 所示。

02 进入外链吧首页，单击“图片上传”按钮，如图 1-12 所示。

03 进入“图片上传”页面，如图 1-13 所示。

图 1-12　单击“图片上传”按钮

图 1-13　“图片上传”页面

04 单击“添加照片”按钮，在弹出的对话框中选择照片，单击“保存”按钮，如图 1-14 所示。

05 单击“上传照片”按钮，如图 1-15 所示，等待上传完成。

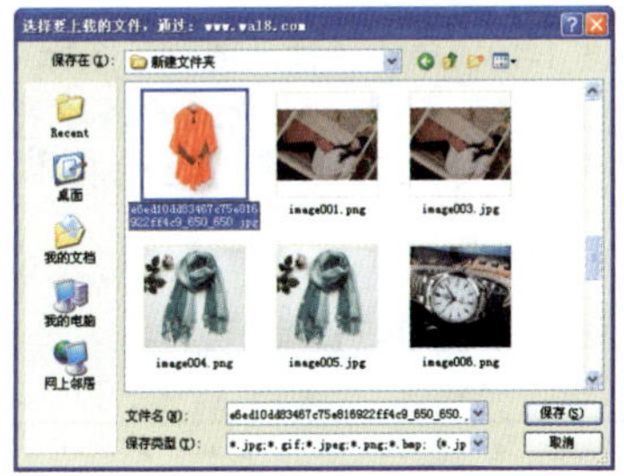

图 1-14　单击“保存”按钮

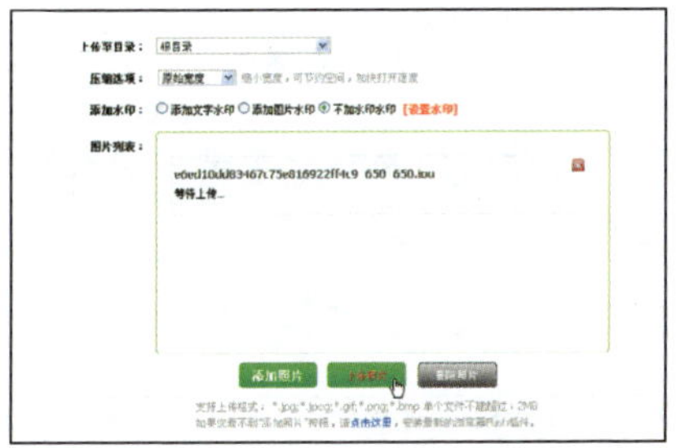

图 1-15　上传照片

06 上传完成后，单击“图片管理”按钮，如图 1-16 所示。

07 进入“图片管理”页面，单击“链接”按钮，如图 1-17 所示。

图 1-16　单击“图片管理”按钮

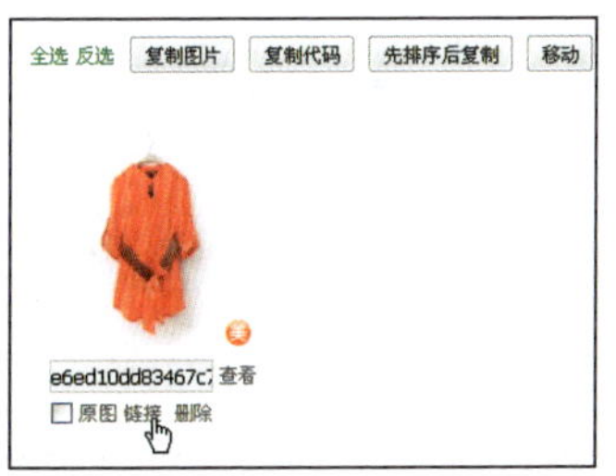

图 1-17　单击“链接”按钮

08 弹出提示信息，如图 1-18 所示。

09 进入“发布宝贝”页面，发布宝贝时，在宝贝描述中，单击“插入图片”图标，如图 1-19 所示。

图 1-18 提示

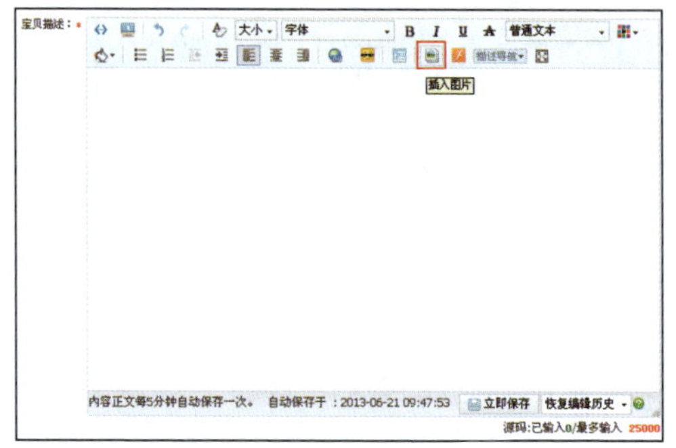

图 1-19 单击“插入图片”图标

10 在打开的列表框中单击“插入网络图片”选项卡，然后将之前复制的地址粘贴到图片地址文本框中，如图 1-20 所示。

11 单击“插入”按钮，即可将图片插入到宝贝描述中，如图 1-21 所示。

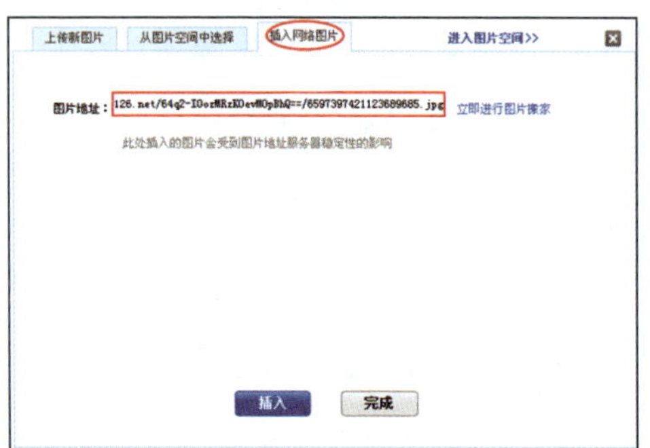

图 1-20 粘贴图片链接地址

图 1-21 插入图片

旺旺提示

外部相册虽然好用，但是存在一些不稳定因素。

1.4.3 租用图片空间

相比稳定性不是很好的免费相册或者博客相册这样的存储空间，租用图片空间作为店铺商品的存储空间安全系数会大一些，这些存储空间一般都是由比较专业的服务器运营商进行运营和维护的，可以提供图片和 flash 动画的上传。服务器相对比较安全、稳定，由于是付费的，所以服务也不错。

在淘宝网有很多销售商品图片存储空间的店铺，购买方便、灵活，可以根据店铺自身的需要选择购买，可以选择几兆、几十兆和几百兆的存储空间，并且分为月付和年付，对于普通的卖家来说，是个不错的选择。

1.4.4 租用虚拟主机

使用虚拟主机是企业网站存放网站内容的一中普遍形式。虚拟主机系统稳定、管理方便，而且还能支持多种类型的文件，如图片、Flash 动画、网页、数据库等。虚拟主机的方式适合于希望拥有自己的购物网站或者在开店的淘宝卖家。

本书介绍的上传实例就是使用了专业的虚拟主机。这样的虚拟主机价格会相对高一些，但是存储空间比较大，能更好地满足用户需要，下面介绍通过虚拟主机上传并发布图片的方法。

01 在浏览器中输入“ftp: //+虚拟主机 IP（或者域名）”。

02 在弹出的“登录身份”对话框中输入虚拟主机服务商提供的用户名和密码。

03 登录后，将制作好的图片和文字信息复制粘贴至虚拟主机的空间。

04 打开某个文件，复制浏览器地址栏的地址路径，粘贴至淘宝的图片地址栏中，即可将图片发布成功。

第2章 宝贝照片处理

在网上，买家看不到实际的产品，只能通过照片来决定是否购买。于是，再卖力的吆喝也比不上一张精美的照片，一瞬间的心动往往是下单的关键。而说到网店装修，当然也离不开对照片的处理了。宝贝照片的处理直接影响最终的店铺装修效果，因此本章的学习也至关重要。

2.1 图像尺寸调整

所有的商品照片并不是拍摄好之后就可以马上使用的，因为淘宝对商品图片的大小有限制，另外图片受拍摄外在因素的影响，除了需要调整大小之外，还需要对画面进行适当的裁剪，以适合画面，达到最好的效果，本节将讲述商品照片的大小调整方法和裁剪方法。

2.1.1 压缩图像

有些照片为了拍摄效果清晰，通常会采用高分辨率进行拍摄。但是高分辨率的图像由于质量高，所以文件就会偏大，上传后网页打开的速度就越慢，有些还会显示不全或不能显示，影响浏览的速度和效果，所以在上传图像之前，需要对其进行压缩处理。

01 运行 Photoshop 软件，按 Ctrl+O 快捷键，打开配套光盘提供的“1.jpg”的图像文件，如图 2-1 所示。

02 执行“图像”|“图像大小”命令，弹出“图像大小”设置对话框，我们可以看到，图像的原始像素大小为 51.3M，如图 2-2 所示。

图 2-1　打开文件

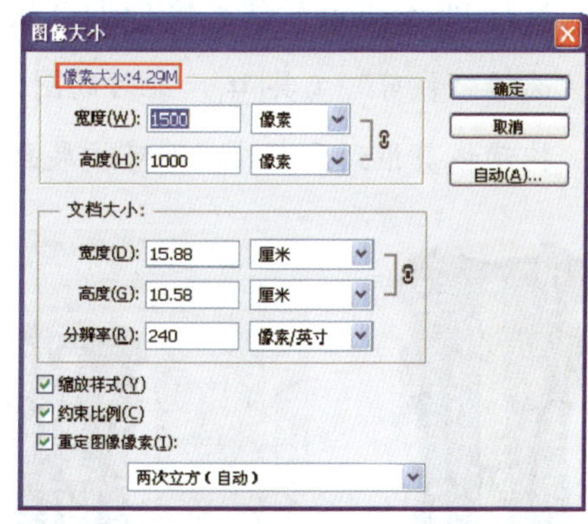

图 2-2　图像大小设置对话框

03 设置分辨率参数为 36 像素/英寸，此时的像素大小只有 12.8M 了，如图 2-3 所示。

04 执行“文件”|“存储为”命令，将图片进行保存。弹出“JPEG 选项”对话框，拖动品

质下的滑块，可以再次调整图像的大小，如图 2-4 所示，单击“确定”按钮即可完成图像压缩。

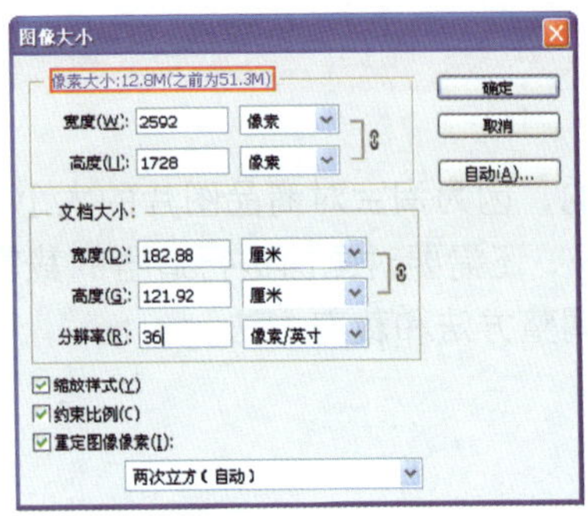

图 2-3　修改图像像素参数

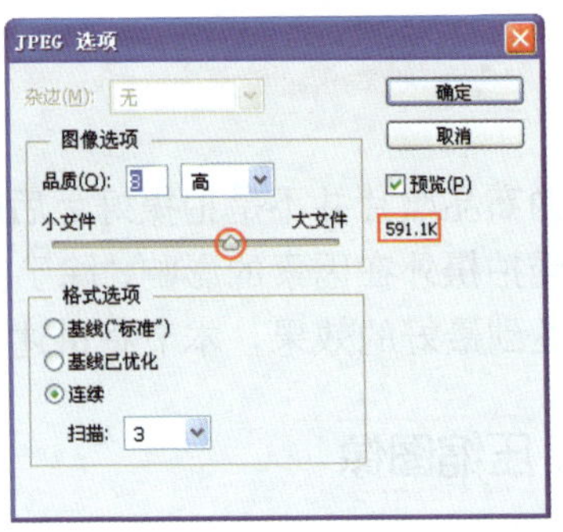

图 2-4　“JPEG 选项”对话框

2.1.2 扩展画布

前面我们学过的调整图片大小是同时调整图片和画布的大小。在进行图片操作过程中，我们经常会遇到维持图片原来的样子，而只是扩大画布的情况。下面我们就来学习利用“画布大小”命令扩展画布大小。

01 运行 Photoshop 软件，按 Ctrl+O 快捷键，打开一张图片，如图 2-5 所示。

02 选择“裁剪”工具，此时的图像上显示出裁剪框，如图 2-6 所示。

03 拖动裁剪框到画布外，即可扩展画布，如图 2-7 所示，按 Enter 键确认画布的大小。

图 2-5　打开图片

图 2-6　裁剪

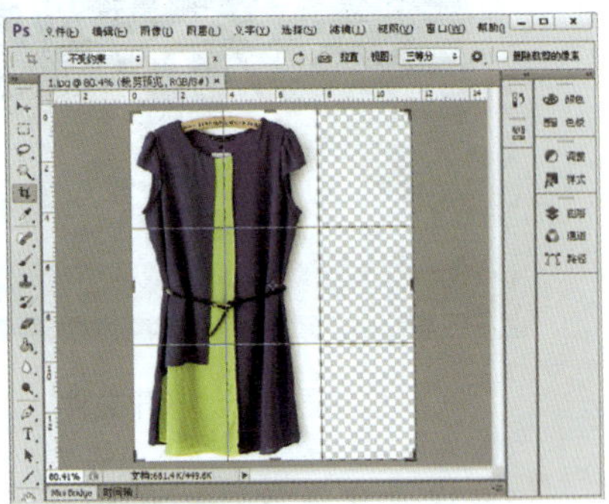

图 2-7　扩展画布

04 按 Ctrl+O 快捷键打开另外一张图片，并使用“选择”工具将其拖动到文档 1 中，如图 2-8 所示。

05 第二种方法是执行 “图像” | “画布大小” 命令，弹出“画布大小”对话框，如图 2-9 所示。

06 设置宽度参数为 15 厘米，在“定位”选项组中单击←图标，如图 2-10 所示。

图 2-8　组合图像

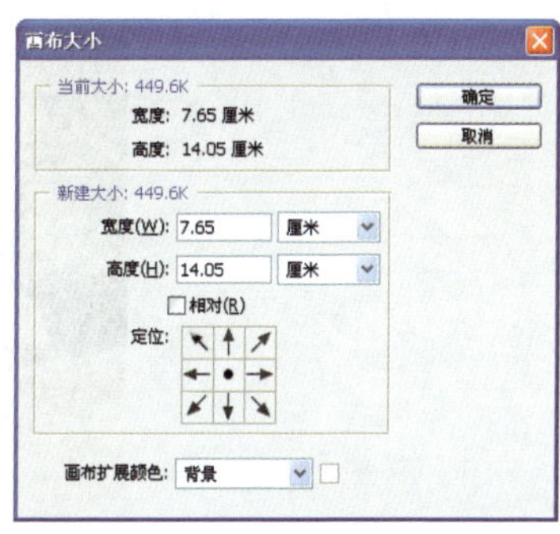

图 2-9　“画布大小”对话框

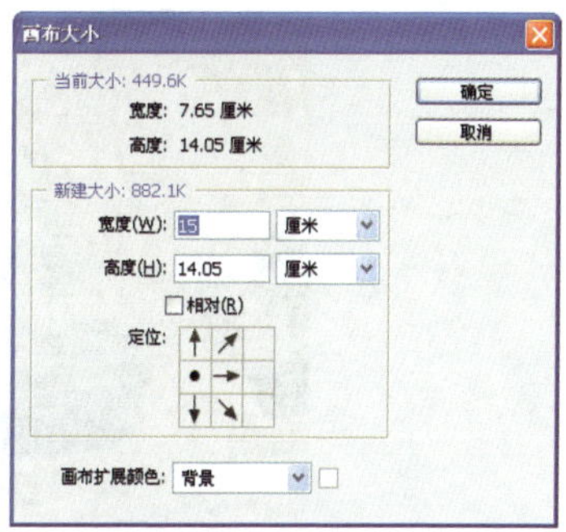

图 2-10　设置参数

旺旺提示

画布的基准点会随着锚点的方向而变化，总共分为 6 个方向。我们可以根据所选锚点的方向来调整画布。

07 单击“确定”按钮，调整画布大小效果如图 2-11 所示。

08 进入文档 2，使用“选择”工具，将图像选中并拖动到文档 1 中，如图 2-12 所示。

图 2-11　调整画布

图 2-12　最终效果

2.1.3 图像裁剪

商品图片在拍摄的时候，应尽可能将商品之外的一部分内容也拍摄进来，以衬托主体，也便于在商品图片后期处理的时候，进行适当的裁剪，以达到最好的构图效果。

如图 2-13 所示为图片裁剪前和裁剪后的效果对比。

图 2-13　图片裁剪前后效果对比

01 运行 Photoshop 软件，按 Ctrl+O 快捷键，打开宝贝拍摄图片，如图 2-14 所示。

02 选择工具箱中的“裁剪”工具，单击起始点，拖动鼠标至预定终点，松开鼠标即出现如图 2-15 所示的裁剪框。

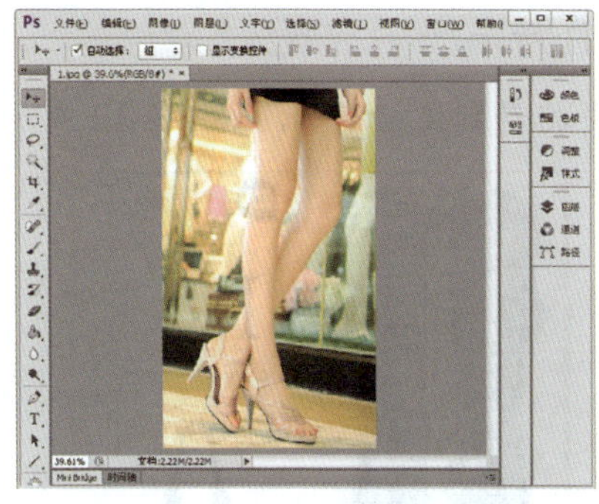

图 2-14　打开文件

图 2-15　图像裁剪框

03 裁剪框和变换框一样，具有 8 个可调节的控制句柄，通过它可以精确确定裁剪范围，调

整好后，按下 Enter 键，应用裁剪。

旺旺提示 如果想取消裁剪状态，可以按下 Esc 键。此外裁剪框具有 8 个可调控制手柄，在未被指定裁剪之前，可以调整裁剪范围。

2.2 快速去除背景

有时由于拍摄宝贝时背景处理得不是很好，或者希望将宝贝应用于更多的场合，在宝贝拍摄完成之后，可以通过抠取宝贝作为素材，巧去背景来达到这样多场合运用的问题。

2.2.1 去除简单背景

拍摄的宝贝为纯色背景，或宝贝与背景边缘清晰分明，去除这类照片的背景非常容易。下面以三个实例来讲解简单背景的去除。

1. 使用魔棒工具

魔棒工具是依据图像颜色进行选择的工具，它能够选取图像中颜色相同或相近的区域，选取时只需在颜色相近区域单击即可，如图 2-16 所示为最后效果。

01 启动 Photoshop 软件，按 Ctrl+O 快捷键，打开化妆品宝贝素材图片，如图 2-17 所示。

图 2-16　最后效果

图 2-17　打开文件

02 在工具箱中选择“魔棒”工具，在工具选项栏中设置容差指为 35，如图 2-18 所示。

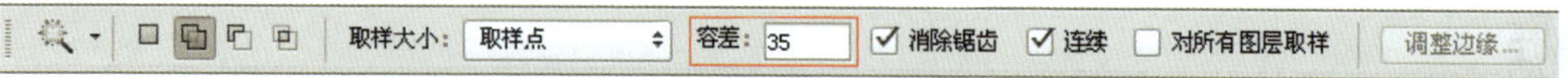

图 2-18 设置容差值

容差设置参数越大，选择的像素就越多，反之越小。

03 单击白色背景部分，得到如图 2-19 所示的选区。

04 按 Ctrl+Shift+I 组合键反选选区，如图 2-20 所示。

图 2-19 建立选区

图 2-20 反选选区

05 在选项栏中单击“调整边缘”按钮，如图 2-21 所示。

图 2-21 单击“调整边缘”按钮

06 在弹出的对话框中设置平滑参数，平滑参数可以根据实际情况进行设置，这里设置为 2，如图 2-22 所示。

07 按 Ctrl+J 快捷键，复制选区内的图像至新的图层。单击“背景”图层前面的图标，隐藏背景层，查看图像抠出效果，如图 2-23 所示。

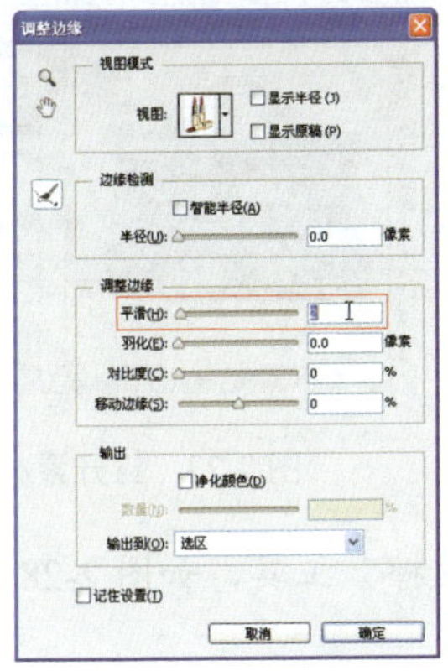

图 2-22　隐藏背景

图 2-23　图像抠出效果

08 按 Ctrl+O 快捷键打开背景素材，如图 2-24 所示。

09 将抠出的口红拖到“背景”文档中，并按 Ctrl+T 快捷键调整大小，最终效果如图 2-25 所示。

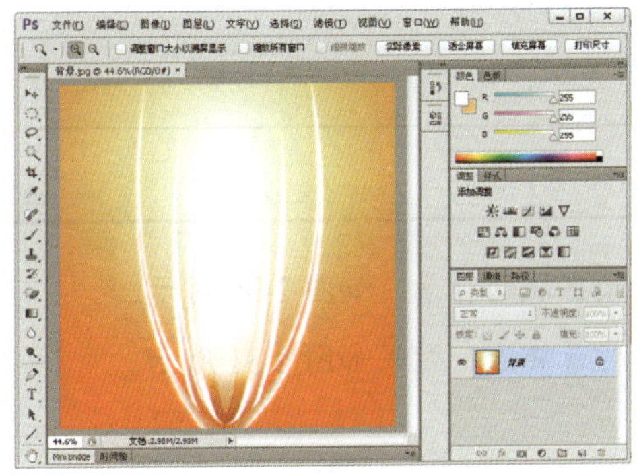

图 2-24　打开背景

图 2-25　最终效果

2. 使用橡皮擦工具组

对于背景较为单一的图像，使用橡皮擦工具组中的工具可以快速完成抠图，如图 2-26 所示效果图。

01 启动 Photoshop 软件，按 Ctrl+O 快捷键，打开宝贝素材图片，如图 2-27 所示。

图 2-26 效果图

图 2-27 打开素材

02 右击橡皮擦工具组，在弹出的工具中选择“魔术橡皮擦”工具，如图 2-28 所示。

03 在工具选项栏中设置容差为 32，如图 2-29 所示。

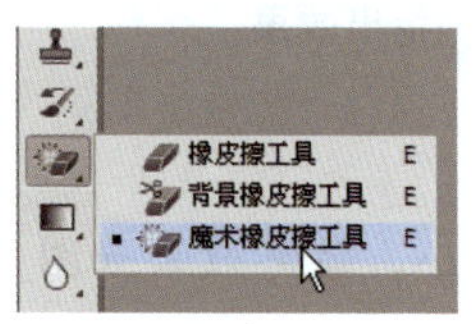

图 2-28 选择工具

图 2-29 设置容差

旺旺提示

这里的容差值可以根据实际图像的背景颜色范围进行设置。

04 在图像背景上单击鼠标，即可快速删除该连续区域的背景，如图 2-30 所示。

05 在其他背景区域继续单击鼠标，直到将所有背景删除，效果如图 2-31 所示。

图 2-30 删除背景

图 2-31 效果

06 按 Ctrl+O 快捷键打开背景素材，如图 2-32 所示。

07 将抠出的宝贝素材拖入到背景文档中，并按 Ctrl+T 快捷键调整素材的大小，最终效果如图 2-33 所示。

图 2-32　背景素材

图 2-33　最终效果

3. 使用正片叠底

有一种抠图被称为不抠而抠，这种抠图方式是指一些具有特殊性质，如纯色背景，可以使用图层的混合模式来完成抠图合成的效果，如图 2-34 所示为效果图。

图 2-34　效果图

01 按 Ctrl+O 快捷键打开两张素材，如图 2-35 所示。

02 将鞋子素材拖入到背景文档中，并按 Ctrl+T 快捷键调整素材的大小，效果如图 2-36 所示。

图 2-35　打开素材

图 2-36　效果

03 在“图层”面板，选择“鞋子”所在的图层，设置图层的混合模式为“正片叠底”，如图 2-37 所示。

04 设置混合模式后，抠图工程就完成了，效果如图 2-38 所示。

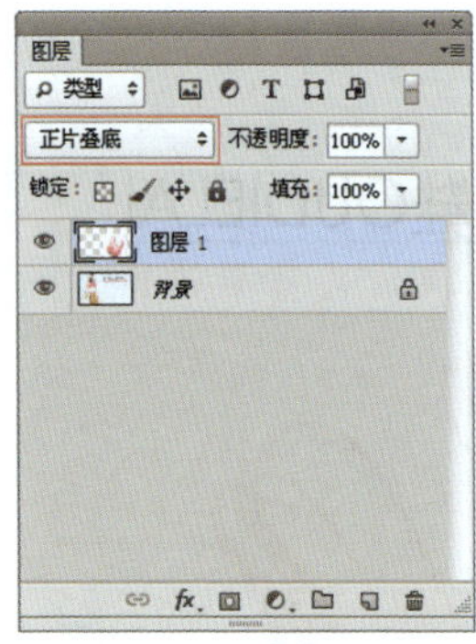

图 2-37　设置混合模式

图 2-38　最终效果

2.2.2 去除复杂背景

使用钢笔工具可以用来抠取背景较为复杂但对象的边缘清晰，棱角分明，如图 2-39 所示为效果图。

图 2-39　效果图

01 启动 Photoshop CS5 软件，按 Ctrl+O 快捷键，打开宝贝素材，如图 2-40 所示。

02 选择“钢笔”工具，沿着红瓷器品的轮廓，单击鼠标，建立路径节点。在曲线轮廓的位置，注意拖动鼠标，调整节点曲率，以适合图像，如图 2-41 所示。

图 2-40　打开素材

图 2-41　建立路径

旺旺提示

在利用钢笔工具建立路径的时候，在局部可以将图像进行放大显示，便于观察，在拐角处，可以按住 Alt 键，单击节点，转换角点。

03 按 Ctrl+Enter 组合键，将路径载入选区。然后按 Ctrl+J 快捷键，拷贝图像至新的图层，单击“背景”图层前面的◉图标，将“背景”图层隐藏，查看抠图效果，如图 2-42 所示。

04 按 Ctrl+O 快捷键打开背景素材，将抠出的瓷器拖入到背景文档中，并按 Ctrl+T 快捷键调整大小，效果如图 2-43 所示。

图 2-42　抠图效果

图 2-43　添加纯白色背景

2.3 宝贝照片优化

由于拍摄商品照片的时候，受光线和本身摄影技巧的影响，有些照片拍出来之后不免会出现曝光不足或曝光过度、色彩暗淡、模糊、有斑点等问题，需要进行后期修正工作，这里通过几个简单例子的讲解，来学习宝贝照片优化的一些方法和技巧。

2.3.1 处理曝光不足的图像

当拍摄的图像光线不足，色彩黯淡，不能很好地展示宝贝的效果时，就需要我们对其进行亮度的调整，如图 2-44 所示为处理曝光不足的前后效果。

01 运行 Photoshop 软件，按 Ctrl+O 快捷键，打开配套光盘提供的“调色.jpg”的图像文件，如图 2-45 所示。

02 按 Ctrl+J 快捷键，复制“背景”图层，得到“图层 1”图层，如图 2-46 所示。

图 2-44　处理曝光不足的前后效果

图 2-45　调色原图像

03 按 Ctrl+L 快捷键，打开“色阶”调整对话框，通过调整滑块的位置来调整色阶参数，如图 2-47 所示。

04 通过色阶的调整，将灰暗的图像进行了亮度的校正，最后效果如图 2-48 所示。这样衣服看起来就鲜艳多了，与之前的效果比较，整个效果清新、淡雅，很能激起买家的购买欲望。

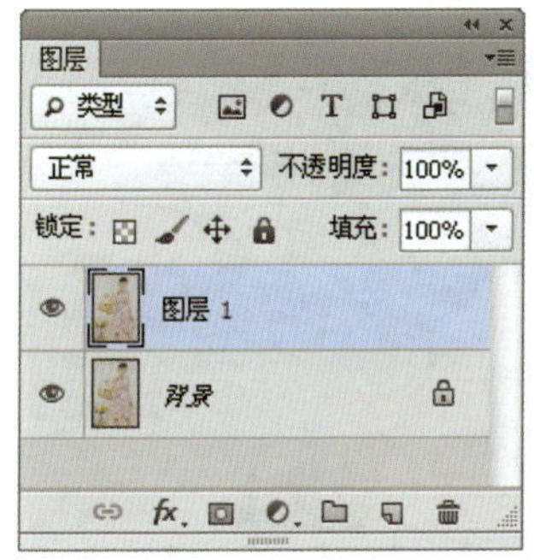

图 2-46　图层关系

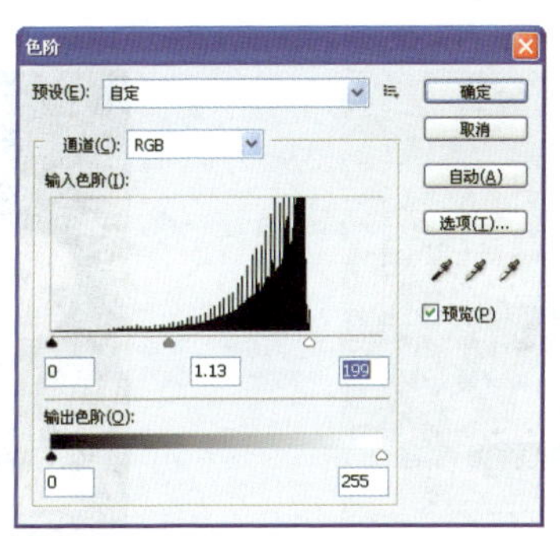

图 2-47　色阶参数设置

图 2-48　调整效果

2.3.2 处理拍摄倾斜的照片

处理拍摄倾斜的照片可以使用标尺工具、裁剪工具，这里学习使用裁剪工具处理拍摄倾斜的照片。

01 启动 Photoshop，按 Ctrl+O 快捷键打开配套光盘提供的素材文件，如图 2-49 所示。

02 选择"裁剪"工具后，画面中会显示出定界框，在工具选项栏中按下"拉直"按钮，在画面中单击并拖出一条直线，如图 2-50 所示。

图 2-49　打开文件

图 2-50　拉出直线

03 释放鼠标后的图像即得到了纠正，如图 2-51 所示。

04 按 Enter 键或双击鼠标可查看经过处理后的图片，如图 2-52 所示。

图 2-51　释放鼠标

图 2-52　处理效果

2.3.3 还原图片色彩

当宝贝图色彩偏暗，饱和度不高，和实物的颜色有一定差别时，则需要进行色彩校正，以恢

复宝贝应有的色彩。如图 2-53 所示为色彩校正前后的对比效果。

图 2-53　色彩校正前后的对比效果

01 运行 Photoshop 软件，按 Ctrl+O 快捷键，打开配套光盘提供的“围巾.jpg”的图像文件，如图 2-54 所示。

02 按 Ctrl+J 快捷键，拷贝“背景”图层至新的图层，得到“背景副本”图层。

03 按 Ctrl+U 快捷键，打开“色相/饱和度”对话框，如图 2-55 所示。

图 2-54　打开图像

色相/饱和度
预设(E): 默认值
确定
取消
全图
色相(H): 0
饱和度(A): 0
明度(I): 0
着色(O)
预览(P)

图 2-55　“色相/饱和度”对话框

04 调整图像的“饱和度”参数为 30，如图 2-56 所示。

05 单击“确定”按钮后，图像效果如图 2-57 所示。

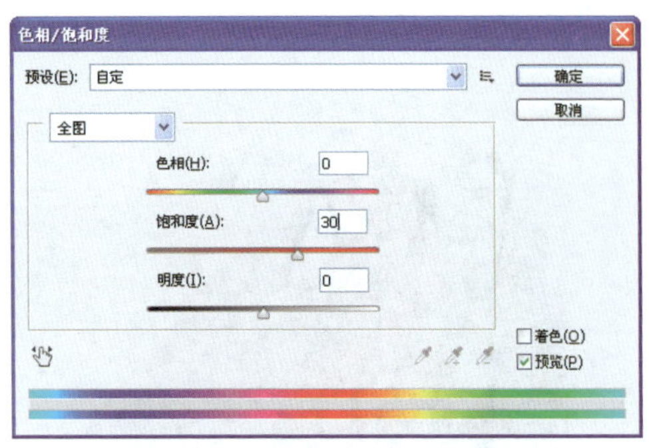

图 2-56 “饱和度”参数

图 2-57 最终效果

2.3.4 提高图片清晰度

拍摄手表、首饰等精美的宝贝时，可能并不能很清晰地拍摄出宝贝的细节，这时可以使用锐化功能提高图片的清晰度。如图 2-58 所示为锐化图像的前后对比效果图。

图 2-58 锐化图像的前后对比效果图

01 运行 Photoshop 软件，按 Ctrl+O 快捷键，打开配套光盘提供的“表.jpg”的图像文件，如图 2-59 所示。

02 按 Ctrl+J 快捷键，复制“背景图层”至新的图层，得到“背景副本”图层。执行“滤镜”|“锐化”|“USM 锐化”命令，如图 2-60 所示。

图 2-59 打开文件

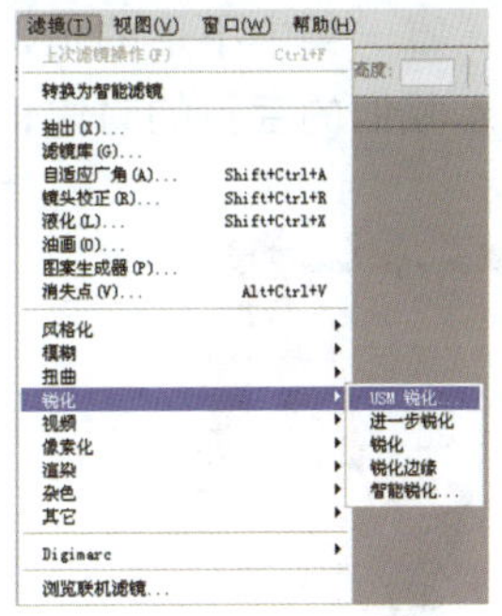

图 2-60 “锐化”命令

03 弹出“USM 锐化”参数设置窗口，将锐化数量设置为 20%，半径设置为 5 像素，如图 2-61 所示。

04 单击“确定”按钮，得到如图 2-62 所示的效果。

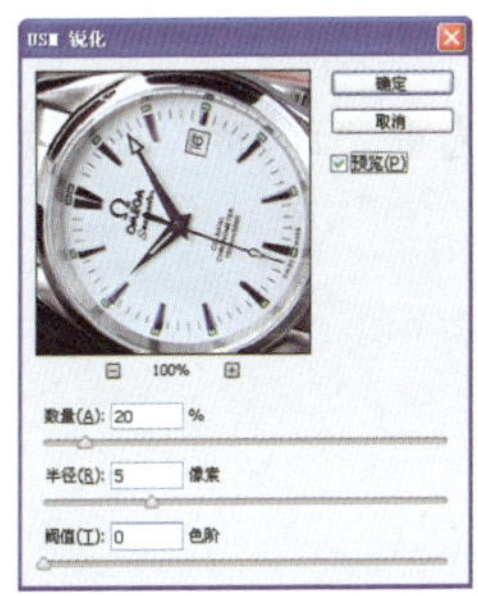

图 2-61 参数设置

图 2-62 锐化效果

旺旺提示

USM 锐化参数可设置范围为，数量为 1%～500%，半径可设置为 0.1～250，阈值可设置为 0～255。

2.3.5 处理商品图像上的斑点

在拍摄宝贝时可能会因为各种原因造成照片出现斑点，使用 Photoshop 可以轻松去除斑点，如图 2-63 所示为处理斑点前后对比效果。从原宝贝图中可以看出，无论是包包的颜色，还是款式都很吸引人，唯一美中不足的是，包包上有一小块黄色的污点，这样包包的形象就大打折扣，所以我们在展示我们的宝贝的时候，一定要注意这样的细节哦。

图 2-63　处理斑点前后对比效果

01 运行 Photoshop 软件，按 Ctrl+O 快捷键，打开配套光盘提供的“包包.jpg”的图像文件，如图 2-64 所示。

02 在工具箱中选择“修补”工具，在工具选项栏中，选中“目标”单选按钮，如图 2-65 所示。

图 2-64　打开文件

图 2-65　选中“目标”单选按钮

03 在污点临近的区域单击并拖动鼠标绘制选区，如图 2-66 所示。

04 在选区内单击鼠标不放，移动选区图像至污点位置，释放鼠标即可，原来的污点就被选区内的图像代替了，如图 2-67 所示。

05 如果修补一次不够，可以重复修补几次，直到满意为止，最后效果如图 2-68 所示。

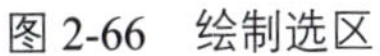
图 2-66　绘制选区

图 2-67　修补图像

图 2-68　最后效果

旺旺提示

在选择“修补”工具的时候，工具选项栏会显示一些参数，其中有二种可供选择的修补方式，它们的区别在于，取样点的先后选择，选择“源”这种修补方式，先将污点选择，再拖移至取样点，完成修补，而“目标”这种修补方式，是先选择取样点，再拖移至污点位置，完成修补。

2.3.6　巧用马赛克

由于模特的肖像权是受法律保护的，所以很多情况下，我们需要将脸部进行马赛克处理，只显示其脸部轮廓，这样就避免了侵犯肖像权。如图 2-69 所示为处理前后的效果对比。

图 2-69　处理前后效果对比

01 启动 Photoshop 软件，按 Ctrl+O 快捷键，打开原图素材文件，如图 2-70 所示。

02 在工具箱中选择套索工具，将人物的脸部大致选择，如图 2-71 所示。

图 2-70　打开文件

图 2-71　建立选区

03 单击鼠标右键，弹出快捷菜单，执行“羽化”命令，如图 2-72 所示。

04 打开“羽化选区”对话框，设置羽化半径为 5 像素，如图 2-73 所示。

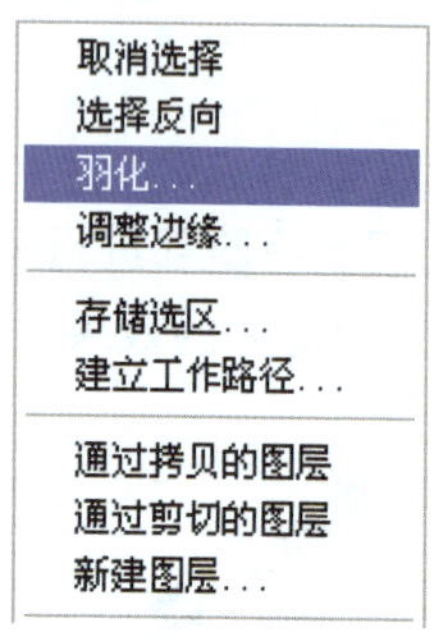
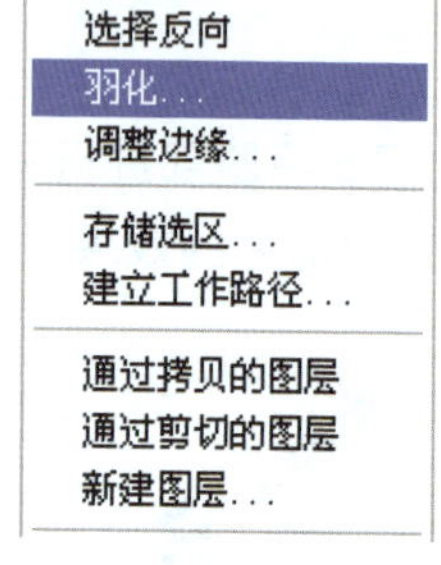

图 2-72　执行“羽化”命令

图 2-73　设置羽化半径

05 单击“确定”按钮。然后执行“滤镜”|“像素化”|“马赛克”命令，如图 2-74 所示。

06 弹出“马赛克”话框，设置参数，如图 2-75 所示。

07 单击“确定”按钮，按 Ctrl+D 快捷键，取消选区，最终效果如图 2-76 所示。

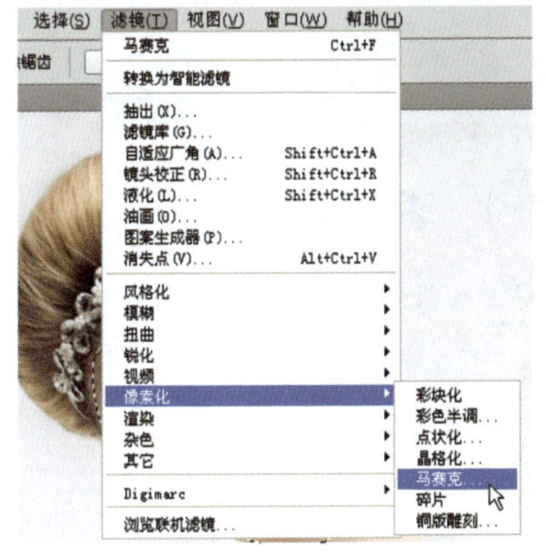

图 2-74　马赛克

图 2-75　设置参数

图 2-76　马赛克效果

08 到这里局部马赛克效果制作完成，即达到了展示衣服的效果，又没有侵犯模特的肖像权，一举两得。

2.4 商品图像修饰

如果一件商品只是简单地进行拍摄，而不添加任何修饰性的元素，那么整个画面将缺乏艺术感染力，也就不能得到很好的宣传效果。面对淘宝海量的商品，如何让自己的宝贝脱颖而出，是值得每个卖家思考的问题。

商品图像修饰指的是，除了商品图像本身的修正之外，另外对商品所处环境的一种设计，包含背景、文字、装饰元素等等，使之与商品本身形成很好的辉映和衬托，从而提升商品的质感和美感的手段。

2.4.1 制作充满意境的背景效果

商品所处的背景，往往是起衬托作用的，所以背景的设计应该以虚为主，从虚实对比的角度来诠释商品主体。

如图 2-77 所示为处理前后的效果对比。

图 2-77　处理前后效果对比

01 启动 Photoshop，按 Ctrl+O 快捷键，打开配套光盘提供的“戒指.jpg”的图像文件，如图 2-78 所示。

02 继续打开一张背景图像，如图 2-79 所示。

03 选择“戒指”这个图像文件，执行“选择”|“色彩范围”命令，利用吸管工具单击图像中白色区域，设置颜色容差为 25 左右，如图 2-80 所示。

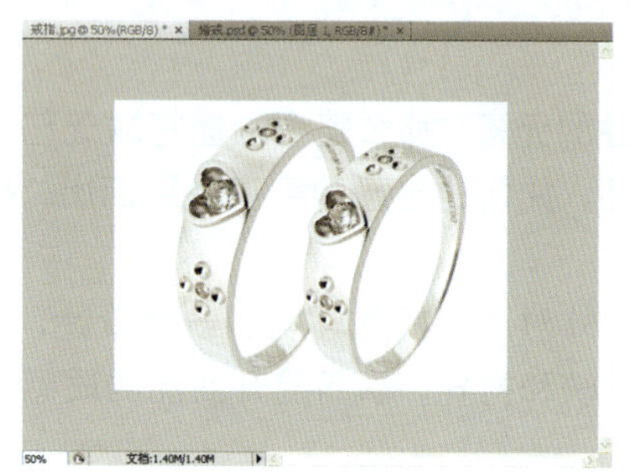

图 2-78　戒指图片

图 2-79　背景图片

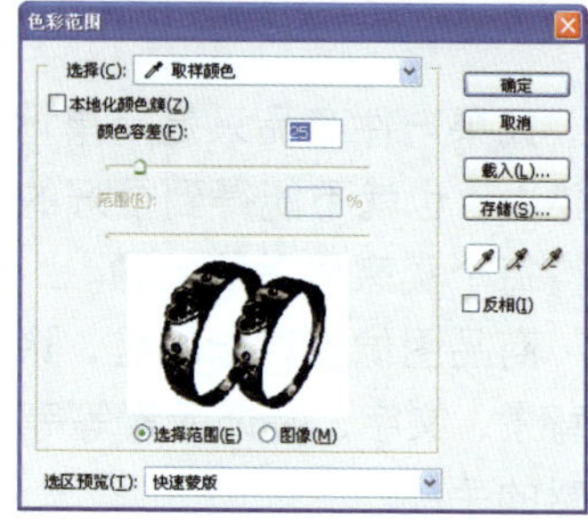

图 2-80　【色彩范围】命令

04 单击“确定”按钮，得到如图 2-81 所示的选区，观察可以发现，戒指上一部分白色区域也被选择了，需要进行选区修改。

05 在工具箱中选择套索工具，按住 Alt 键，将戒指图像内部的选区进行减选，得到如图 2-82 所示的选区。

06 按 Ctrl+Shift+I 组合键，将选区反选，这样就将戒指全部选中，按 Ctrl+J 快捷键，复制

图像至新的图层，得到“图层 1”，隐藏“背景”图层，效果如图 2-83 所示。

图 2-81　色彩范围选区

图 2-82　减选后的选区

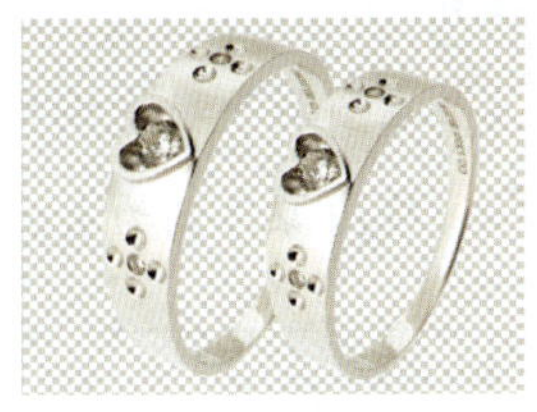

图 2-83　拷贝图像

旺旺提示

在选择图像时，在原来建立的选区基础上，按住 Alt 键，可以减选选区，按住 Shift 键，可以加选选区。

07 按住 Ctrl 键，单击“图层 1”的缩览图，将戒指载入选区，如图 2-84 所示。

08 按 Ctrl+C 快捷键，将图像复制，切换到“背景图像”文件，按 Ctrl+V 快捷键，进行粘贴，如图 2-85 所示。

09 为了丰富画面效果，我们继续对戒指进行处理，按 Ctrl+J 快捷键，将戒指图像再次拷贝，按 Ctrl+T 快捷键，调用变换命令，在变换控制框中右击鼠标，选择“水平翻转”命令，如图 2-86 所示。

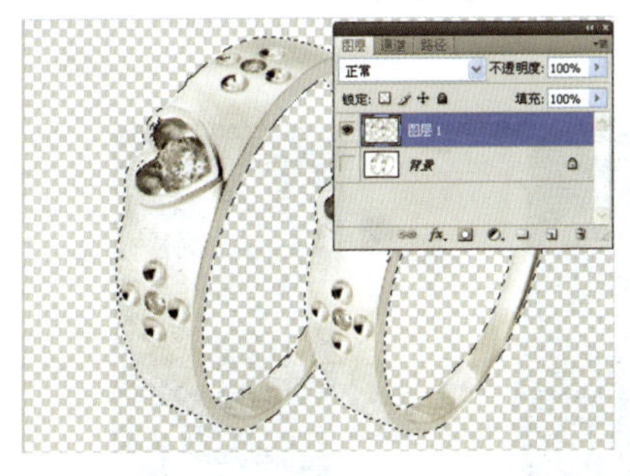

图 2-84　载入选区

图 2-85　粘贴图像

图 2-86　【水平翻转】命令

10 调整控制句柄，将图像缩放至如图 2-87 所示的大小。

11 将该图层下移一层，快捷键为 Ctrl+“[”键，使主要展示的戒指置于最顶层，效果如图 2-88 所示。

12 在图层面板中调整“图层 1 副本”的图层不透明度为 30%，最后效果如图 2-89 所示。

13 将图像存储为 jpg 格式的文件即可。

图 2-87 变换效果

图 2-88 下移图层

图 2-89 调整不透明度

2.4.2 添加修饰图案，营造特殊氛围

有时候给商品添加一些特别的修饰图案，往往可以表现一些特殊的氛围，仍然以“OPPO 音乐手机”为例，来看图案修饰前后的效果对比，如图 2-90 所示，流线型的五线谱和音符图案的添加，为音乐手机营造了一种音乐气氛，仿佛音乐在琴键和手机间自由流淌，浑然一体，展示了音乐手机的高品质音质。

图 2-90 处理前后对比效果

01 启动 Photoshop，按 Ctrl+O 快捷键，打开配套光盘提供的“音乐手机.jpg”的图像文件，如图 2-91 所示。

02 在工具箱中选择钢笔工具，绘制第一条路径，如图 2-92 所示。

图 2-91　打开文件

图 2-92　建立路径

03 继续绘制路径，完成 3 条路径的绘制，如图 2-93 所示。

04 使用直接选择工具，将路径的曲线调整平滑，按住 Shift 键，分别单击各条路径，将其全部选择，右击鼠标，在右键菜单中选择“描边路径”，如图 2-94 所示。

05 在弹出的“描边路径”对话框中，在下拉列表选项中选择“画笔”，不勾选“模拟压力”复选框，单击“确定”按钮，完成路径描边，效果如图 2-95 所示。

图 2-93　路径效果

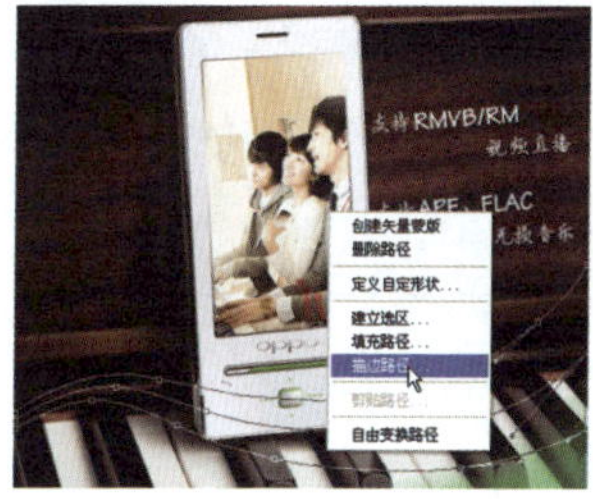

图 2-94　右键菜单

图 2-95　路径描边效果

06 打开“音符.PSD”的素材，如图 2-96 所示。

07 使用选择工具选择其中一个小音符，如图 2-97 所示，按 Ctrl+C 快捷键，复制选区内的图像。

08 回到商品图像窗口，按 Ctrl+V 快捷键，粘贴图像，如图 2-98 所示。

09 设置前景色为白色，将粘贴图像载入选区，按 Alt+Delete 快捷键，快速填充前景色，效果如图 2-99 所示。

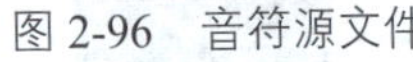

图 2-96 音符源文件

图 2-97 选择小音符

图 2-98 粘贴图像

10 同样的方法，制作其它的音符，最后添加音符完成后的效果如图 2-100 所示。

11 设置前景色为#49a5f2，色值参考如图 2-101 所示。

图 2-99 填充白色

图 2-100 音符添加完成效果

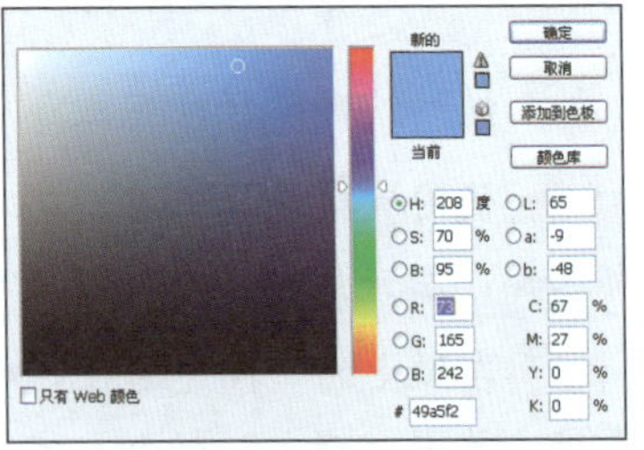

图 2-101 色值参考

12 选择画笔工具，设置画笔主直径大小为 27 像素，绘制如图 2-102 所示的形状。

13 执行“滤镜”|“模糊”|“高斯模糊”命令，设置模糊参数如图 2-103 所示，效果如图 2-104 所示。

图 2-102 绘制形状

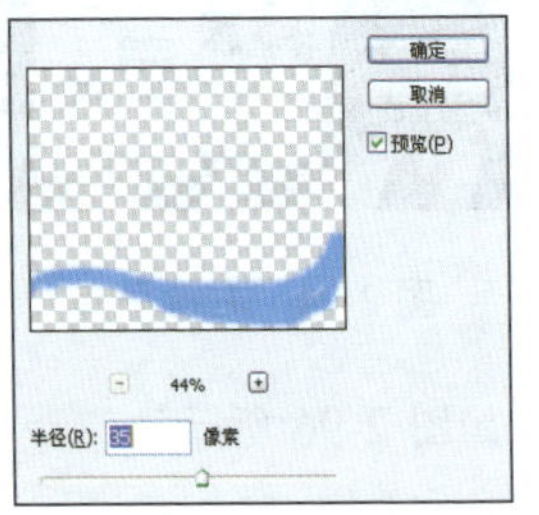

图 2-103 【高斯模糊】参数

图 2-104 【高斯模糊】效果

14 选择渐变工具，设置渐变色为从蓝色到粉红，如图 2-105 所示。

15 将绘制的颜色形状图层载入选区，从左往右拉伸渐变，效果如图 2-106 所示。

16 更改图层的混合模式为“颜色”，不透明度设置为 45%，最后效果如图 2-107 所示。

17 最后将图像存储为 jpg 格式的文件即可完成制作。

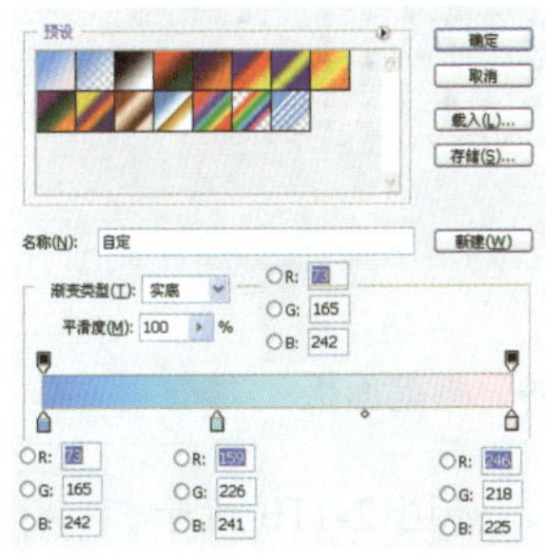

图 2-105　渐变编辑条

图 2-106　渐变效果

图 2-107　音符效果

2.4.3 制作商品广告动画

动画是网页中一个非常重要的元素，我们在浏览网页时经常会看到一些闪烁的图片，看起来非常漂亮，也非常吸引人，这种图片被称为 Gif 动画。Gif 动画在特定的框架中可以展示多个商品，传递更多的信息，可以起到突出商品的作用，也可以美化宝贝图片，增添魅力。本节将具体学习 Gif 动画的制作。

01 首先打开配套光盘提供的如图 2-108 所示的“胸针.jpg”素材。为了体现胸针上水的精致，我们常常会给水晶添加闪闪发光的星光效果。如此精致的造型，如此细致的做工，如此闪亮的水晶，谁看了不会心动呢？接下来就来制作水晶闪闪发光的效果。

02 单击工具箱中的画笔工具，在工具选项栏中，单击①处，展开画笔面板，如图 2-109 所示。

旺旺提示

在制作发光效果前，首先我们需要学习载入画笔的方法，许多星光笔刷可以自己去网上下载，利用 Photoshop 载入画笔的功能，载入外部画笔，这为我们制作星光效果提供了捷径。

图 2-108　素材图片

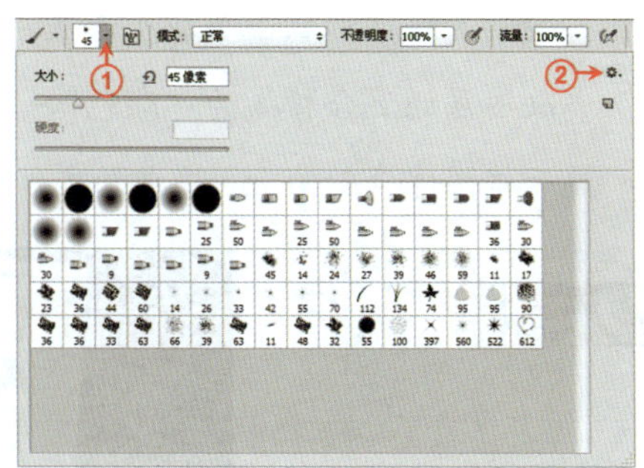

图 2-109　画笔面板

03 继续单击标示②右侧的三角形按钮，选择“载入画笔”命令，如图 2-110 所示。

04 随即弹出“载入”笔刷文件对话框，选择“星光”笔刷文件，如图 2-111 所示。单击“载入”，即可完成“经典梦幻星光”的载入。

图 2-110　载入画笔命令

图 2-111　选择笔刷文件

05 新建“图层 1”，设置前景色为白色，然后单击画笔工具，选择十字星光画笔，设置画笔大小为 45 像素，在水晶石的上方单击鼠标，绘制星光，如图 2-112 所示。

06 使用同样的方法，给其余的水晶石添加星光效果，根据水晶石的大小，设置画笔的大小，最后效果如图 2-113 所示。

07 按 Ctrl+J 快捷键复制“图层 1”，并重命名为“图层 2”。选择“窗口”|“时间轴”命令，在操作窗口的下方展开时间轴面板，如图 2-114 所示。

图 2-112　绘制星光

图 2-113　添加星光效果

08 单击“复制所选帧”按钮，复制当前帧，如图 2-115 所示。

图 2-114　动画面板

图 2-115　复制所选帧

09 在动画面板中单击第 1 帧。在图层面板中单击“图层 2”前面的眼睛按钮“👁”，将“图层 2”进行隐藏。

10 选择第 2 帧，再单击“图层 2”前面的眼睛按钮，再将其进行显示。由于闪光的部分透明度有一个递减的关系，所以当图层叠加的时候，星光会更亮，而当一个图层隐藏以后，星光就会适当的减弱，利用这个透明度和图层的显示和隐藏关系，就可以制作忽明忽暗、闪烁的星光效果了。

11 执行“文件”|“存储为 Web 和设备所用格式”命令，打开图像优化窗口，单击存储按钮，最后完成动画的制作和保存。

旺旺提示 在动画面板，还可以设置动画的循环播放次数和关键帧之间的时间间隔，来控制简单的动画效果。

2.4.4 文字修饰

在商品图片中插入文字时，在设计上要尽量突出商品，以加深对商品的理解。对于特殊字体可以去网上下载，粘贴到电脑上的 Font 字体文件夹下即可。

01 启动 Photoshop ，按 Ctrl+O 快捷键，打开宝贝素材文件，如图 2-116 所示。

02 单击工具箱中的“文本”工具，在画布上单击鼠标，出现文字输入光标，如图 2-117 所示。

03 输入文字信息，对文字进行适当的罗列，如图 2-118 所示。

图 2-116 打开文件

图 2-117 文字输入光标

图 2-118 输入文字

04 选择“唯美…”这一个文字图层，在图层上右击鼠标，选择“栅格化文字”命令，在工具箱中单击“魔棒”工具，取消工具选项栏中“连续”复选框，得到如图 2-119 所示的选区。

05 勾选“连续”复选框，再按住 Alt 键，单击如图 2-120 所示的位置，减选文字以外的区域，得到如图 2-121 所示的精确的文字选区。

图 2-119　载入选区

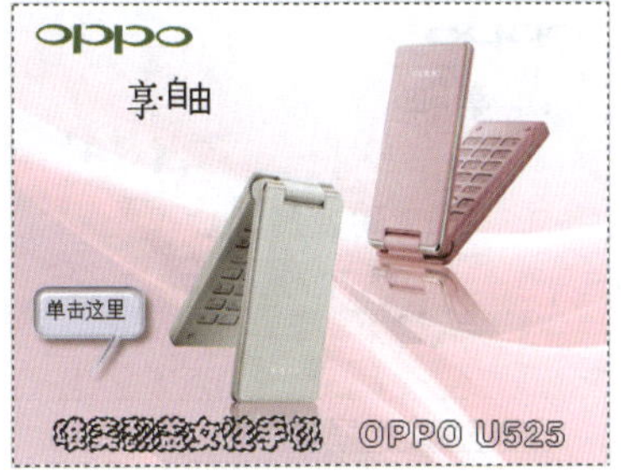

图 2-120　减选选区

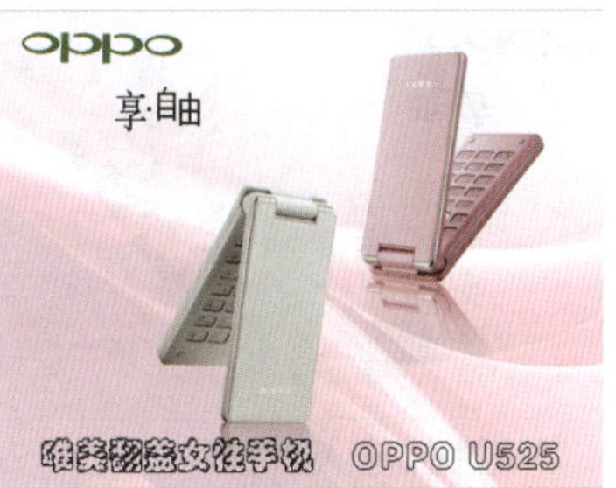

图 2-121　精确的文字选区

06 设置前景色为粉红色，色值参考如图 2-122 所示。

07 按 Alt+Delete 快捷键，快速填充前景色，如图 2-123 所示。

08 同样的方法处理“OPPO U525”这个文本，效果如图 2-124 所示。

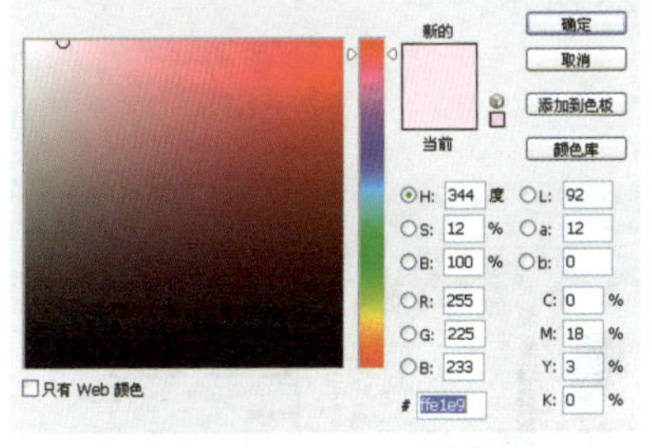

图 2-122　色值参考

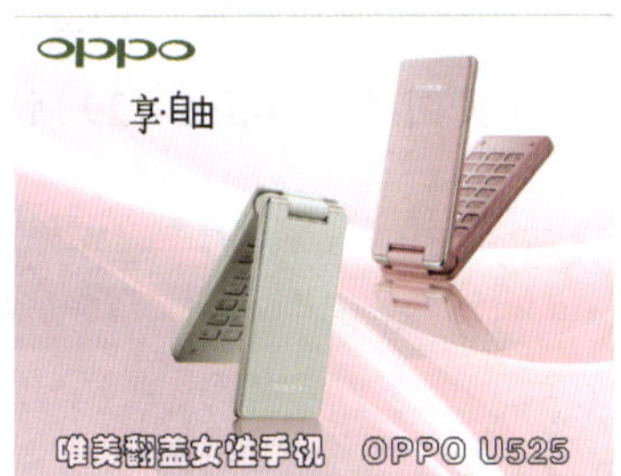

图 2-123　填充前景色

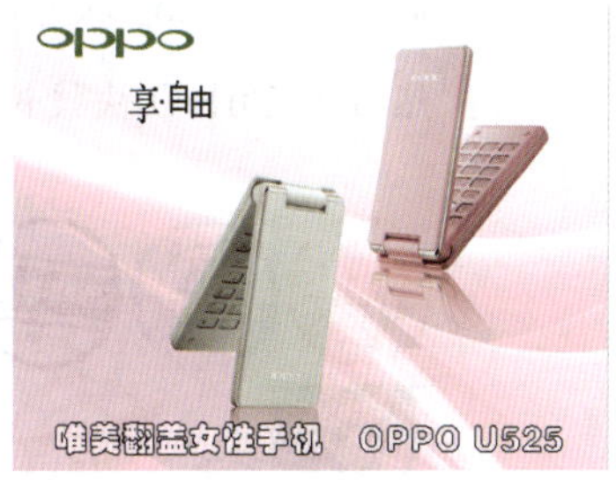

图 2-124　文字填充效果

09 在“背景”图层的上方新建一个图层，在工具箱中选择矩形选框工具，建立一个选区，如图 2-125 所示。

10 设置前景色为白色，按 Alt+Delete 快捷键，快速填充前景色，效果如图 2-126 所示。

11 按 Ctrl+D 快捷键，取消选择，按小键盘上的“4”键，将该图层的不透明度设置为 40%，效果如图 2-127 所示。

12 最后将文件存储为 jpg 格式的文件。

图 2-125 新建矩形选区

图 2-126 填充白色

图 2-127 调整不透明度

2.4.5 促销标签

在宝贝图上贴上促销标签，能使促销的宝贝更显眼。

01 启动 Photoshop 软件，打开准备的促销标签，如图 2-128 所示。

02 然后按 Ctrl+O 快捷键打开宝贝图片，如图 2-129 所示。

图 2-128 打开促销标签

图 2-129 打开宝贝图

03 使用“移动”工具拖动标签到宝贝图文档中，如图 2-130 所示。

04 在“图层”面板中设置“图层 1”的混合模式为“正片叠底”，如图 2-131 所示。

05 选择“套索”工具框选出需要的标签，如图 2-132 所示。

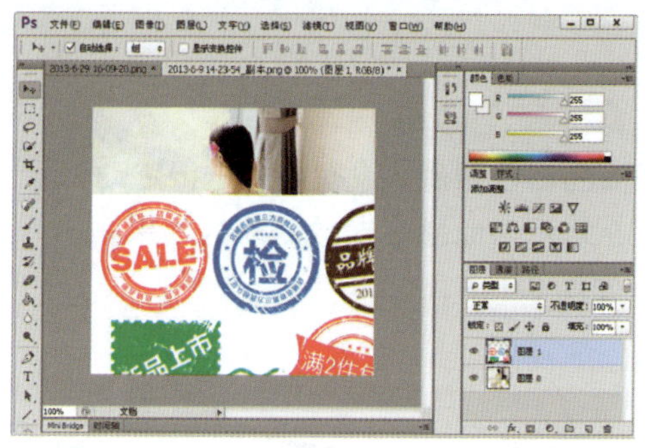

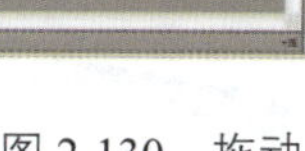

图 2-130　拖动

图 2-131　正片叠底

06 按 Ctrl+Shift+I 组合键反选选区，按 Delete 键清除多余的图像，如图 2-133 所示。

07 按 Ctrl+D 快捷键取消选区，然后按 Ctrl+T 快捷键缩小图像，使用橡皮擦将多余图像擦除，完成后的最终效果如图 2-134 所示。

图 2-132　框选标签

图 2-133　删除多余图像

图 2-134　最终效果

2.5 商品的摆放艺术

商品的摆放和插花一样，都是一门艺术。在传统的店铺中，商品的布置和排列是左右商品销量的重要因素，它直接决定着商品是否会被点击。因此我们要根据商品的特点找到合适的布置方式和商品介绍构成方式。本小节将讲述商品罗列的一些基本方法。

2.5.1 水平罗列商品

水平罗列商品的好处在于，可以让顾客一眼就将商品尽收眼底，没有必要进行滚动，而且统一进行商品介绍，给人干练、专业的直觉。如图 2-135 所示为商品在摆放之前的效果。

经过适当的罗列和添加文字介绍说明之后的效果如图 2-136 所示。

图 2-135　摆放之前的效果　　图 2-136　横向罗列效果

01 启动 Photoshop，按 Ctrl+O 快捷键，打开配套光盘提供的“红色.jpg”、“蓝.jpg”、“金.jpg”的钱包图像文件，如图 2-137 所示。

图 2-137　钱包素材

02 按住 Shift 键，使用移动工具将三张照片移动到一个图像文件中，进行中心对齐，图层关系如图 2-138 所示

03 选择“背景”图层，执行画布扩展命令，在“图像”菜单下选择“画布大小”命令，弹出画布大小设置窗口，如图 2-139 所示。

04 考虑到需要横向罗列商品，所以需要横向拓展画布，设置参数如图 2-140 所示。

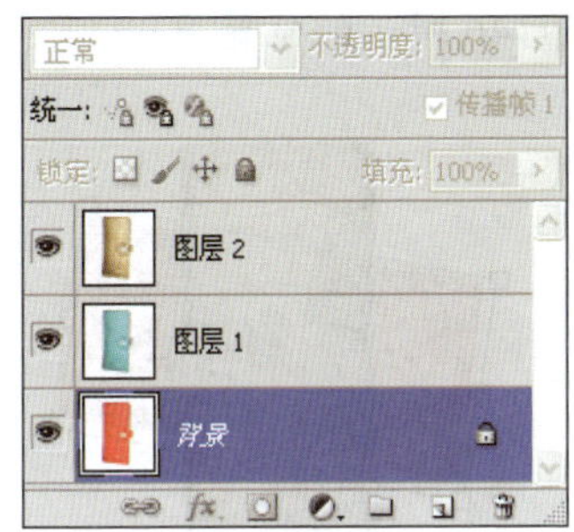

图 2-138　图层关系

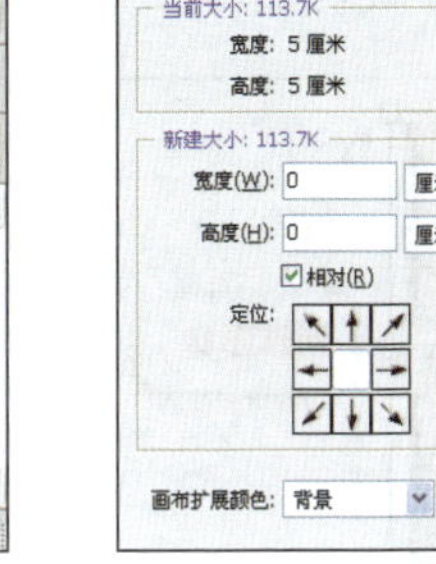

图 2-139　拓展画布窗口

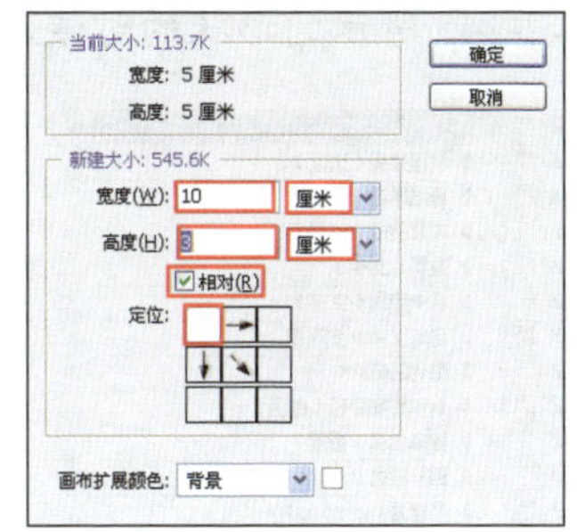

图 2-140　拓展画布参数设置

05 拓展画布之后效果如图 2-141 所示。

06 打开图层面板，选择“背景”图层，单击工具箱中的魔棒工具，设置容差为 5，单击图像的白色区域，如图 2-142 所示。

07 按 Ctrl+Shift+I 组合键，反选选区，将钱包图像进行选择，按 Ctrl+J 快捷键，复制图像至新的图层，重命名为“红色钱包”，如图 2-143 所示。

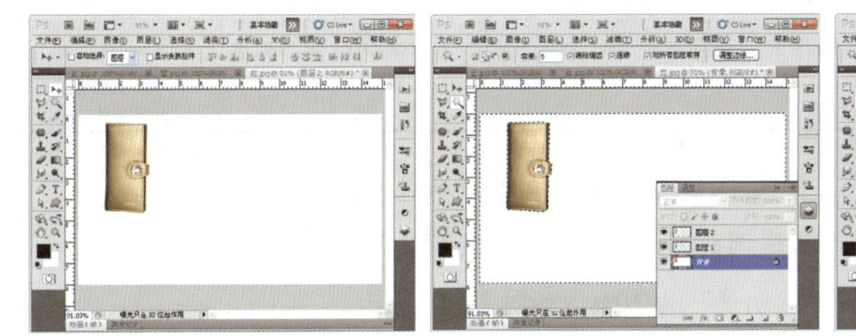

图 2-141　拓展画布　　图 2-142　选择白色空白区域

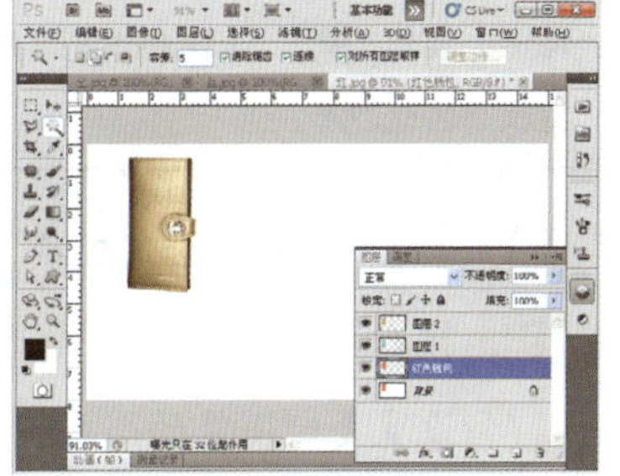

图 2-143　拷贝图像

08 同样的方法将其余的钱包也单独分离出来，然后将多余的图层进行删除。

09 选择“红色钱包”图层，执行“窗口”|“动作”命令，打开“动作”面板，如图 2-144 所示。

10 单击“新建动作”按钮，运用动作命令制作倒影效果，默认的动作名称为“动作 1”。

11 单击“动作记录”按钮，开始记录操作步骤。

12 按 Ctrl+T 快捷键，调用自由变换命令，将光标移动至变换控制框的一角，待光标变成如图 2-145 所示的形状的时候，按住鼠标不放，旋转图像至如图 2-146 所示的位置。

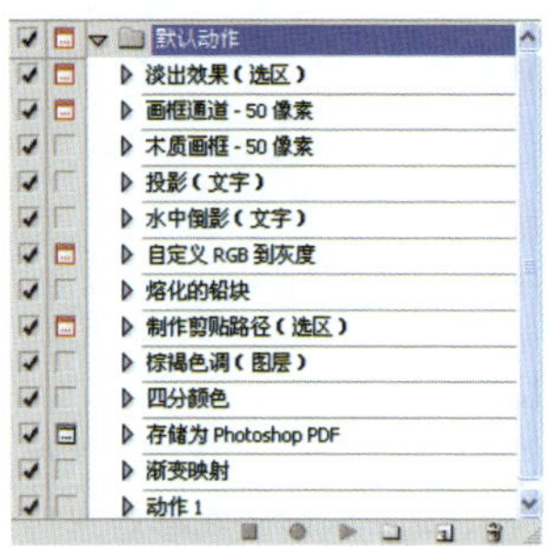

图 2-144 动作面板

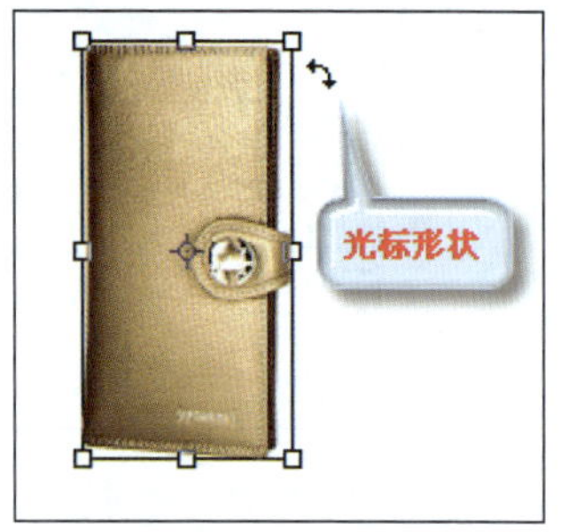

图 2-145 光标形状变化

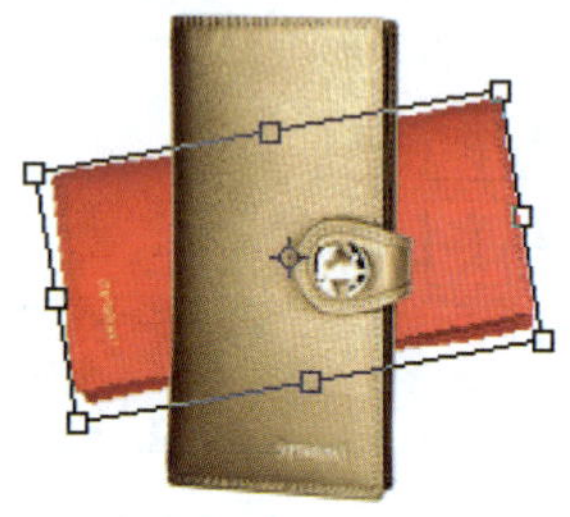

图 2-146 旋转图像

掌柜支招

软件本身自带了一些动作，只要选择相应的动作，然后单击“播放”按钮，软件就会自动按照原来动作的每一步设置的参数、命令等进行操作。当然也可以自己新建动作，并可以自己给动作命名，便于自己查找，然后单击“记录”按钮，后面每一步操作将被自动记录下来，当你的操作完成之后，再单击“停止”按钮，这样动作就被保存了，并存在于动作面板里面。当需要的时候，只要选择该动作，单击“播放”按钮即可。

13 按 Enter 键，应用变换，再按 Ctrl+J 快捷键，将图层拷贝一层。

14 按 Ctrl+M 快捷键，打开曲线调整对话框，调整曲线如图 2-147 所示。

15 设置复制图像的图层“不透明度”为 10%，如图 2-148 所示。

16 按 Ctrl+“[”键，将该图层下移一层。按 Ctrl+T 快捷键，再次调用自由变换命令，旋转图像至如图 2-149 所示的位置。

17 按 Enter 键，应用变换，完成一个钱包的阴影效果制作，效果如图 2-150 所示。

18 单击动作面板上的“停止记录”按钮，完成动作记录。

19 选择另一个钱包图层，单击图层前面的👁按钮，将其显示。

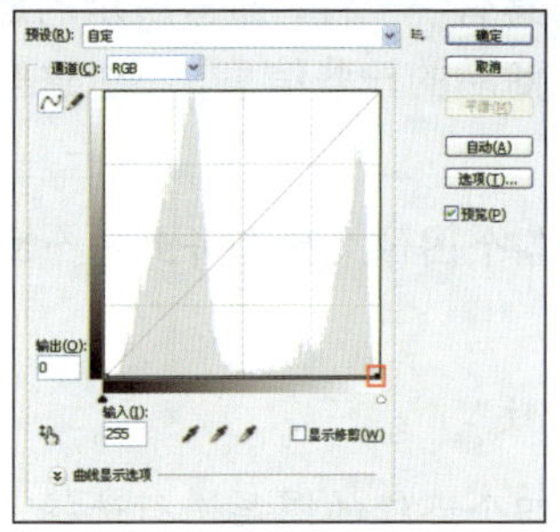

图 2-147　调整曲线

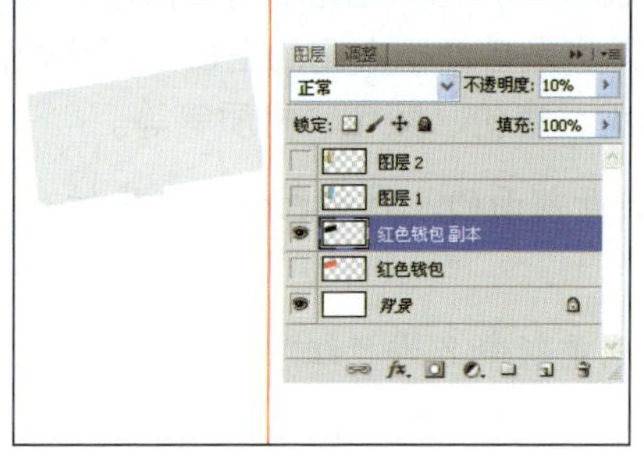

图 2-148　调整不透明度效果

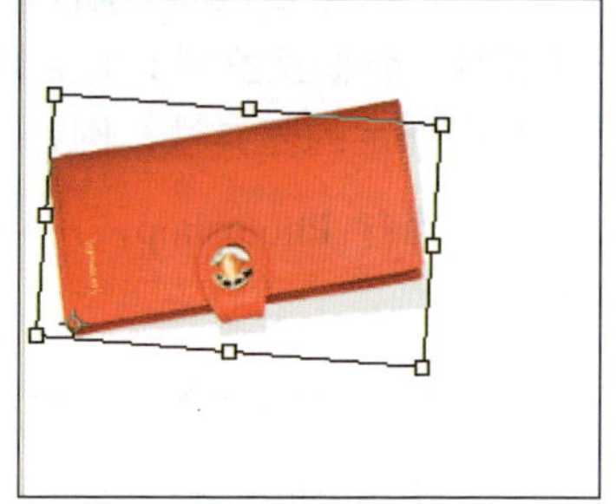

图 2-149　变换影子

20 在动作面板中，选择刚刚建立的新的动作，即“动作 1”，然后单击“动作播放”按钮，对该图层的钱包进行前面重复的操作，完成阴影的制作。

21 将三个图层的钱包的效果制作完成之后，我们开始对其进行合理的摆放，在这里我们选择横向排列，如图 2-151 所示。

图 2-150　影子效果

图 2-151　横向摆放

22 因为这几个钱包都是同一商家，同一款式，同一售价，所以这些信息我们可以集中进行说明，而不需要冗繁的单个进行说明。

23 单击文字工具，输入文字，完成最后效果。

24 执行“文件”|“存储”命令，将文件存储为 PSD 格式的文件，以便于随时调整。

2.5.2 垂直罗列商品

有时候根据个人爱好和审美观念的不同，也会有人喜欢垂直罗列商品。垂直罗列商品也是商品摆放中常用的一种方式，它和横向摆放商品类似，但是也略有不同。横向摆放商品的时候，通常利用下方的空白区域来输入商品的一些相关信息，这些信息一般都具有统一性，通常展示的是一个品牌，而垂直罗列的商品通常也是借助于右侧的空白区域来输入商品的一些信息，不过这些信息具有一定的差异性，例如品牌、售价、颜色、材质等等。

01 运行 Photoshop，同样打开前面的几种颜色的钱包素材，将各个图像文件合并到一个文件中。

02 根据颜色将各个图层分别重新命名为“红”、“金”、“蓝”、“玫”。

03 按住 Shift 键，单击“红”图层，再单击“玫”图层，将这四个连续的图层进行选择，如图 2-152 所示。

04 将图像进行旋转，使之呈水平方向放置，按 Ctrl+T 快捷键，调用变换命令，在选项栏中输入旋转角度为 90° ，如图 2-153 所示。

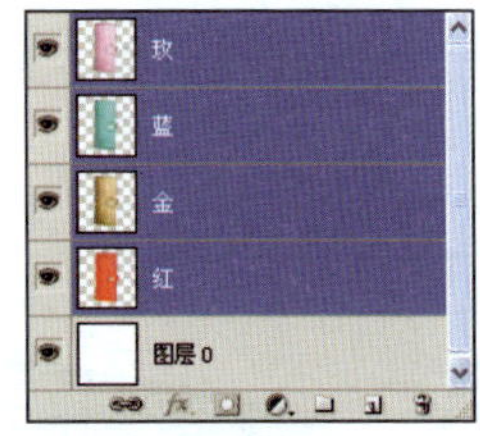

图 2-152 选择连续图层

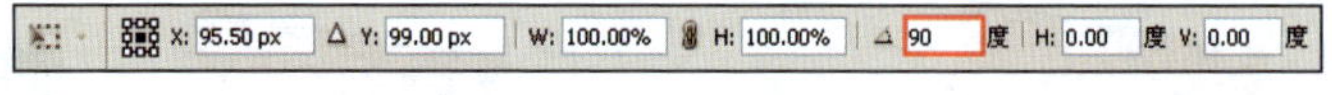

图 2-153 旋转角度设置

05 对所有的图像进行旋转操作，效果如图 2-154 中缩览图所示，均变成横向的了。

06 再单击选项栏中“宽（W）”和“高（H）”中间的联接按钮，对图像进行“约束长宽比”的缩放操作，如图 2-155 所示。

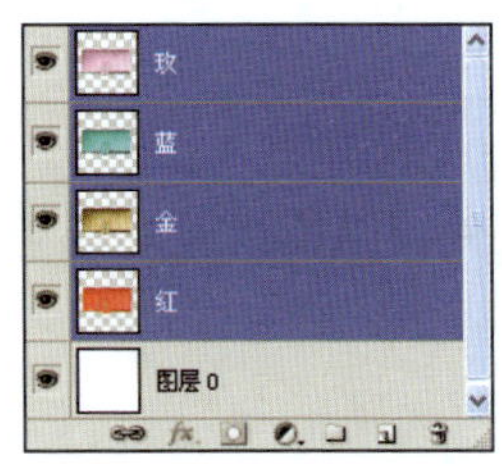

图 2-154 旋转 90° 缩览图示意图

图 2-155 约束长宽比

07 选择“红”图层，执行“图像”|“画布大小”命令，对画布进行拓展，设置参数如图 2-156 所示。

08 设置前景色为灰色，填充背景图层为灰色，借助于参考线，依次垂直方向排列图像，如图 2-157 所示。

09 单击工具箱中的文字工具，分别输入文字“HollywoodEnamel Clutch Bag”，“CLUTCH BAG”，如图 2-158 所示。

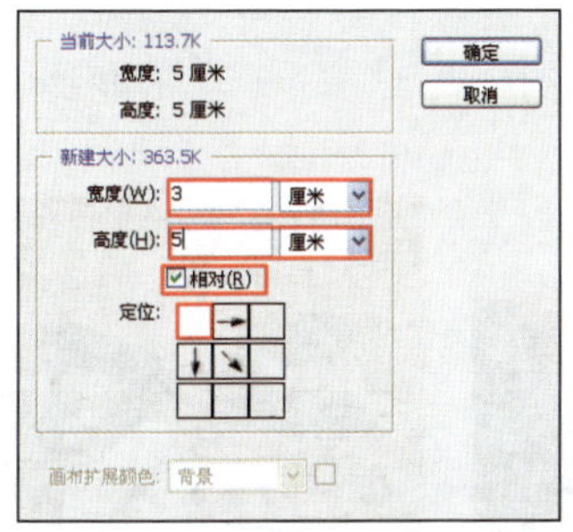

图 2-156　拓展画布

图 2-157　摆放商品

图 2-158　输入文字

10 打开图层面板，选择两个文字图层，单击图层面板下方的链接按钮，将两个图层进行链接，如图 2-159 所示。

11 单击移动工具，按住 Alt 键不放，单击鼠标并移动，完成文字图层的复制，一共复制三次，最后效果如图 2-160 所示。

12 在画布的右侧空白区域，继续输入文字，完成文字说明的输入，最后效果如图 2-161 所示。

图 2-159　链接文字图层

图 2-160　复制文字图层

图 2-161　文字添加完成

2.5.3 重叠罗列商品

商品的罗列方式除了前面讲到的水平摆放和垂直摆放之外，还有一种常见的摆放方式，那就是重叠摆放。重叠罗列商品适合于摆放空间较小，而商品数目较多的情况，这样可以利用有限的空间展示多个商品，而颜色和式样的丰富性往往更容易吸引顾客。

首先我们来了解重叠商品摆放的式样，如图 2-162 所示分别为不同摆放样式。

图 2-162　不同摆放样式

下面将讲述重叠摆放商品页面的设计与制作。

01 运行 Photoshop 软件，按 Ctrl+O 快捷键，打开配套光盘提供的素材文件，如图 2-163 所示。

Burterry3

图 2-163　素材

02 选择移动工具，将图片 Burterry2、Burterry3 合并到图像 Burterry1 中，执行“文件”|“存储为”命令，弹出的存储窗口，将文件存储为“层叠罗列商品.PSD”图像文件。

03 按 Ctrl+O 快捷键，打开一张主色调为白色的背景图片，如图 2-164 所示。

04 按 Ctrl+A 快捷键全选背景图像，按 Ctrl+C 快捷键复制选区内的图像，粘贴到“层叠罗列商品”文档中。

05 将背景图像置于最底层，按 Ctrl+T 快捷键，调用变换命令，将背景图像进行放大，直至铺满整个图像区域，如图 2-165 所示。

图 2-164　背景图像

图 2-165　调整背景大小

06 为了丰富背景图像，我们再添加一些修饰性的素材，通常会选择鲜花、小娃娃等作为辅助设计素材，来美化商品页面。

07 按 Ctrl+O 快捷键，打开如图 2-166 所示的一张鲜花素材，并将其移动复制到当前效果图操作窗口。

08 单击工具箱中的移动工具，将素材移动至背景图像的右下角，如图 2-167 所示。

图 2-166　玫瑰花素材

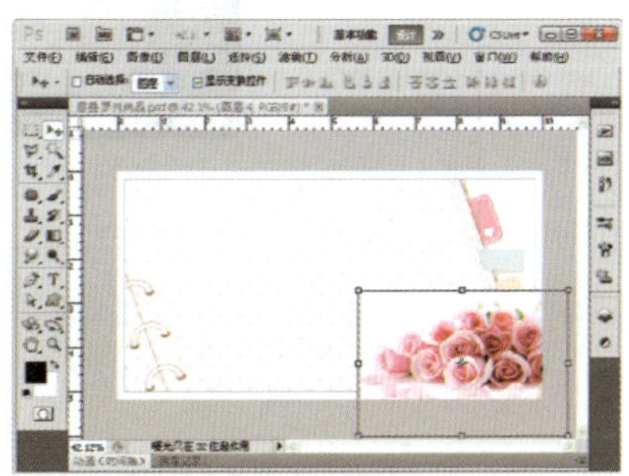

图 2-167　添加鲜花素材

09 更改图层的混合模式为“正片叠底”，降低图层的不透明度为30%，效果如图2-168所示。

10 分别选择素材“Burterry1”、“Burterry2”、“Burterry3”，按Ctrl+T快捷键，变换素材的方向，使之均呈水平放置，然后根据近大远小的规律排列商品，如图2-169所示。

图2-168 更改图层属性

图2-169 排列商品

11 最后添加商品标志，再添加商品介绍性文字，最后效果如图2-170所示。

图2-170 重叠罗列效果

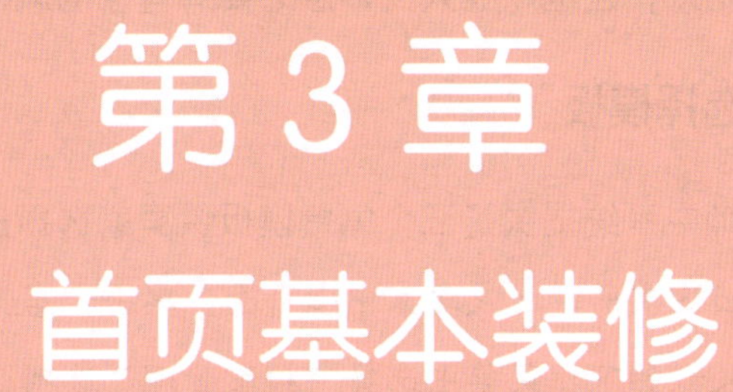

第3章 首页基本装修

每一个来购物的顾客，都希望买到物美价廉的商品。专业的装修，首先就能夺人眼球，自然购物欲望也更强烈。相比之下，装修特别的店铺更容易吸引顾客、留住顾客、提高宝贝销量。

如今，在淘宝网中，1 钻以下的店铺可以免费使用旺铺专业版，因此本书中的店铺装修以旺铺装修为主。本章将学习首页的基本装修。

3.1 风格定位

在对店铺进行更新换貌前，需要对店铺进行一个基础装修，店铺是展示给买家的第一印象，不管是清新怡人，还是专业大气，总之要有自己的风格。

3.1.1 选择模板

在新旺铺中系统提供了五个免费模板供卖家选择使用。下面来学习选择模板。

01 登陆淘宝网，进入卖家中心页面，单击"店铺装修"链接，如图 3-1 所示。

02 在装修的下拉菜单中选择"模板管理"选项，如图 3-2 所示。

03 单击左侧的"系统模板"按钮，如图 3-3 所示。

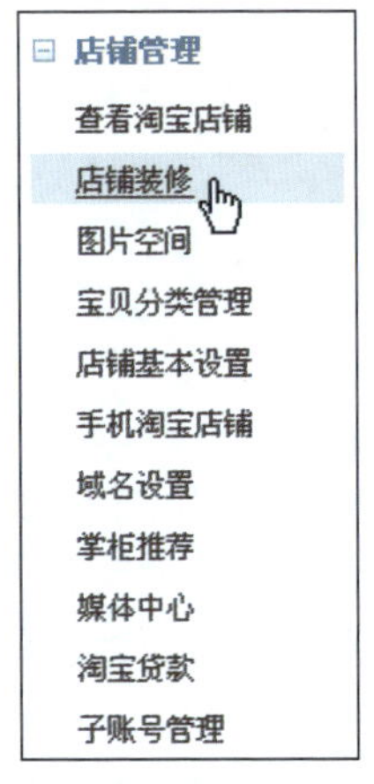

图 3-1　单击"店铺装修"链接

图 3-2　选择"模板管理"选项

图 3-3　单击"系统模板"链接

04 在右侧会显示出新系统模板，共 3 个，如图 3-4 所示。

05 单击老系统模板，显示老系统模板两个，如图 3-5 所示。

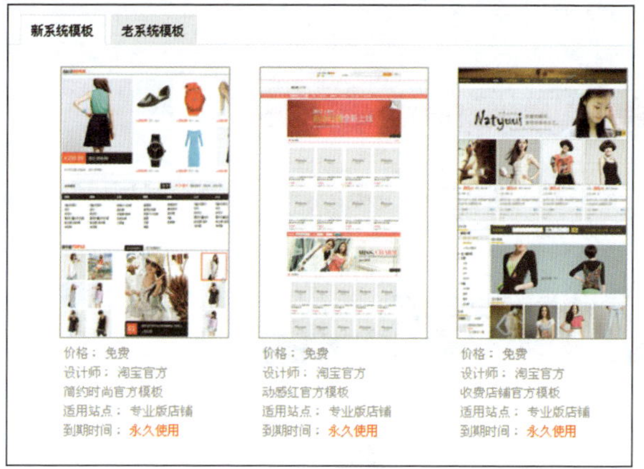

图 3-4　新系统模板

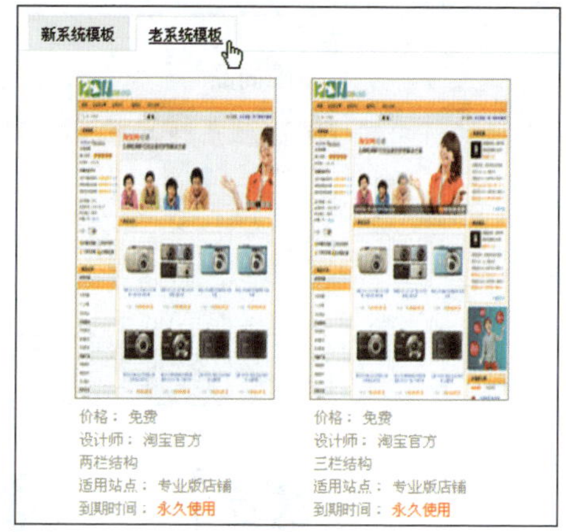

图 3-5　老系统模板

06 根据需要，选择一个模板。这里我们选择的新系统模板中的第二个模板，在弹出的对话框中单击“应用”按钮，如图 3-6 所示。

07 弹出对话框，单击“直接应用”按钮，如图 3-7 所示。

图 3-6　单击“应用”按钮

应用模板

直接应用该模板时，系统将在自动备份当前装修数据后，用该模板进行初始化

确认应用该模板？

直接应用

图 3-7　单击“直接应用”按钮

08 单击右上角的“预览”按钮，预览模板效果，如图 3-8 所示。

图 3-8　模板效果

3.1.2 选择样式

淘宝网为卖家的店铺内置了多种界面风格，方便不同行业、不同爱好的店铺卖家选择。不同的模板有不同的样式可供选择，下面根据上一节所选的模板来选择样式。

01 进入“店铺装修”页面，在装修的下拉菜单中选择“样式管理”选项，如图 3-9 所示。

02 进入的风格样式页面，这里提供了 3 种风格，如图 3-10 所示。

图 3-9　选择“样式管理”选项

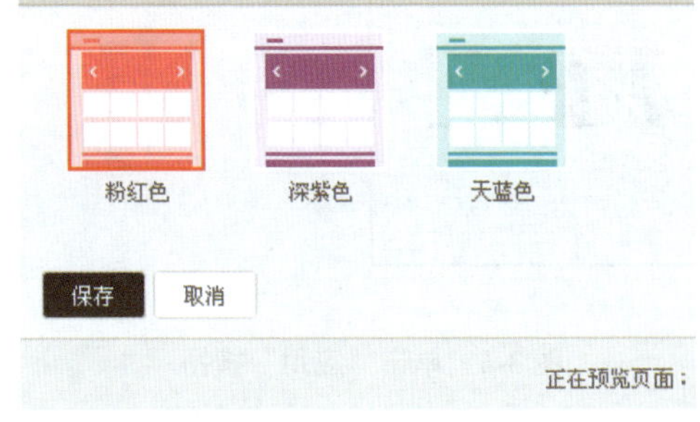

图 3-10　风格样式

03 选择一种自己喜欢的风格样式，在下方的窗口中可以预览应用在店铺中的效果，单击“保存”按钮，如图 3-11 所示。

04 单击网页右上角的“发布”按钮，即可改变店铺的风格，如图 3-12 所示。

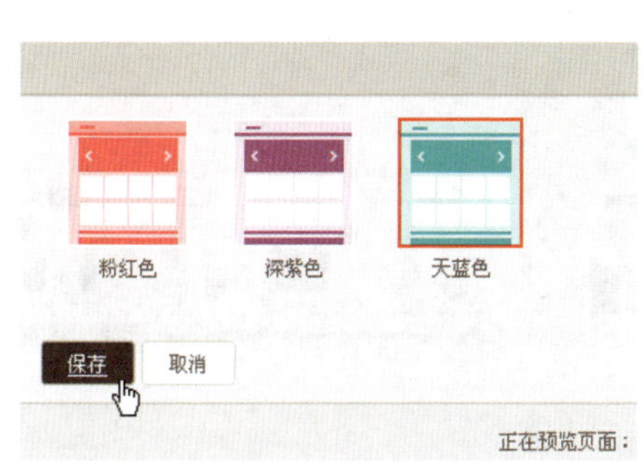

图 3-11　应用风格效果

图 3-12　改变店铺风格

3.2 布局管理

网店布局就好比是超市货架，将商品摆放在合适的地方才能在美观的前提下带来更多收益。本节将来学习网店布局的管理。

3.2.1 布局的重要性

网店布局是一个容易被大家忽视的问题，好的网店装修离不开合理的布局。如果你的网店布局不合理，虽然一时意识不到其不利影响，但时间长了，你的效益也就下来了，因此网店布局的重要性是不言而喻的。有效合理的网店布局能够恰当地展现店铺与宝贝的特性、风格与理念，帮助消费者全方位地感受店铺信息，增加对店铺的好印象，并形成潜在利润。如图 3-13 所示为几种不同布局的淘宝店铺。

图 3-13　不同布局的淘宝店铺

3.2.2 合理的布局

很多淘宝店铺为了让顾客尽可能多地浏览店铺，而将商品信息、店铺优惠促销布满整个网页，这样就导致了布局混乱，页面加载速度慢，从而导致顾客找不到需要的宝贝。因此，要根据自己店铺的风格、促销活动、产品分类来清晰布局，合理利用模块，让每一个流量都不要浪费，提高点击率、购买率等。

我们在浏览网页时是有一个浏览习惯的，我们可以根据买家的浏览习惯来合理地布局，第一时间抓住买家眼球。

1. 尼尔森 F 形状网页浏览模式

大多数情况下浏览者都不由自主地以“F”形状的模式阅读网页，这种基本恒定的阅读习惯决定了网页呈现 F 形的关注热度。

读者的眼睛首先是水平运动，常常是扫过网页内容的最上半部分。这样就形成了一条横向的运动轨迹。这就是 F 字母的第一条横线；读者的眼光略微下移，很典型地扫描比第一步范围较短的区域。这就又画了 F 字母中的第二条横线；读者朝网页左边的部分进行垂直扫描。有时候，这个举动很慢而且很有系统性，这样就画了 F 字母中的一条竖线。

2. 淘宝网店的浏览模式

由于淘宝网店中图片的部分占据整个网页的大半，因此在淘宝店铺中，浏览模式略有改变，可能呈现 E 或 Z 形的浏览轨迹。

店铺的上面部分，即导航及以下的部分区域，是顾客的浏览重点，因此在这个重要的区域，我们要精打细算，合理利用。

3. 客户的需求

不论是新顾客还是老顾客，进入店铺首页时，对店铺内的优惠信息、新品、爆款宝贝都是十分关注的，因此店铺的活动、优惠信息等海报、轮播图要放在非常重要的位置，让进店的客户第一时间了解店铺的活动，以增大活动的效果。新品、爆款宝贝要分入到导航分类中，再加以热门搜索、关键字等信息方便客户的点击及搜索。

另外，在页面很长的情况下，要在页头、中间及页尾均添加店铺客服模块，这样能够让顾客能够方便快捷的联系到客服咨询。

总之，要结合店铺自身特点，从活动、产品、顾客等综合因素来考虑，合理布局模块。

3.2.3 添加单元与模块

淘宝店铺的页面饱和多种元素，如店招、宝贝分类、店铺交流区等，其布局是可以进行编辑与设置的。

01 进入“店铺装修”页面，可以看到店铺的布局，如图 3-14 所示。

图 3-14　“店铺装修”页面

02 单击顶端的“布局管理”按钮，如图 3-15 所示。

03 进入“布局管理”界面，选择栏目模块，上下拖动可以改变模块显示位置；单击模块右侧的“×”可以删除当前选择的栏目，如图 3-16 所示。

图 3-15　单击“布局管理”按钮

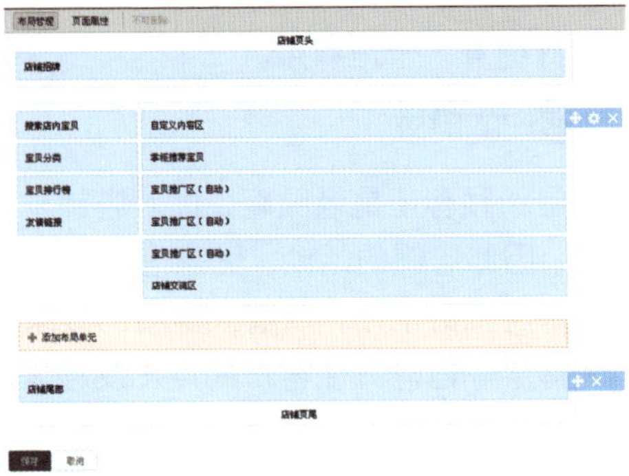

图 3-16　“布局管理”界面

04 单击“添加布局单元”链接，弹出“布局管理”对话框，如图 3-17 所示，根据需要像素选择添加单元。

05 即可添加单元，在其右侧单击“+”按钮，如图 3-18 所示。

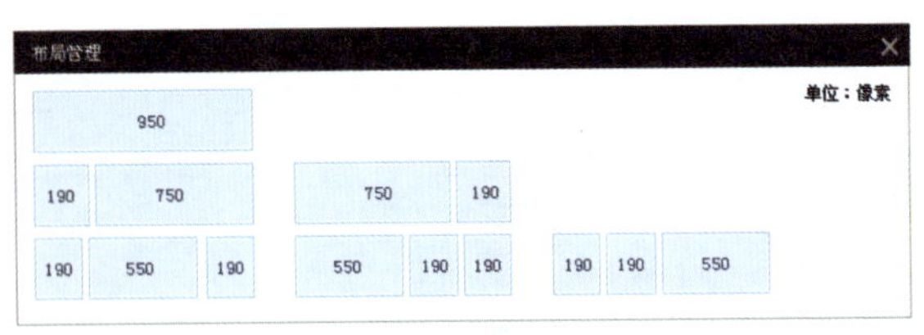

图 3-17　添加布局

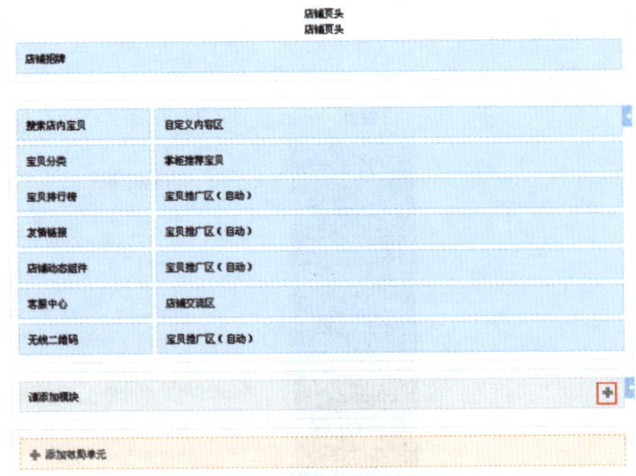

图 3-18　单击“+”按钮

06 弹出“模块管理”对话框，选择需要添加的模块，单击右侧的“添加”按钮，如图 3-19 所示。

旺旺提示　在选择左侧模块、右侧模块或店铺招牌模块时，单击右侧的“+”按钮，弹出的模块管理中的模块各不相同。

07 单击按钮后，即可在店铺中添加该模块，如图 3-20 所示。

08 单击“保存”按钮后，可预览店铺中添加该模块的效果。

图 3-19　单击“添加”按钮

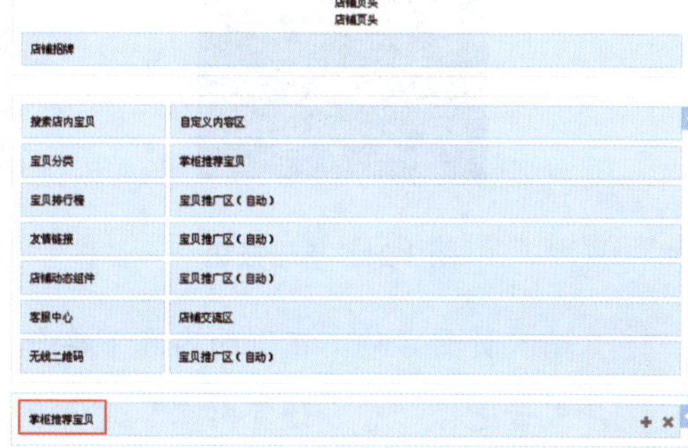

图 3-20　添加模块

旺旺提示　在进行店铺的修改后记得单击右上角的“发布”按钮。

3.3 新建品牌文化页面

除了系统内置的默认页面外，我们还可以新建页面，比如广告促销页面，品牌介绍页面等。

01 进入店铺装修页面，在页面管理右侧单击“+”按钮，如图 3-21 所示。

02 在新建页面中，可对页面类型进行选择，如图 3-22 所示。

图 3-21 单击按钮

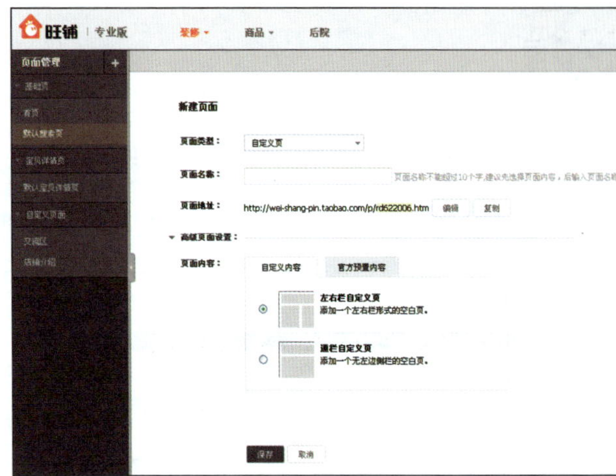

图 3-22 选择类型

03 输入页面名称，在页面内容下单击“通栏自定义页”单选按钮，如图 3-23 所示。

04 或者选择“官方预置内容”选项卡，单击任意单选按钮，如图 3-24 所示。

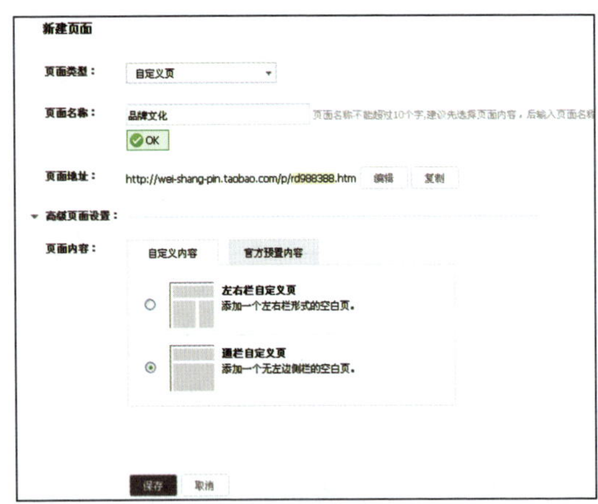

图 3-23 单击“通栏自定义页”单选按钮

图 3-24 单击单选按钮

05 单击“保存”按钮，然后进入品牌文化编辑页面，对页面进行常规编辑即可。

精致装修篇

第 4 章 整体大致装修

第 5 章 左侧模块装修

第 6 章 右侧模块装修

第 7 章 中间模块装修

第 8 章 宝贝详情页装修

第 9 章 店铺高级装修

在对店铺进行初级装修后，接下来就需要对店铺各模块中的细节进行全面装修，以达到精致的效果。

第 4 章 整体大致装修

新开的淘宝店铺就好似一个毛坯房，没有经过任何装修，即使在店内摆满各种商品也难以留住顾客的脚步。未经装修的店铺在一定程度上拉低了店铺及店内商品的档次。只有将店铺进行装修，营造好的购物环境后，才能更大程度地吸引买家，提高收益。

4.1 店铺首页背景

在浏览淘宝店铺时，经常会羡慕别人店铺有很漂亮的背景图，很奇怪别人是怎么做出来的。本节将学习店铺首页背景的设计、制作与添加的方法。

4.1.1 背景设计的技巧

除了在网络上下载背景图外，还可以根据自己的需要来制作背景图.如图 4-1 所示为平铺式的背景。

图 4-1　背景设计图

下面列出了几项背景设计的技巧。

- 不能使用过大的背景图，以免影响网页运行的速度。
- 为了使页面整洁舒服，不能使用图案过花、颜色杂乱的背景图。
- 为了使背景统一协调，设计背景时要注意是否能在平铺的情况下实现无缝衔接。

4.1.2 无缝衔接的背景

全页背景即整个网页的背景图。一般情况下，我们并不能测量出网页的高度，但并不代表我们不能在全网页布满背景。在店铺装修模板或其他淘宝店铺中看到喜欢的背景图也可以为我所用哦！下面来学习利用装修模板中的背景，并将其添加到店铺中。

01 登录淘宝网后，进入卖家中心，单击“店铺装修”链接，如图 4-2 所示。

02 进入店铺装修页面，单击页面右下角的“店铺装修模板”链接，如图 4-3 所示。

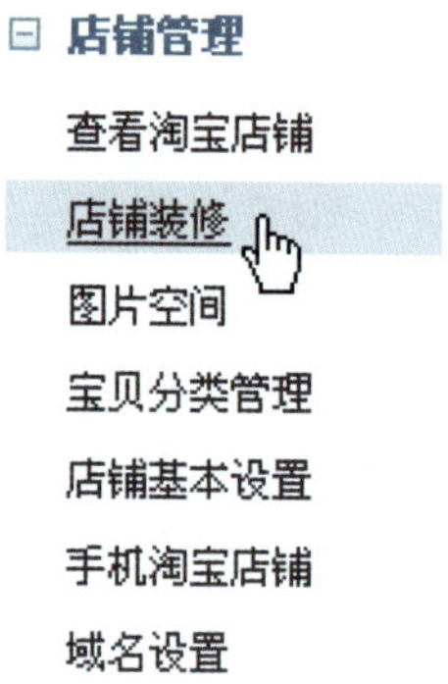

店铺管理
查看淘宝店铺
店铺装修
图片空间
宝贝分类管理
店铺基本设置
手机淘宝店铺
域名设置

图 4-2 单击“店铺装修”链接

店铺装修
模板

图 4-3 单击链接

03 选择一个合适的模板后，在新打开的页面中单击“马上试用”按钮，如图 4-4 所示。

04 弹出“提醒”对话框，单击“确定试用”按钮，如图 4-5 所示。

全屏轮播花儿说女装饰品丝唯美
总销售量：583 适用店铺：旺铺专业版
模板原价：¥96.00/3个月
促销特价：¥90.00/3个月
使用周期：3个月 6个月 12个月
立即购买
马上试用

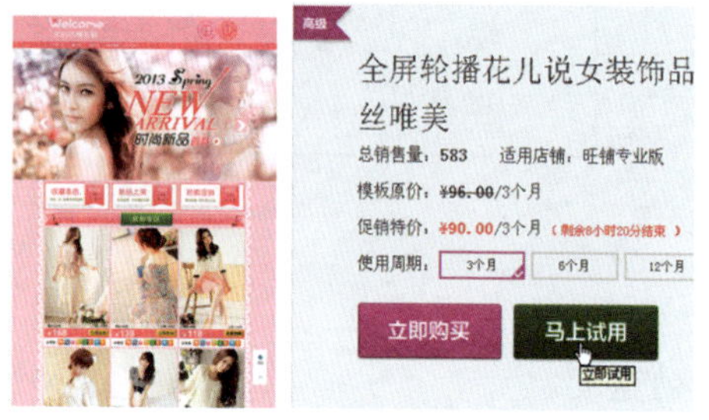

图 4-4 单击“马上试用”按钮

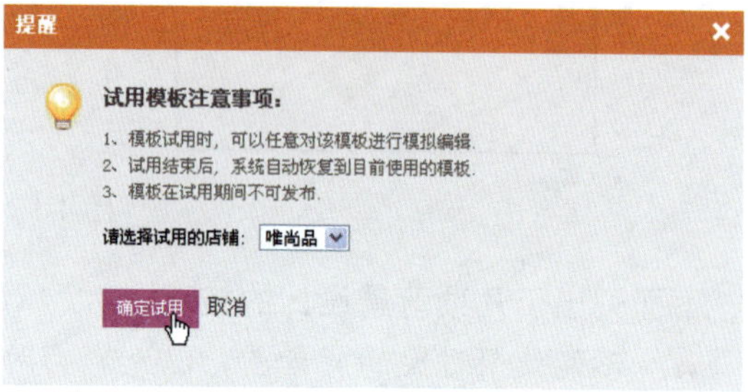

提醒
试用模板注意事项：
1、模板试用时，可以任意对该模板进行模拟编辑.
2、试用结束后，系统自动恢复到目前使用的模板.
3、模板在试用期间不可发布.
请选择试用的店铺：唯尚品
确定试用 取消

图 4-5 单击“确定试用”按钮

05 试用后进入装修页面，单击“预览”按钮，进入预览页面。

06 在最大化网页的情况下，使用截图工具截取长条，如图 4-6 所示。

收藏本店
BOOK mark
新品上架
PRO ducts
热卖促销
HOT sale

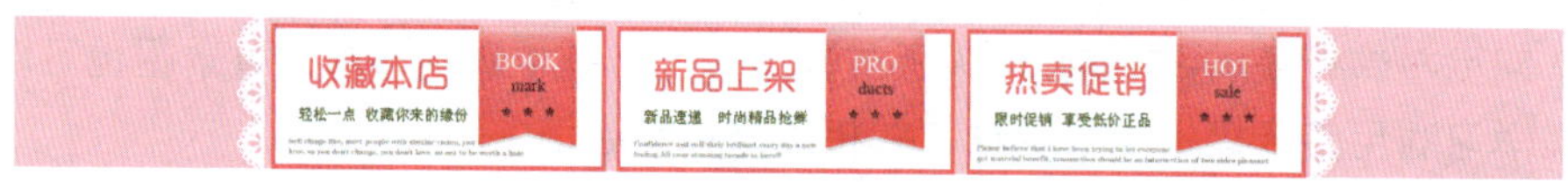

图 4-6 截图

由于背景中的花纹是循环重复的，所以在截图时只需截取完整的花纹即可。

07 将中间非背景部分删除后保存图片，效果如图 4-7 所示。

图 4-7　效果

中间非背景区域还可以填充其他颜色，应用到店铺中的效果也会不同。

08 重新进入“店铺装修”页面，在“装修”下拉菜单中选择样式管理，如图 4-8 所示。

09 进入新页面，在左侧的样式编辑中选择“背景设置”选项，如图 4-9 所示。

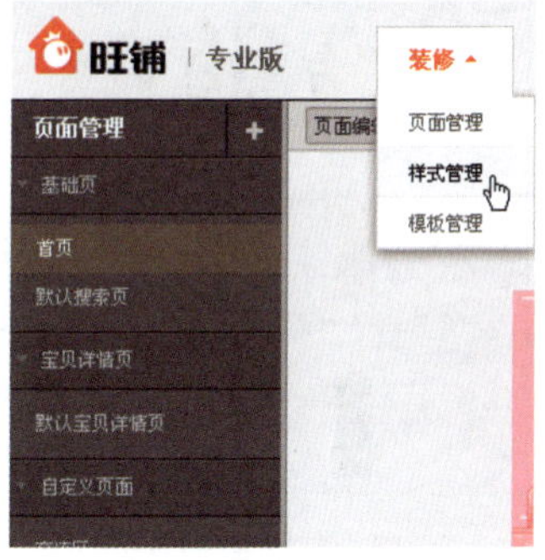

图 4-8　选择样式管理

图 4-9　单击“背景设置”选项

10 切换至“页面设置”选项卡，单击“上传图片”按钮，如图 4-10 所示。

11 在弹出的“打开”对话框中选择背景图片，然后单击“打开”按钮，如图 4-11 所示。

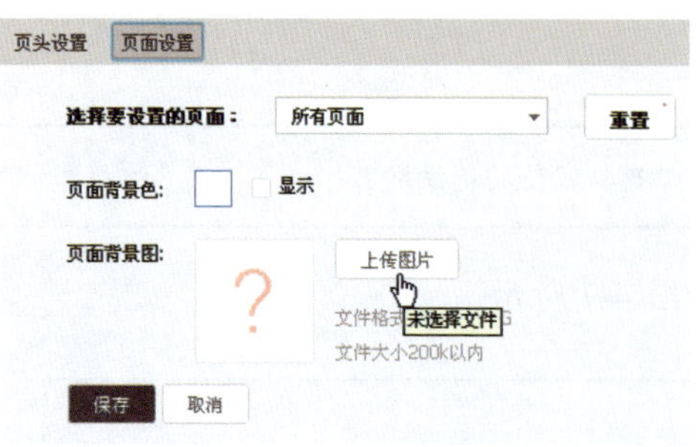

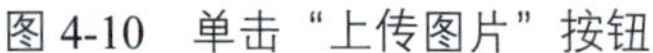

图 4-10　单击“上传图片”按钮

图 4-11　单击“打开”按钮

12 在背景显示中单击“平铺”按钮，背景对齐中单击“居中”按钮，如图 4-12 所示。

13 单击“保存”按钮后单击“发布”按钮将背景应用到店铺中，如图 4-13 所示。

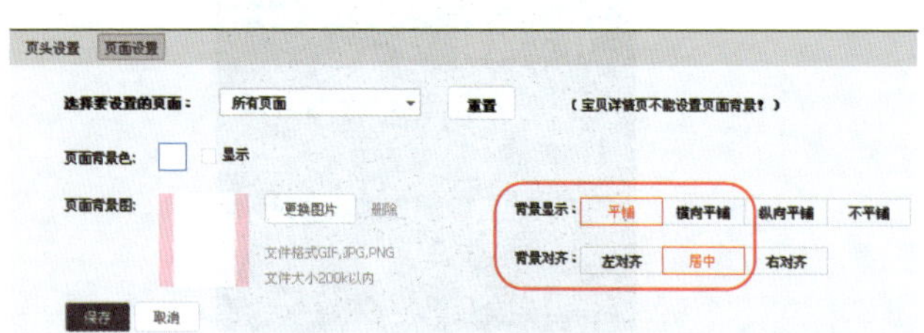

图 4-12　单击“居中”按钮

图 4-13　应用背景后的效果

除了这种长条式居中纵向平铺的背景，用户还可以制作平铺式的方形背景。

4.1.3 固定背景

固定背景是指不随滚动条上下移动的背景，下面来学习固定背景的制作。

01 启动 Photoshop，按 Ctrl+N 快捷键打开“新建”对话框，设置宽度为 1920 像素，高度为 1080 像素，如图 4-14 所示。

02 制作背景图，或者按 Ctrl+O 快捷键打开一张背景图，将其拖入到“固定背景”文档中，如图 4-15 所示。

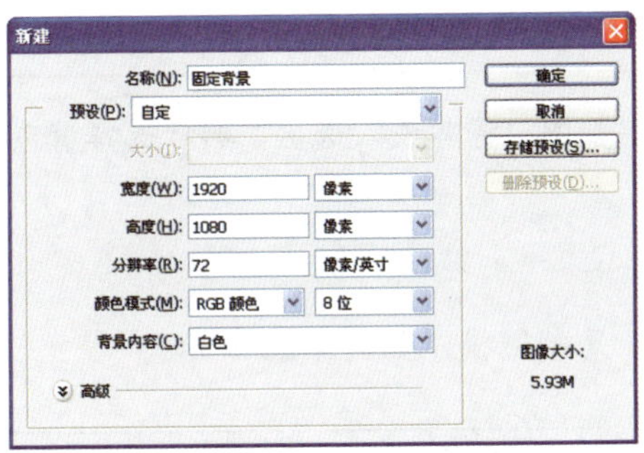

图 4-14　“新建”对话框

图 4-15　背景图

03 选择矩形工具，在选项栏中单击如图 4-16 所示的图标，并单击“固定大小”单选按钮，设置宽度 W 为 950 像素，高度 H 为 1080 像素。

04 在画布中绘制矩形，如图 4-17 所示。

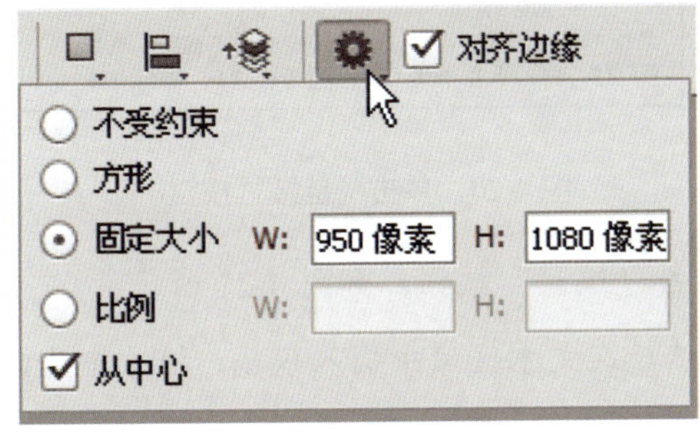

图 4-16　单击图标

图 4-17　绘制矩形

05 在“图层”面板中同时选择这两个图层，选择“移动”工具，在选项栏中单击“垂直居中”按钮和“水平居中”按钮，如图 4-18 所示。

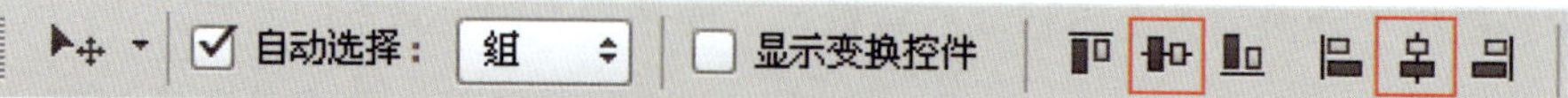

图 4-18 单击按钮

旺旺提示

当背景图片在画布外还有未显示的区域时，可能会导致不能对齐。

06 选择矩形图层，在按 Ctrl 键的同时单击图层缩览图，将其载入选区，然后选择背景所在的图层，按 Delete 键删除选区图像，如图 4-19 所示。

07 将矩形图层删除，然后保存为 JPEG 格式文件。

08 将图片上传到图片空间后单击“链接”按钮，复制链接，如图 4-20 所示。

图 4-19 删除图像

图 4-20 单击“链接”按钮

09 进入“店铺装修”页面，在导航栏模块上单击“编辑”按钮，如图 4-21 所示。

10 在打开的对话框中单击“显示设置”按钮，然后在文本区域中输入代码，括号中为图片链接地址，如图 4-22 所示。

图 4-21　单击“编辑”按钮

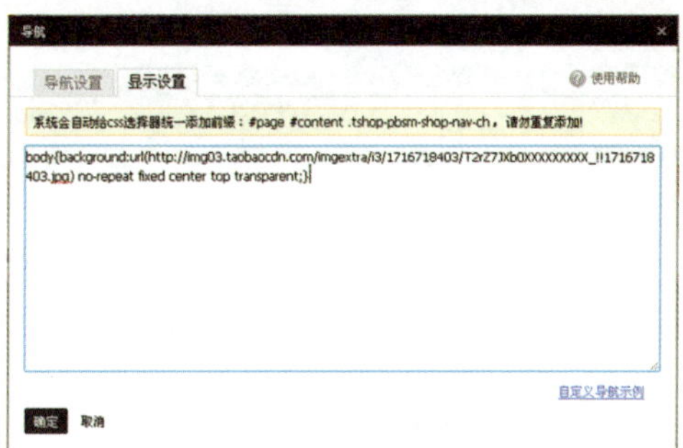

图 4-22　输入代码

旺旺提示 这里的代码是 body{background:url(图片地址) no-repeat fixed center top transparent;}。其中 no-repeat 为只显示一张图片不重复；center 为居中；fixed 为固定。注意代码间的空格不能删除。

11 单击“确定”按钮，然后单击“装修”下的“样式管理”按钮，如图 4-23 所示。

12 单击左侧的“背景设置”按钮，将背景颜色和背景图上传，单击“发布”按钮，在店铺中拖动右侧滑块即可看到背景为固定不变的，效果如图 4-24 所示。

图 4-23　单击“样式管理”按钮

图 4-24　效果

旺旺提示 制作背景图时，可选择宽度为 1440 像素、1680 像素或 1920 像素，由于显示器的大小不同，显示出的背景会有出入。

4.2 店铺页头

店铺页头是指包括店招、导航在内的高度为 150 像素的区域。在这个区域内可以修改店招、页头背景，还有导航。在这里先来学习店招及页头背景的相关操作。

4.2.1 店招设计的技巧

店招是店铺招牌的简称，它是店铺的特色之一。设计店招时要与店铺风格相匹配。

在淘宝店铺中，店招的像素大小是固定的，为 120×950 像素。店招设计就是要合理有效地利用这个区域。如图 4-25 所示为淘宝网中几款不同的店招设计。

图 4-25　不同的店招设计

比较总结得出，好的店招设计离不开以下几点。

- 店铺 LOGO，好的 LOGO 能让人印象深刻，并能逐渐形成品牌文化；
- 保障服务，包括正品保证，模特实拍等；
- 收藏图标，在店招中加入收藏店铺的链接，可以及时抓住每一个进店的顾客；
- 购物车链接，方便用户进入购物车结算；
- 手机二维码，用户扫描后可快速进入手机店铺；
- 活动公告，以公告的形式滚动显示最新活动详情；
- 关键字搜索，及时搜索店铺内宝贝。

4.2.2 店招设计与制作

将店招进行构思设计后就可以着手制作了，本节将学习在 Photoshop 中制作店招，如图 4-26 所示为效果图。

图 4-26　效果图

01 运行 Photoshop 后，执行“文件”|“新建”命令，弹出对话框，设置参数，如图 4-27 所示。

02 单击“确定”按钮，新建空白文档，如图 4-28 所示。

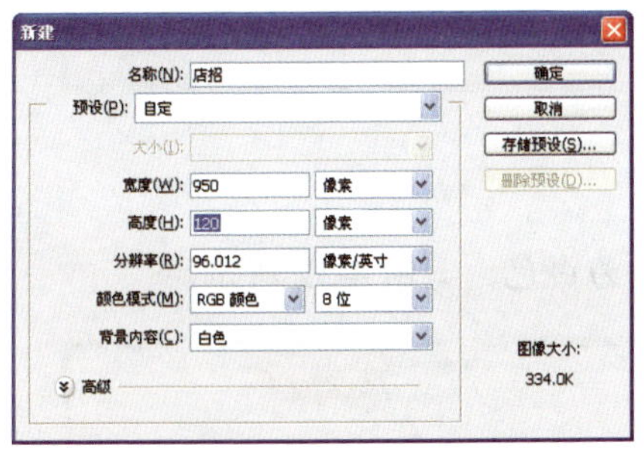

图 4-27　“新建”对话框

图 4-28　新建空白文档

03 按 Ctrl+O 快捷键打开提前准备的素材图片，并使用“移动”工具将其拖动到“店招”文档中，如图 4-29 所示。

图 4-29　素材图片

04 新建图层 2，使用椭圆选框工具，在画布中绘制椭圆选区并填充粉红色，如图 4-30 所示。

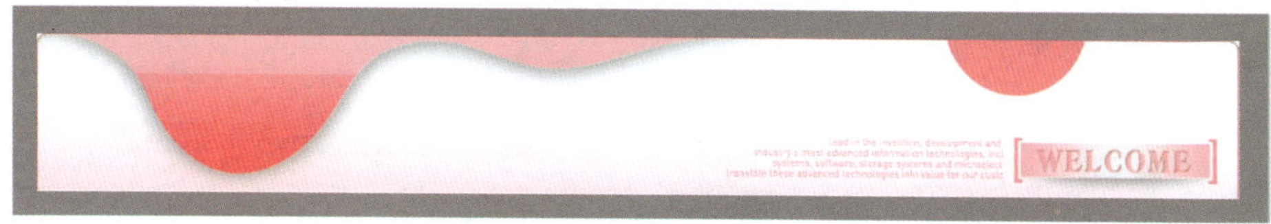

图 4-30　绘制椭圆并填充粉红色

05 新建图层,3，将其拖动到图层 2 的下方。选择画笔工具，调整画笔的大小及硬度后在画布中绘制阴影，如图 4-31 所示。

图 4-31　绘制阴影

06 使用文本工具，在画布中输入文本，文本颜色为白色，如图 4-32 所示。

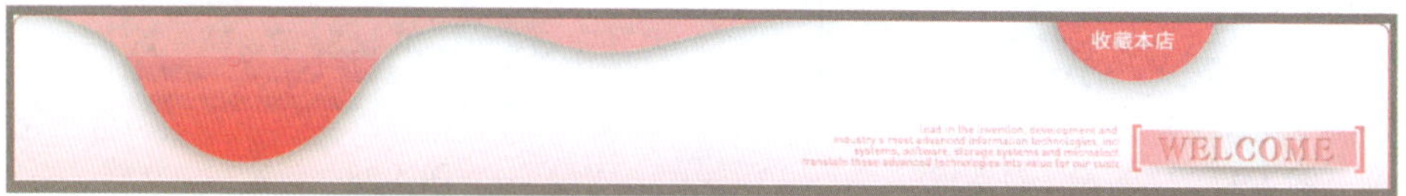

图 4-32　输入文字

07 选择文本工具，输入文本，并调整位置，如图 4-33 所示。

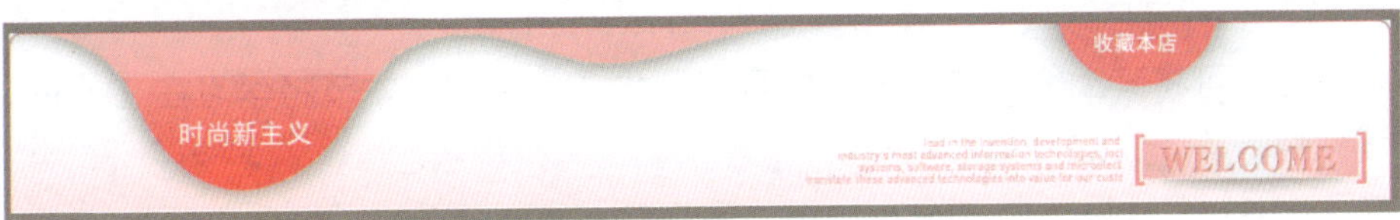

图 4-33 输入文本

08 按 Ctrl+O 快捷键打开“店铺收藏”的素材图片，并将其拖入到文档 1 中，如图 4-34 所示。

图 4-34 添加素材

09 新建图层，使用矩形选框工具绘制矩形选区，并分别填充颜色，如图 4-35 所示。

图 4-35 绘制矩形

10 使用线条工具绘制线条，然后使用文本工具输入文本，如图 4-36 所示。

图 4-36 输入文本

11 执行“文件”|“存储为”命令，将制作完成的店招存储为 JPEG 格式图像即可。

4.2.3 店招中的链接

制作店招后即可将其上传，在上一节中已经制作了店招图，本节将学习在 Dreamweaver 添加收藏店铺、购物车、我的订单等链接。

01 进入淘宝网的卖家中心，单击“图片空间”链接，如图 4-37 所示。

02 进入图片空间，单击“图片上传”按钮，如图 4-38 所示。

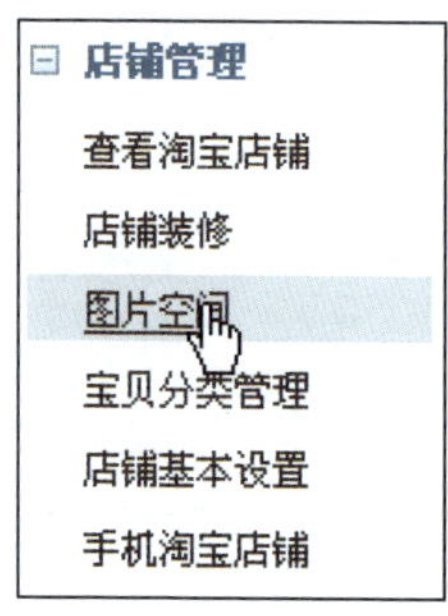

图 4-37 单击“图片空间”链接

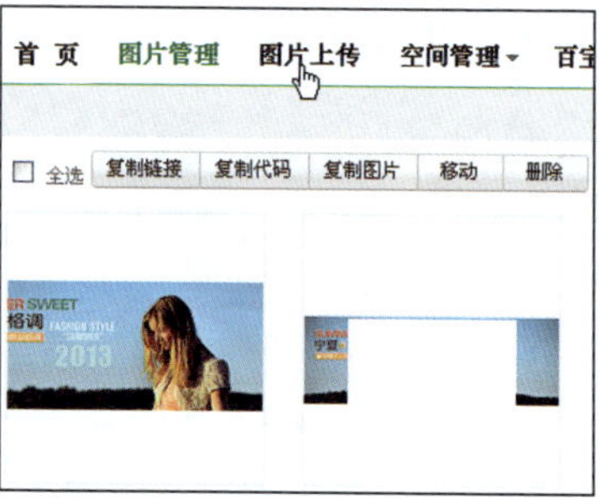

图 4-38 单击“图片上传”按钮

03 进入新的页面，单击“添加图片”按钮，如图 4-39 所示。

04 在弹出的对话框中选择图片路径后，将其选中，然后单击“选好了”按钮，如图 4-40 所示。

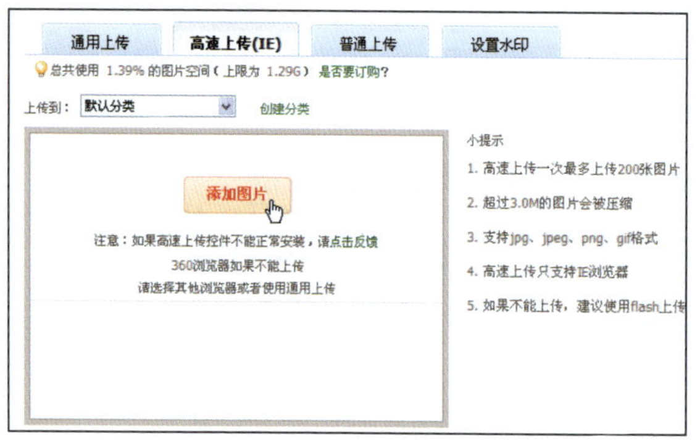

图 4-39 单击“添加图片”按钮

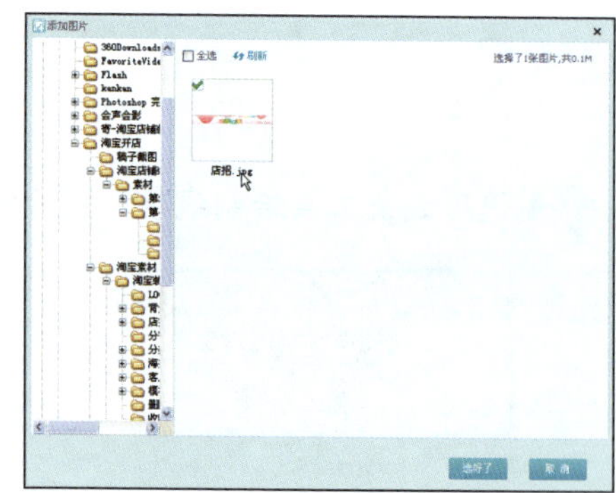

图 4-40 单击“选好了”按钮

05 在新的对话框中单击“立即上传”按钮，如图 4-41 所示。

06 上传完成后，弹出提示对话框，单击“完成”按钮，如图 4-42 所示。

07 打开上传后的图片，单击鼠标右键，执行“属性”命令，在弹出的对话框中选中地址，单击鼠标右键，执行“复制”命令，如图 4-43 所示。

图 4-41 单击“立即上传”按钮

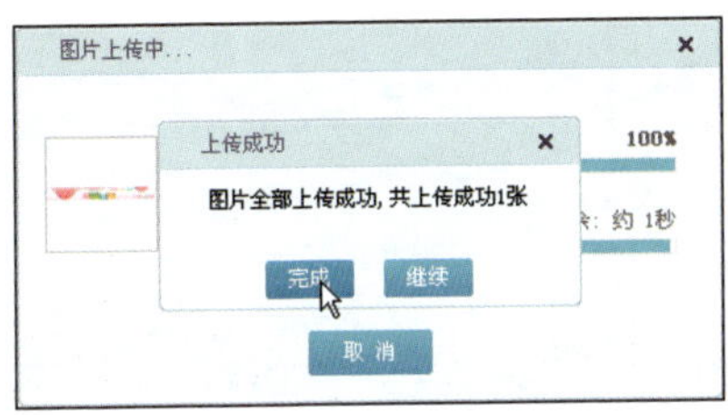

图 4-42 单击“完成”按钮

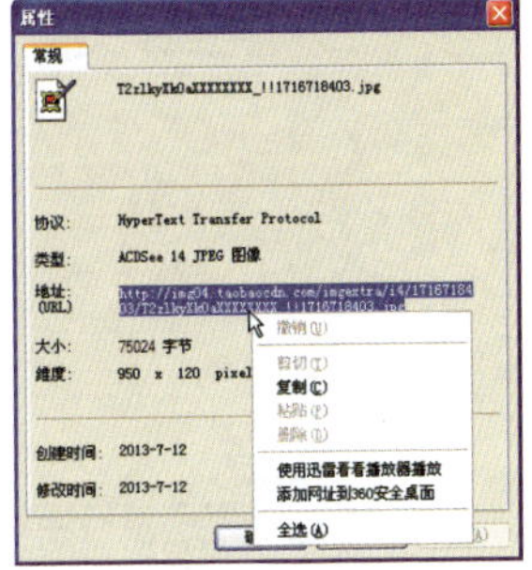

图 4-43 执行“复制”命令

08 运行 Dreamweaver，执行“插入”|“图像”命令，弹出对话框，在 URL 地址栏中粘贴前面复制的图片地址，如图 4-44 所示。

09 单击“确定”按钮，弹出新的对话框，单击“确定”按钮，如图 4-45 所示。

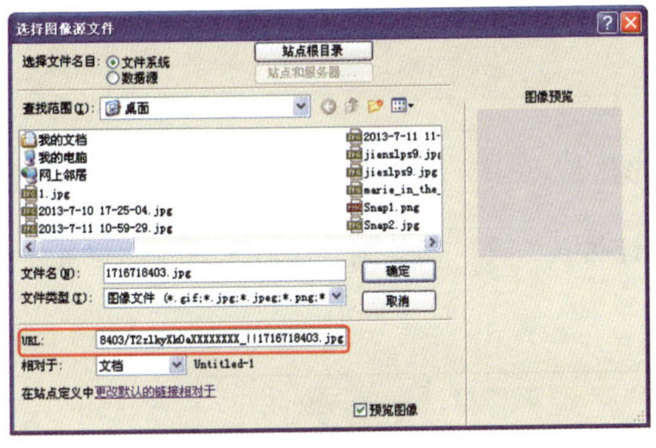

图 4-44 粘贴地址

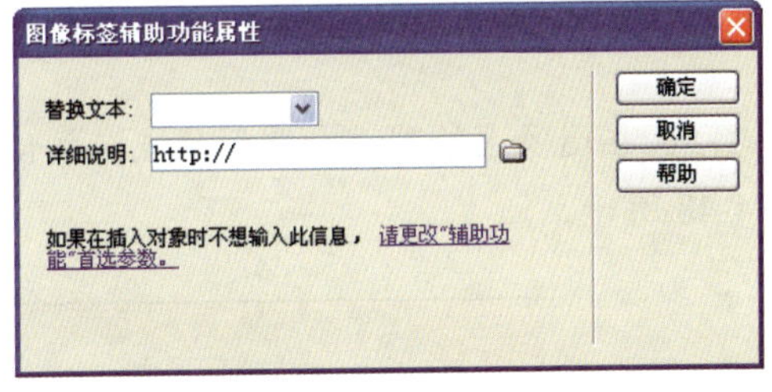

图 4-45 单击“确定”按钮

10 此时，图像即插入到了 Dreamweaver，如图 4-46 所示。

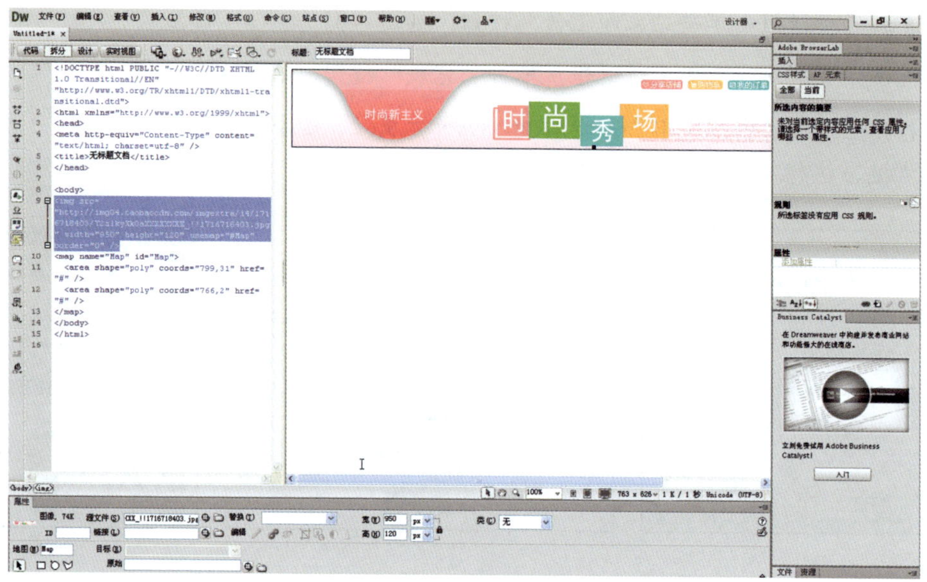

图 4-46　插入图像

11 在“属性”面板中单击“圆形热点”工具，如图 4-47 所示。

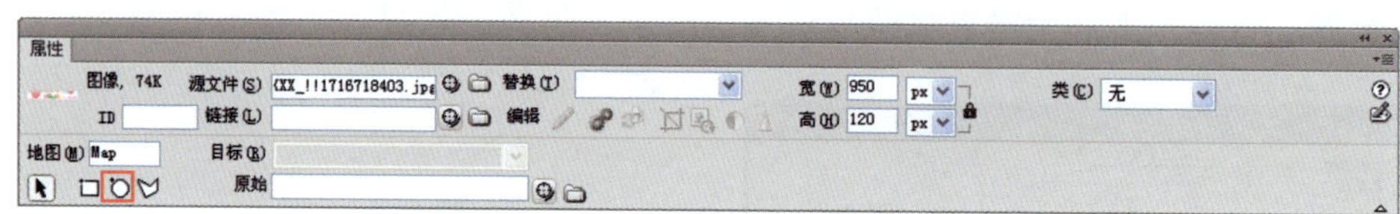

图 4-47　单击“圆形热点”工具

12 在图像上绘制一个圆形热点，并使用“指针热点工具”调整到“收藏本店”的位置，如图 4-48 所示。

图 4-48　调整位置

13 在“属性”面板中添加链接，如图 4-49 所示。

图 4-49　添加链接

收藏店铺的链接每个店铺各有不同，在后面的章节会讲到如何获取链接。

14 用同样的方法创建其他热点并设置链接地址。

15 操作完成后在代码区域将图像的代码选中后按 Ctrl+C 快捷键进行复制，如图 4-50 所示。

16 进入店铺装修页面，在店招模块的右上角单击“编辑”按钮，如图 4-51 所示。

图 4-50　复制代码

图 4-51　单击“编辑”按钮

17 单击“自定义招牌”单选按钮，单击“源码”图标，如图 4-52 所示。

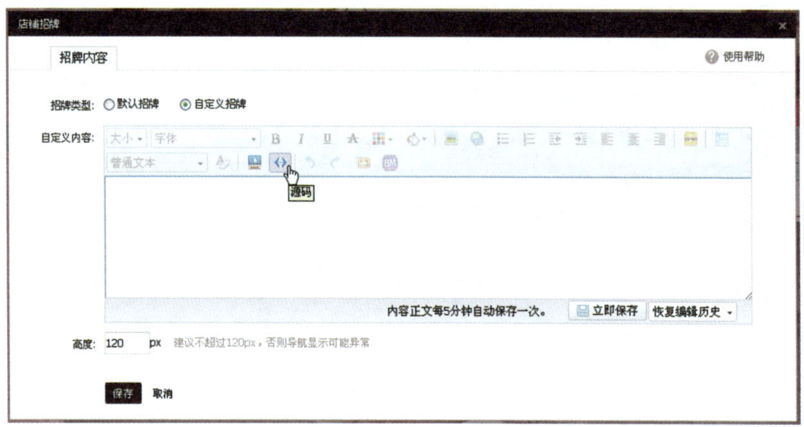

图 4-52　单击“源码”图标

18 按 Ctrl+V 快捷键将前面复制的代码粘贴到文本框中，然后再次单击“源码”图标，如图 4-53 所示。

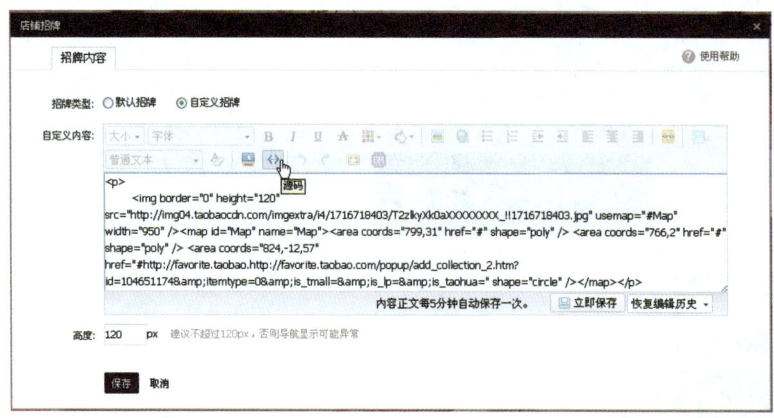

图 4-53　再次单击“源码”图标

19 在自定义内容区可以看到添加的图片，单击“保存”按钮，如图 4-54 所示。

20 单击页面的“发布”按钮即可发布背景，如图 4-55 所示。

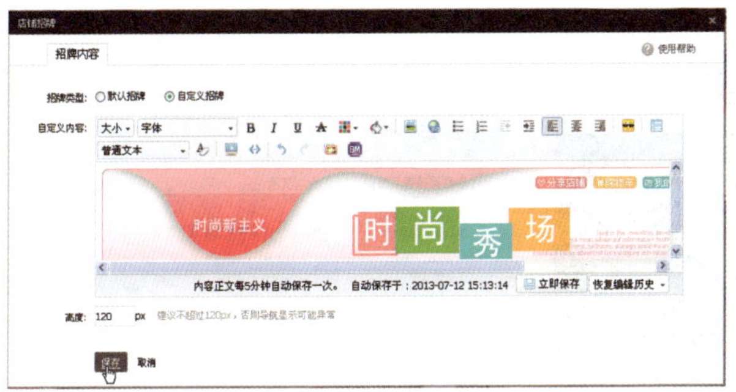

图 4-54　单击“保存”按钮

图 4-55　发布背景

4.2.4 页头背景

页头背景设计不用太过花哨复杂，只需根据店标设计出与之相匹配的背景。这样的页头背景能使全屏后的店铺看起来更加专业大气，能提升整个店铺档次，图 4-56 所示为几款页头背景图。

图 4-56　几款页头背景图

下面来学习如何添加页头背景。

01 进入店铺装修页面，在装修的弹出菜单中单击“样式管理”选项，如图 4-57 所示。

02 在左侧的样式编辑中选择“背景设置”选项，如图 4-58 所示。

03 进入“页头设置”界面，如图 4-59 所示。

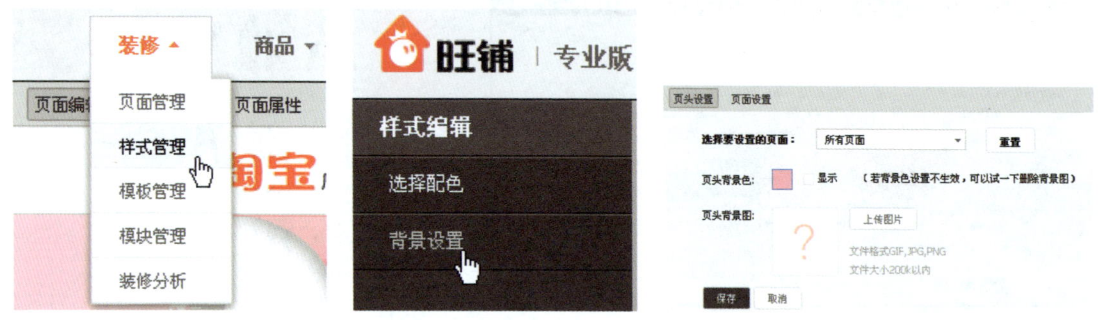

图 4-57 单击“样式管理”选项 图 4-58 选择“背景设置”选项 图 4-59 页头设置

04 在“选择要设置的页面”后单击三角按钮，可以选择设置的页面，如图 4-60 所示。

05 单击页头背景色后的“显示”复选框可以显示出页头区域的背景色，单击色块可以修改背景色，如图 4-61 所示。

06 单击“上传图片”按钮，则可以上传文件大小在 200KB 内的背景图。

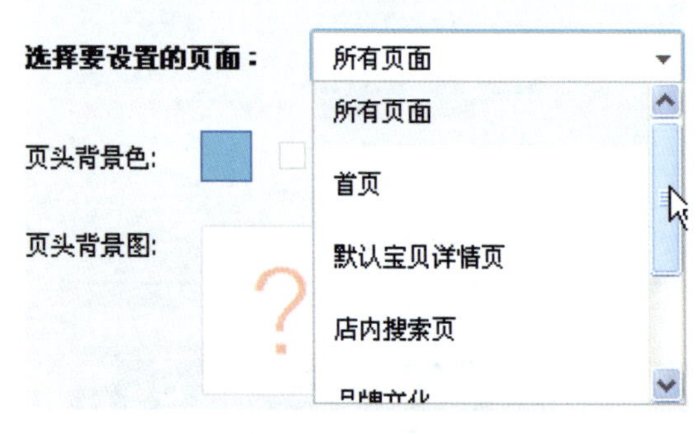

图 4-60 选择设置的页面

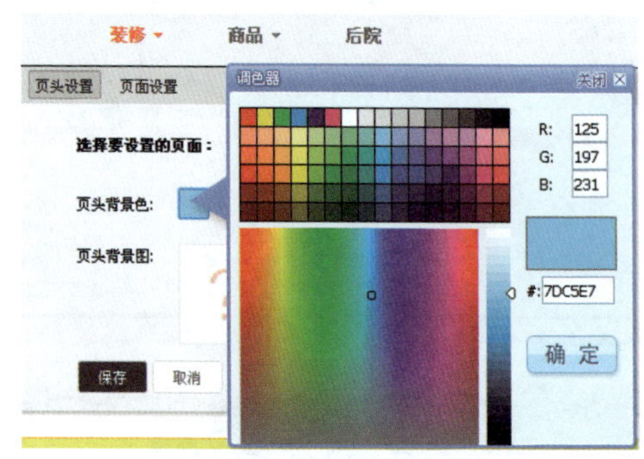

图 4-61 修改背景色

4.3 店铺页尾

店铺页尾即整个页面的最底端区域，这个部分的灵活性很大，用户可以自己设计并制作页尾。

4.3.1 页尾设计的技巧

店铺页尾的作用不可小觑。在页尾中包含了很强大的信息量，包括添加小图标，店铺申明、公告之类的信息，可以在方便买家的同时体现店铺的全方位服务。页尾设计多是使用简短的文字加上代表性的图标来传达相关信息，如图 4-62 所示为几款比较有代表性的页尾设计。

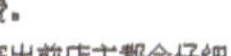

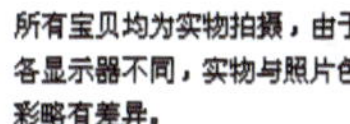

图 4-62　页尾设计

根据以上多个设计方案，可以总结得出，页尾设计的技巧有以下几点。

- 店铺收藏：在页尾添加店铺收藏链接能方便用户及时收藏店铺。
- 温馨提示：包括质量、色差、快递、退换货等提示内容可以帮助顾客快速解决购物过程中的问题。
- 店铺申明：包括闪电发货、7 天无理由退换货等店铺声明能为店铺树立形象，从而得到买家的信任。
- 服务热线：在页尾加以服务热线能更快、更多地解决顾客的问题。
- 返回顶部：在页面过长的情况下，加上返回顶部的链接可以方便用户快速回到顶部。

4.3.2 页尾设计与制作

了解页尾设计的技巧后，设计制作起来就能得心应手了。本节将学习在 Photoshop 中制作页尾。

01 运行 Photoshop 软件，按 Ctrl+N 快捷键，弹出“新建”对话框，设置参数，如图 4-63 所示。

02 单击“确定”按钮。即可新建一个空白文档，如图 4-64 所示。

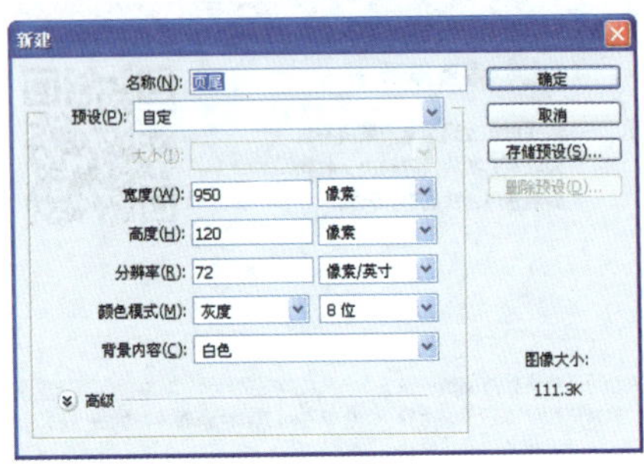

图 4-63 “新建”对话框

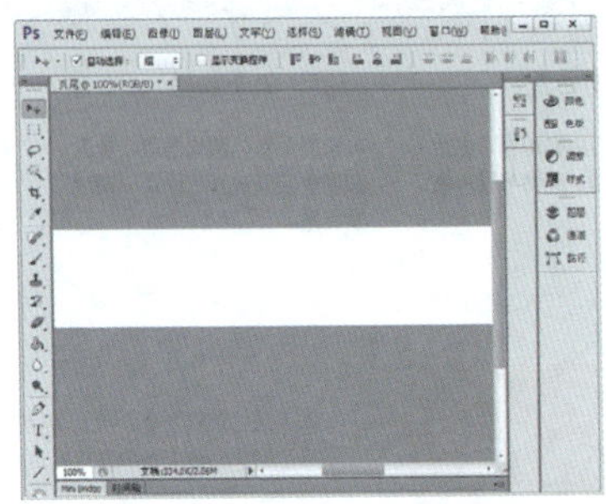

图 4-64 新建空白文档

旺旺提示

新建文档时需要注意的一点是，页尾的宽度应为 950 像素，而高度则可以自由设定。

03 使用文本工具，在画布中输入文本，如图 4-65 所示。

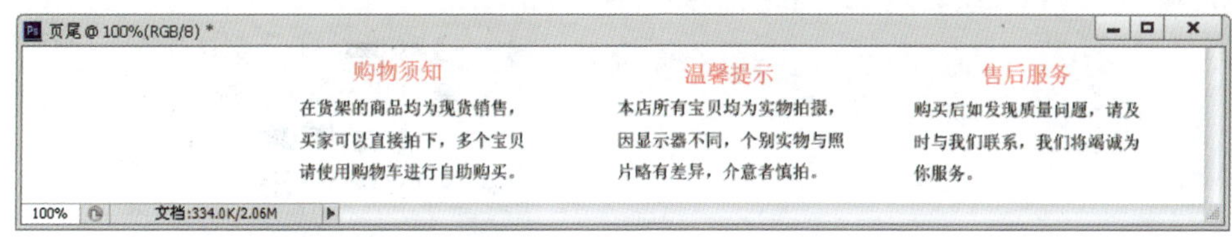

图 4-65　输入文本

04 使用线条工具，在选项栏中选择“形状样式”，设置描边颜色为玫红色，并设置描边选项为虚线，如图 4-66 所示。

图 4-66　“线条”工具选项栏

05 按住 Shift 键的同时在画布中绘制多条虚线线段，如图 4-67 所示。

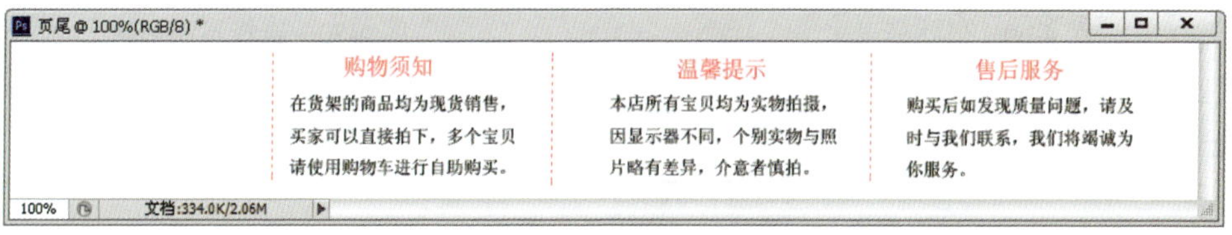

图 4-67　绘制虚线线段

06 在工具箱中选择自定形状工具，在选项栏中设置填充颜色为玫红色，描边色为无，如图 4-68 所示。

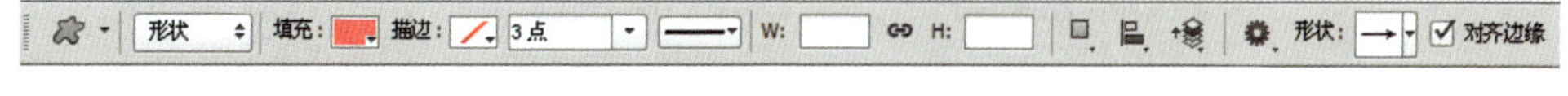

图 4-68　“自定义形状”选项栏

07 单击形状后的三角形状按钮，弹出“形状”下拉列表，如图 4-69 所示。

08 单击设置按钮，可以弹出“形状”菜单选项，在这里还可以选择其他的不同形状，如图 4-70 所示。

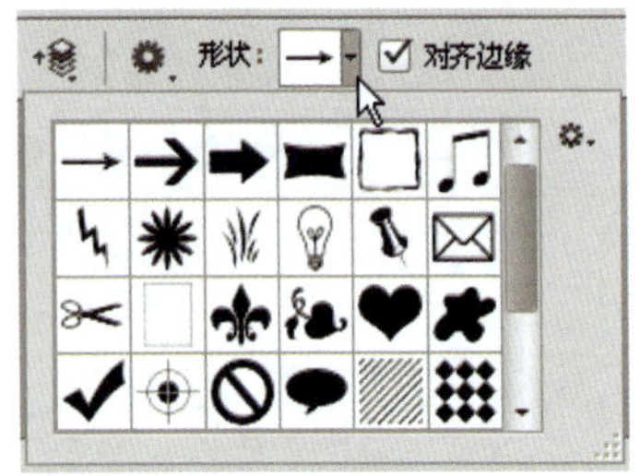

图 4-69　形状列表

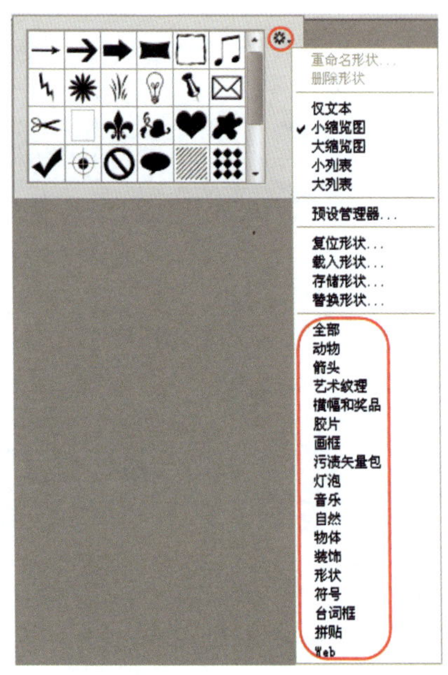

图 4-70　选择不同形状

按住 Shift 键的同时绘制图形，才能保证图形不变形。

09 依次选择不同形状并在画布中拖动鼠标绘制图形，如图 4-71 所示。

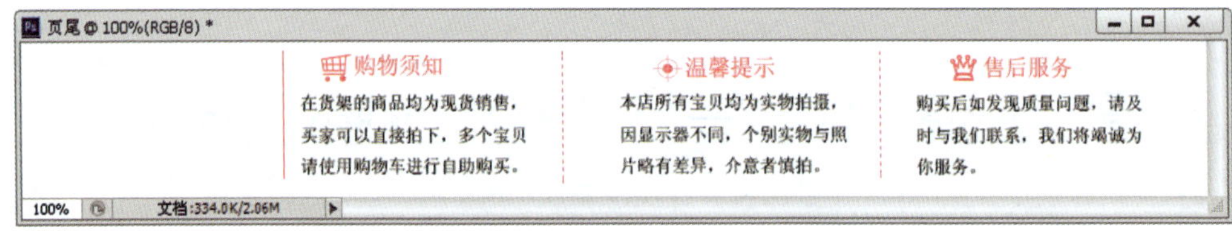

图 4-71　绘制图形

10 按 Ctrl+O 快捷键打开一张收藏本店的素材图片，并将其添加到“页尾”文档中，如图 4-72 所示。

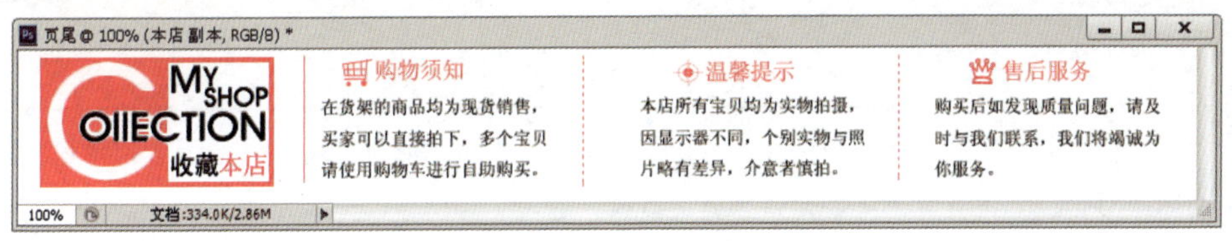

图 4-72　添加收藏素材

11 将图片保存为 JPEG 文档后，进入淘宝网的卖家中心，单击“店铺装修”链接，进入店铺装修页面。

12 在页面最下方添加“自定义区域”模块，然后单击“编辑”按钮，如图 4-73 所示。

图 4-73　单击“编辑”按钮

13 单击“插入图片空间图片”按钮，然后单击“上传新图片”按钮，如图 4-74 所示。

14 将宝贝的页尾图片上传后，单击“插入”按钮将其插入到自定义内容区，在显示标题后单击“不显示”单选按钮，然后单击“插入链接”图标，如图 4-75 所示。

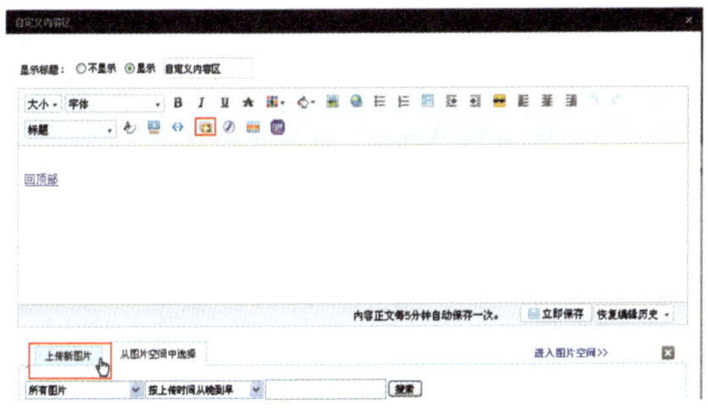

图 4-74　单击“上传新图片”按钮

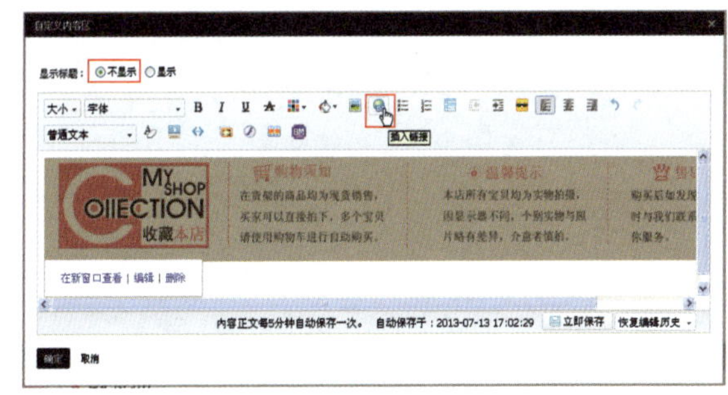

图 4-75　单击“插入链接”图标

15 在链接网址中粘贴“店铺收藏”的链接地址，如图 4-76 所示。

旺旺提示

这里的链接是单击整个图片的链接，若只需单击某区域的链接则需在 Dreamweaver 中制作，这个知识点在前面的章节讲过，用户可以跟着演示步骤来操作。

16 然后单击“确定”按钮完成页尾的添加，单击“发布”按钮发布效果，如图 4-77 所示。

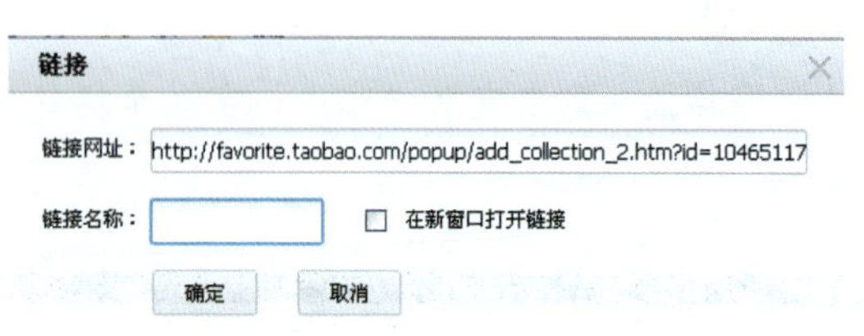

图 4-76　粘贴链接

图 4-77　单击“发布”按钮

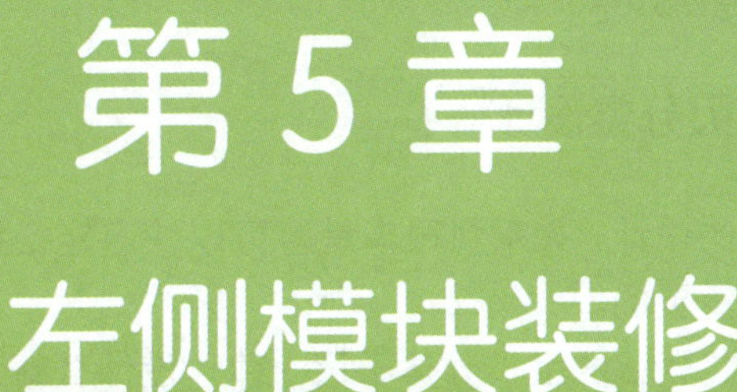

第 5 章 左侧模块装修

在淘宝店铺默认布局中，不管是首页还是宝贝详情页都是左右布局的，即分为左侧模块和右侧模块两大块，本章将学习左侧模块的装修。

5.1 宝贝分类

宝贝分类就是在店铺里对所要出售的宝贝进行分类管理，这样使整个店面条理更清晰、简洁，以方便买家搜索浏览。

5.1.1 宝贝分类设计

宝贝分类的设计，关系到顾客是否可以快速轻松找到自己所需的宝贝，所以把它设计制作得醒目，是非常重要的。

在淘宝中，默认的宝贝分类千篇一律，没什么新意，如图 5-1 所示。自己设计的宝贝分类较为独特新颖，更容易吸引顾客，如图 5-2 所示。

好的宝贝设计往往带给顾客一种轻松愉悦的心情，在挑选宝贝的同时也能获得精神上的享受。所以宝贝分类看起来不打眼，实际上也是一种赢得好印象的方法。

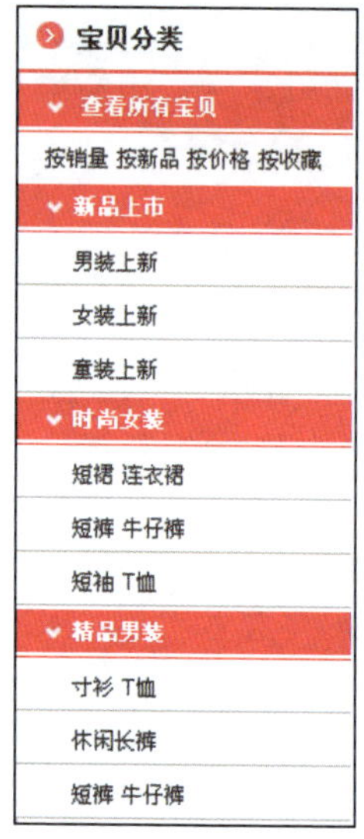

图 5-1　默认的分类导航

图 5-2　设计后的分类导航

5.1.2 宝贝分类图制作

店铺分类的宽度不要超过 180 像素，高度则可以根据设计需要自行设定。下面来学习宝贝分类图的制作。

01 启动 Photoshop，按 Ctrl+N 新建文档，设置宽度参数为 160 像素，高度参数为 49 像素，如图 5-3 所示。

02 单击“确定”按钮即可新建空白文档，如图 5-4 所示。

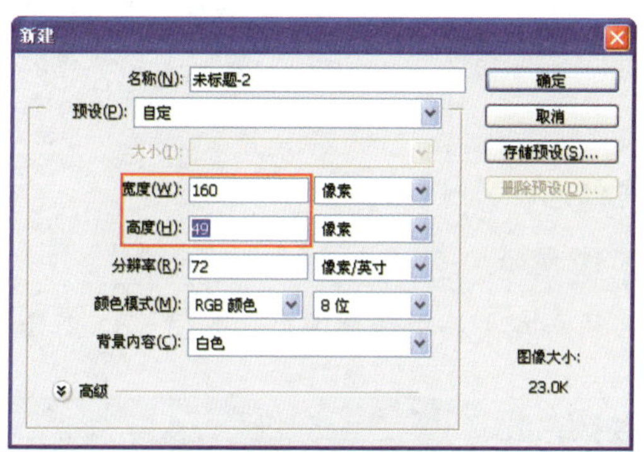

图 5-3 设置参数

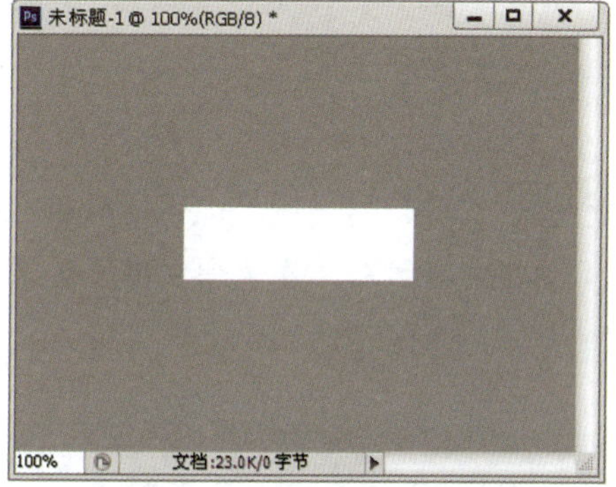

图 5-4 新建文档

03 选择工具箱中的“圆角矩形”工具，在工具选项栏中设置填充颜色为无，描边颜色为红色，描边宽度为 2 像素，圆角半径为 5 像素，如图 5-5 所示。

图 5-5 “圆角矩形”工具选项栏

04 在新建文档中绘制圆角矩形，如图 5-6 所示。

05 选择线头工具在矩形上绘制线条，如图 5-7 所示。

06 在图层面板中选择圆角矩形和线条图层，单击鼠标右键，执行“拼合图像”命令，如图 5-8 所示。

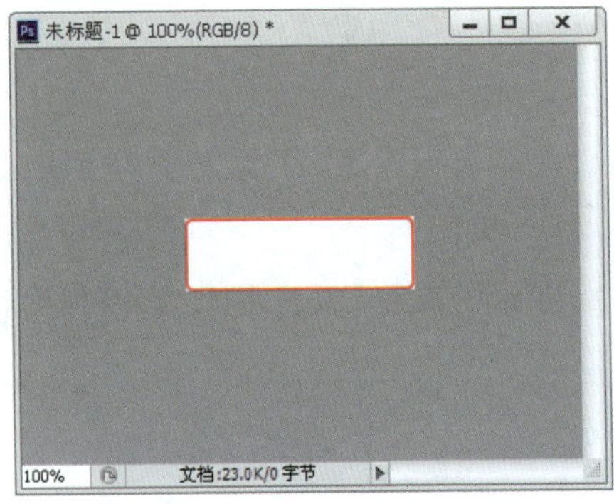

图 5-6　绘制圆角矩形

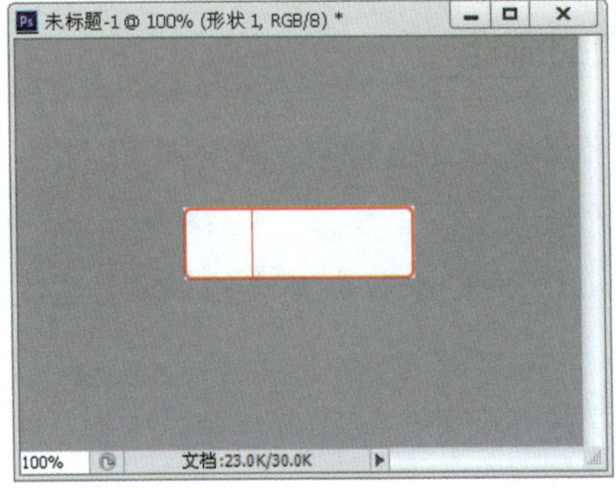

图 5-7　绘制线条

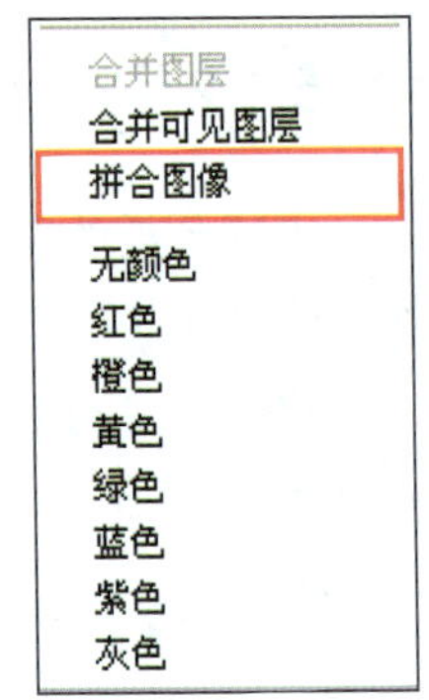

图 5-8　执行“拼合图像”命令

07 选择“油漆桶”工具，在矩形左侧区域填充红色，如图 5-9 所示。

08 使用文本工具，在文档中输入文本，如图 5-10 所示。

09 选择“自定形状”工具，在选项栏中选择形状后在文档中绘制图形，如图 5-11 所示。

图 5-9　填充

图 5-10　输入文本

图 5-11　绘制图形

10 这样一个宝贝大分类图标就制作完成了，用同样的方法制作其他宝贝大分类图，如图 5-12 所示。将图片宝贝为 JPEG 图片。

11 下面来制作宝贝的小分类图。按 Ctrl+N 快捷键新建一个文档，如图 5-13 所示。

12 使用直线工具绘制线条，如图 5-14 所示。

Girl 【时尚女装】
特价购
Boy 【精品男装】
特价购

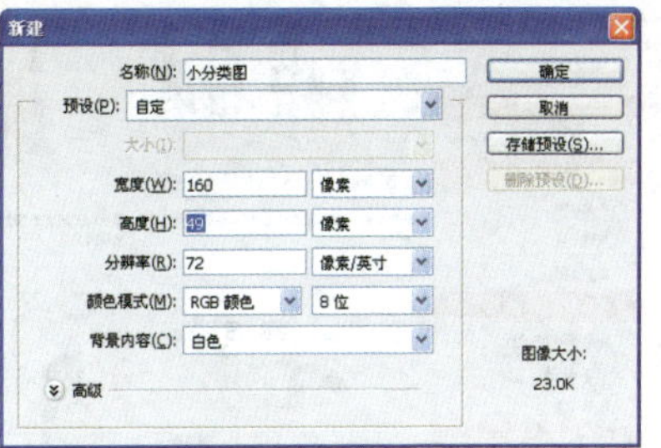

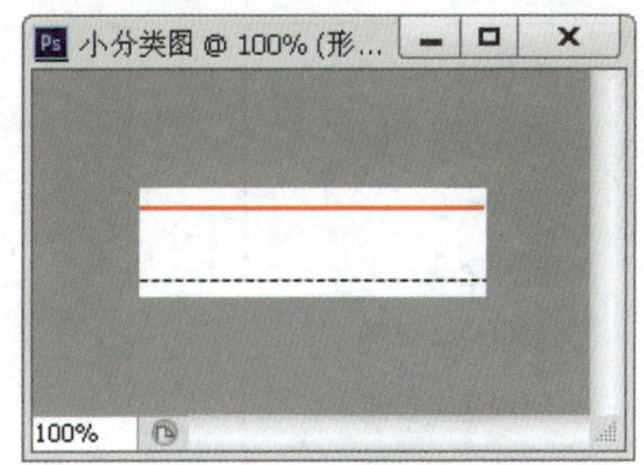

图 5-12　其他大分类图　　图 5-13　新建文档　　图 5-14　绘制线条

13 选择“自定形状”工具，在选项栏中选择形状后在文档中绘制图形，如图 5-15 所示。

14 使用文本工具，在文档中输入文本，如图 5-16 所示。

15 将图片保存。用同样的方法制作其他小分类图标，如图 5-17 所示。

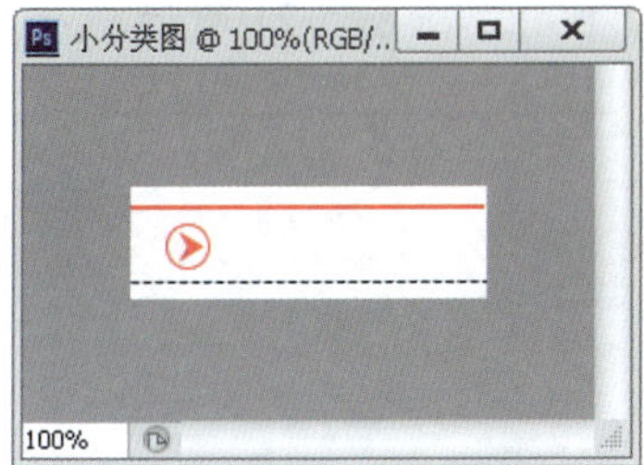

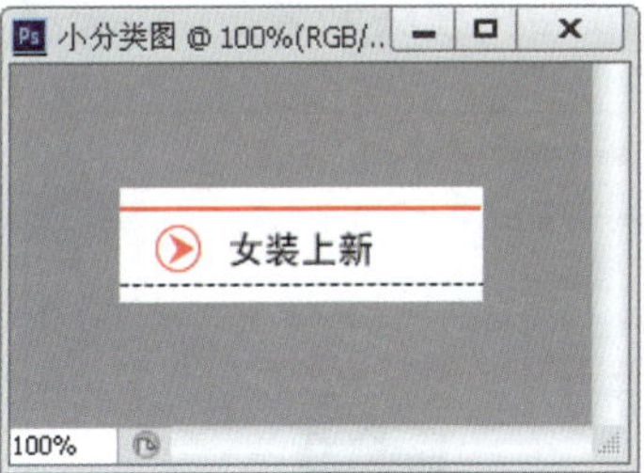

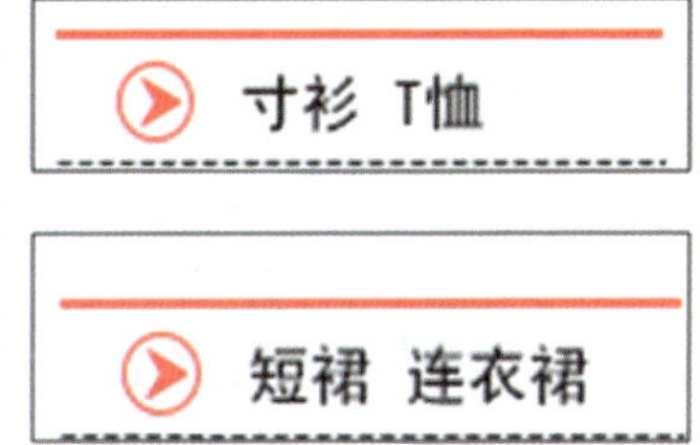

图 5-15　绘制图形　　图 5-16　输入文本　　图 5-17　其他小分类图

5.1.3 新系统模板中分类图上传

分类图制作完成后需要将其上传到图片空间，方便以后网店的装修。下面将学习分类图上传制作。

01 将图片上传到空间后，单击“卖家中心”的“查看淘宝店铺”链接，如图 5-18 所示。

02 进入我的店铺，在店铺左侧模块中可以看到默认的分类图，如图 5-19 所示。

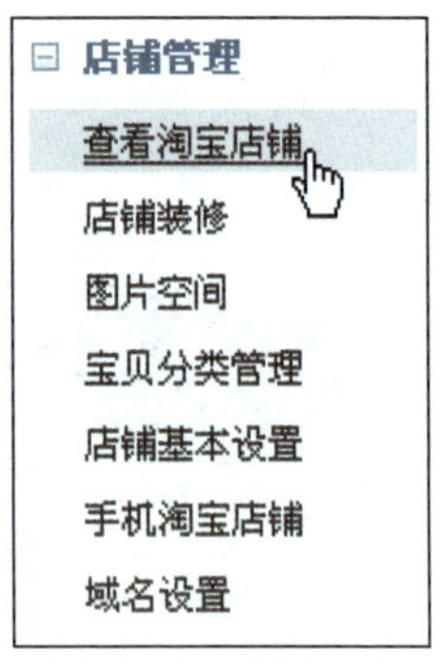

图 5-18　单击链接

图 5-19　默认分类

03 单击分类图，跳转到新的网页中，在浏览器地址栏中按 Ctrl+A 将地址选中，按 Ctrl+C 复制地址，如图 5-20 所示。

04 进入“店铺装修”页面，在左侧模块中单击“添加模块”按钮，如图 5-21 所示。

图 5-20　复制地址

图 5-21　添加模块

05 在弹出的对话框中单击“自定义内容区”后的“添加”按钮，如图 5-22 所示。

06 在“自定义区域”模块右上角单击“编辑”图标，如图 5-23 所示。

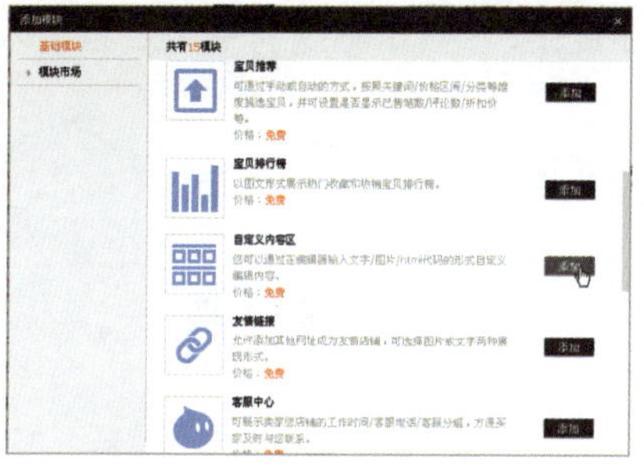

图 5-22　单击“添加”按钮

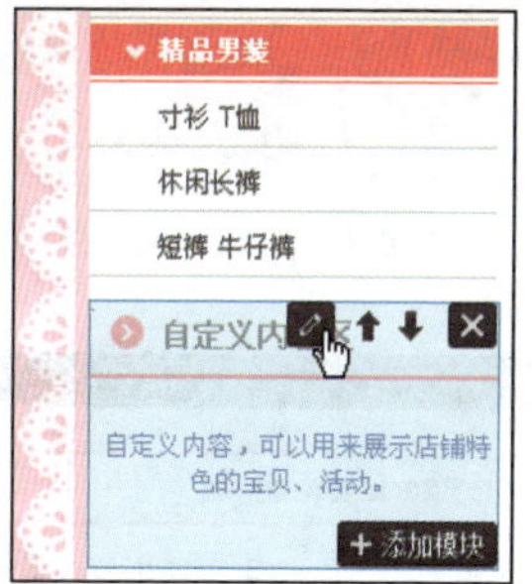

图 5-23　单击“编辑”图标

07 弹出对话框，单击“添加图片空间图片”图标，如图 5-24 所示。

08 单击“选择空间图片”选项，并选择图片后单击“插入”按钮，如图 5-25 所示。

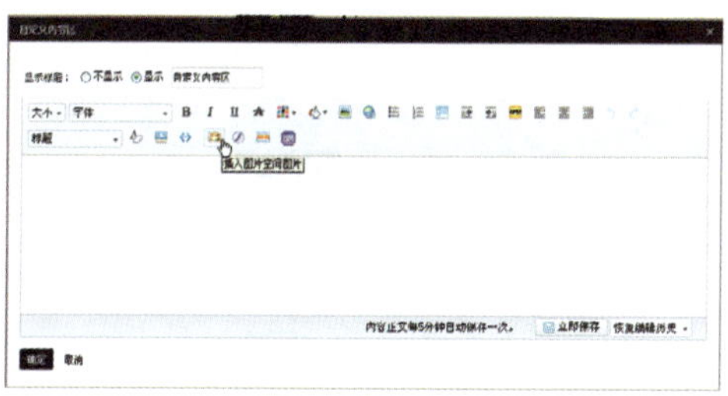

图 5-24　单击图标

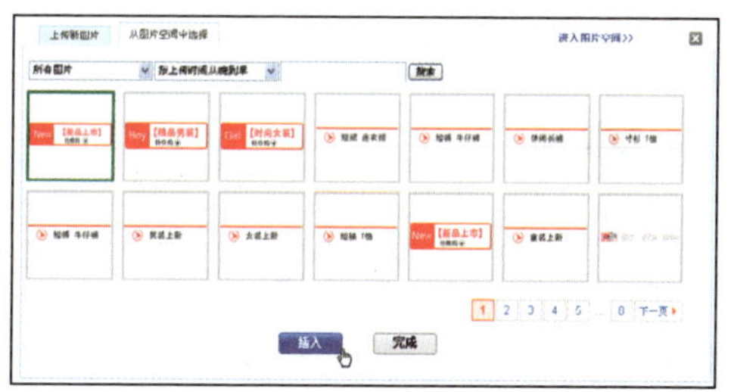

图 5-25　单击“插入”按钮

09 插入图片后，选择图片，单击“编辑”按钮，如图 5-26 所示。

10 弹出的对话框，在“链接地址”文本框中粘贴复制的地址链接，如图 5-27 所示，然后单击“确定”按钮。

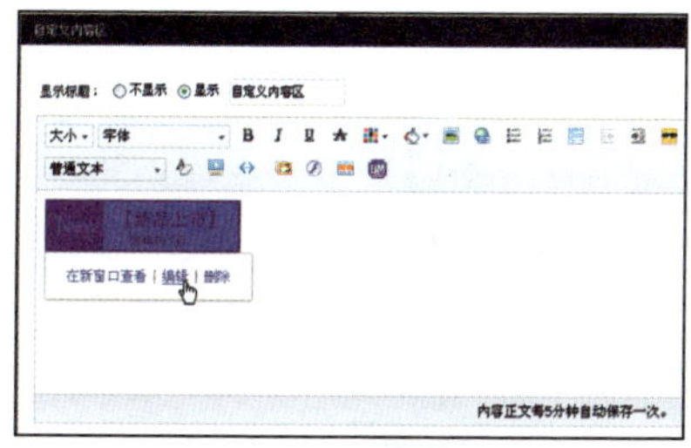

图 5-26　单击“编辑”按钮

图 5-27　粘贴地址

11 用同样的方法，依次添加其他分类图并设置地址链接，在显示标题的中文本框输入标题，单击“确定”按钮，如图 5-28 所示。

12 选择原宝贝分类模块，单击“删除”按钮，将其删除，如图 5-29 所示。

图 5-28　单击“确定”按钮

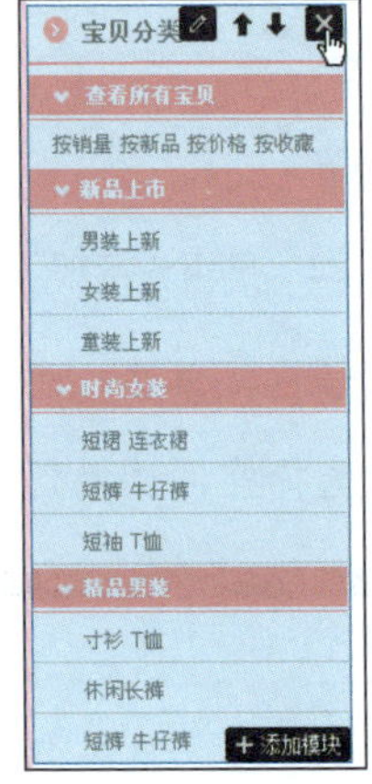

图 5-29　删除

13 单击“发布”按钮，查看上传分类图后的效果，如图 5-30 所示。

图 5-30　效果

5.1.4 老系统模板中分类图上传

前面一节讲解的是旺铺专业版中新系统模板装修的分类图上传，这一节讲解老系统模板装修中上传的另一种较为简单的方法。

01 登录淘宝，查看在老系统模板中的宝贝分类效果，如图 5-31 所示。

02 进入卖家中心页面，单击“宝贝分类管理”链接，如图 5-32 所示。

03 在打开的网页中，单击“添加手工分类”按钮，如图 5-33 所示。

图 5-31　宝贝分类

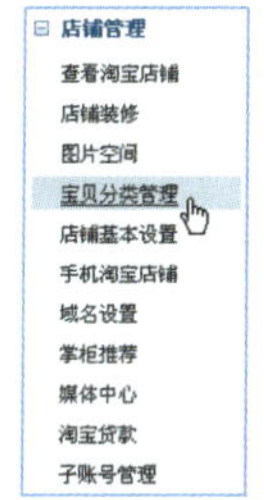

图 5-32　单击链接文本

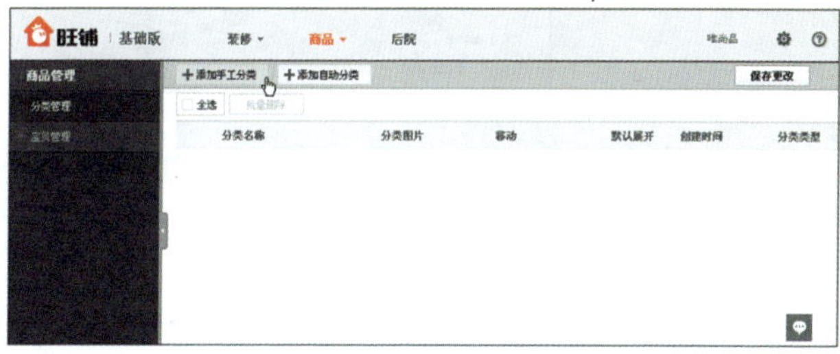

图 5-33　单击“添加手工分类”按钮

04 在分类文本框中输入分类名称，这里的分类是按照我们前面制作的分类图来命名的，如图 5-34 所示。

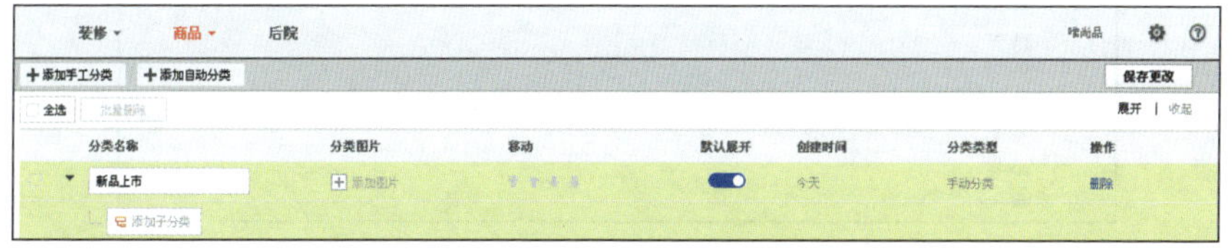

图 5-34　输入分类名称

05 用同样的方法添加其他大分类，如图 5-35 所示。

图 5-35　添加大分类

06 在相应的分类下单击“添加子分类”按钮，输入子分类名称，如图 5-36 所示。

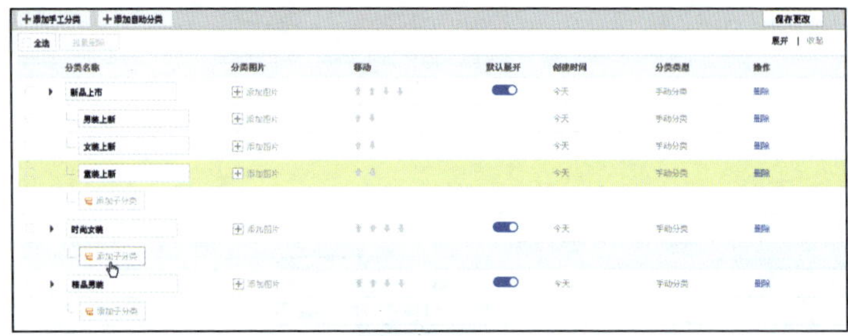

图 5-36　输入子分类名称

07 分类添加完成后，单击“分类图片”一列中的“添加图片”按钮，如图 5-37 所示。

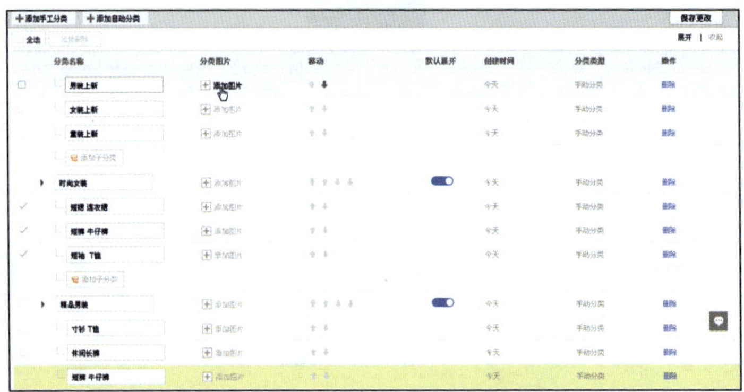

图 5-37　单击“添加图片”按钮

08 在弹出的对话框中单击“插入图片空间图片”单选按钮，然后选择图片单击“插入”按钮，如图 5-38 所示。

09 将图片添加到分类后，将光标移至分类图片上可预览效果，如图 5-39 所示。

图 5-38　单击“插入”按钮

图 5-39　预览

旺旺提示

在默认展开一列中拖动单击滑块可以设置系统默认状态下的展开状态，如图 5-40 所示。单击“保存更改”命令保存。

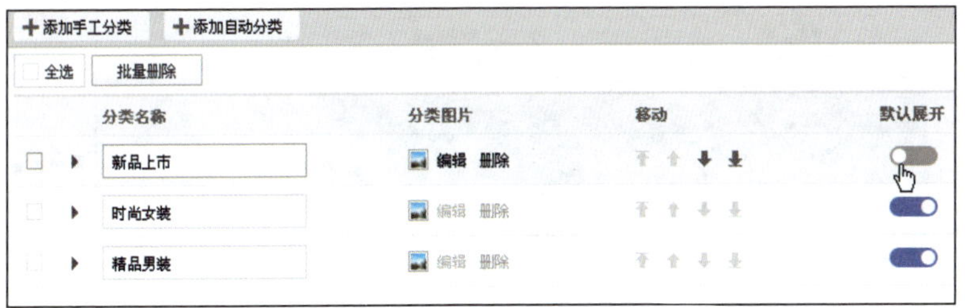

图 5-40　默认展开

10 在“商品”弹出菜单中单击“宝贝管理”选项，如图 5-41 所示。

11 选中宝贝的复选框，单击“批量分类”按钮，在下拉菜单中选择分类，然后单击“应用”按钮，如图 5-42 所示。

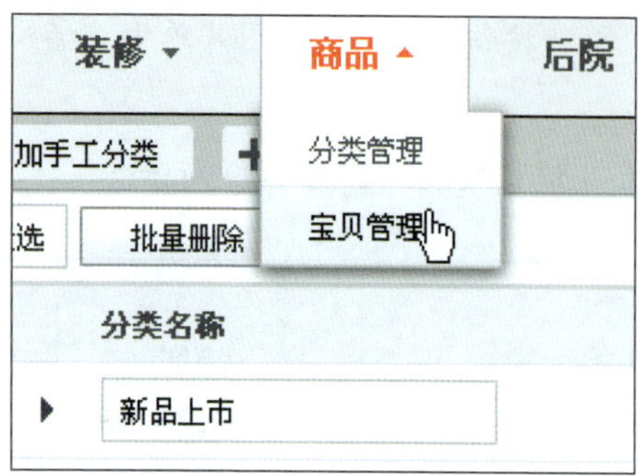

图 5-41　单击“宝贝管理”选项

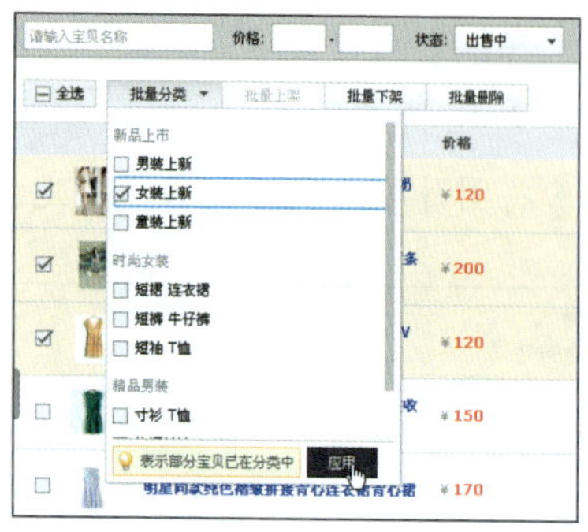

图 5-42　单击“应用”按钮

12 单击“装修”菜单下的“页面管理”选项，在店铺的左侧就可以看到宝贝分类情况了，如图 5-43 所示。

旺旺提示

新系统模板中由于分类图标的左侧部分区域不可控制，所以不能使用这节所用的方法，否则会导致分类的杂乱，如图 5-44 所示。

图 5-43　宝贝分类

图 5-44　杂乱的分类

5.2 店铺收藏

买家在淘宝购物时遇到自己喜欢的店铺时，通常会把这家店铺收藏下来。因此漂亮店铺收藏图标可以提高店铺收藏人气。

5.2.1 店铺收藏设计

在淘宝店铺装修中，可以添加一个店铺收藏的模块，如图 5-45 所示。除了添加这个模块外，卖家在店铺装修时还可以自己设计店铺收藏图片，如图 5-46 所示为几款不同设计的店铺收藏图片。相比之下，是不是经过设计制作的店铺收藏更具特色，更能吸引眼球呢?

图 5-45　店铺收藏模块

图 5-46　不同设计的店铺收藏图

不论何种收藏图片设计都要突出重点，即“收藏”两字，另外在设计中加入一些广告元素，比如“收藏有礼”，“收藏送优惠”等信息，在吸引买家眼球的同时也提高了收藏人气。

在店铺收藏中加上温馨小贴士、欢迎字幕或者营业时间还能为买家提高方便，提高亲切感，如图 5-47 所示。

5.2.2 店铺收藏制作

这里制作的是左侧模块中的店铺收藏，宽度大小控制在 190 像素以内，高度根据需要进行设定。下面学习制作店铺收藏图片，如图 5-48 所示为效果图。

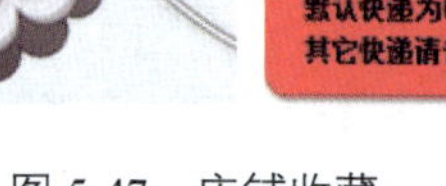

图 5-47　店铺收藏

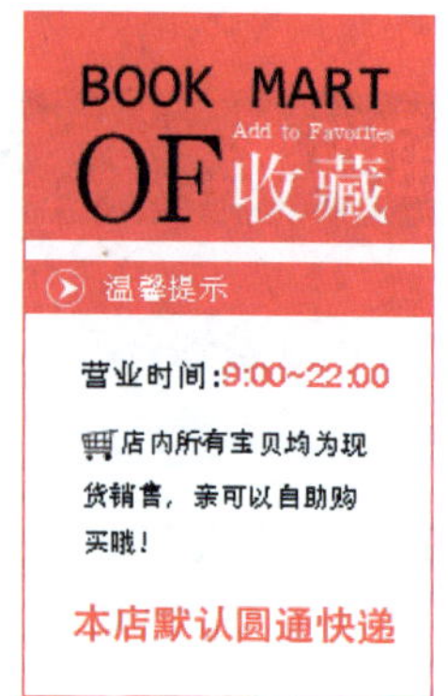

图 5-48　效果图

01 运行 Photoshop 后，按 Ctrl+N 快捷键打开“新建”对话框，设置参数，如图 5-49 所示。

02 新建图层，使用矩形选框工具绘制选区，并填充颜色，如图 5-50 所示。

03 选择文本工具，在文档中输入文本，如图 5-51 所示。

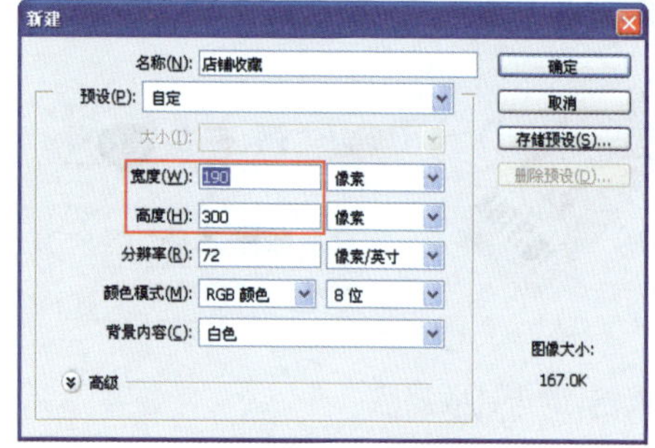

图 5-49　设置参数

图 5-50　绘制图形

图 5-51　输入文本

04 新建图层，选择“矩形选框”工具绘制矩形选区，并填充颜色，如图 5-52 所示。

05 选择“自定形状”工具绘制形状，并使用文本工具在文档中输入文本，如图 5-53 所示。

06 继续使用文本工具输入文本，并根据需要修改字体颜色，如图 5-54 所示。

07 若觉得整体不突出，可以选择背景图，按 Ctrl+A 将其全选后，执行“编辑”|“描边”命令，对其描边，将图片保存为 JPEG 格式文件即可。

图 5-52　绘制图形

图 5-53　输入文本

图 5-54　输入文本

5.2.3 获取店铺收藏链接

前面章节中我们讲到如何在 Dreamweaver 中添加店铺收藏的链接，本小节将学习如何获取店铺收藏链接。

01 进入自己的店铺界面，在页面的右上角单击“收藏”图标，如图 5-55 所示。

02 弹出菜单，将鼠标放置在“收藏”按钮上，单击鼠标右键，执行“属性”命令，如图 5-56 所示。

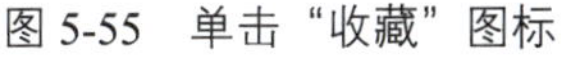
图 5-55　单击“收藏”图标

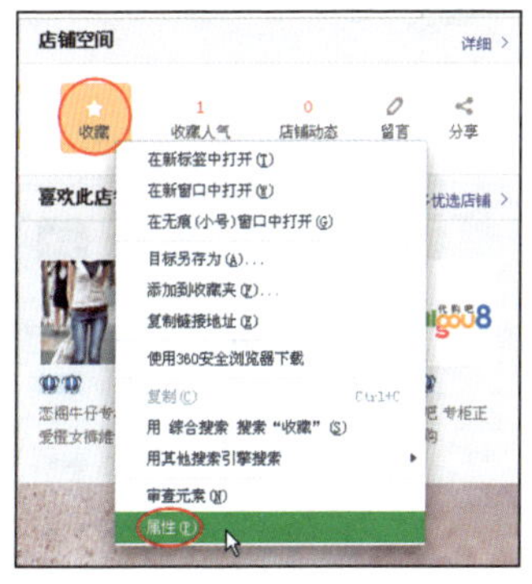

图 5-56　执行“属性”命令

03 弹出“属性”对话框，在地址中选择地址内容，单击属性右键，执行“复制”命令，如图 5-57 所示。

04 如果地址正确的话，将地址复制到浏览器的地址栏中，可以跳转到收藏店铺的页面中，如图 5-58 所示。

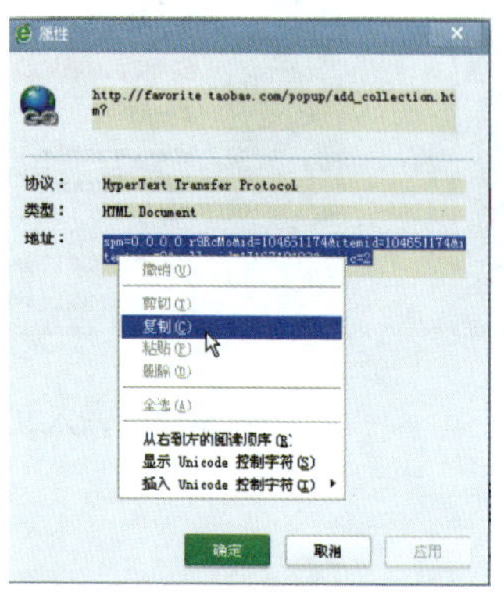

图 5-57　执行“属性”命令

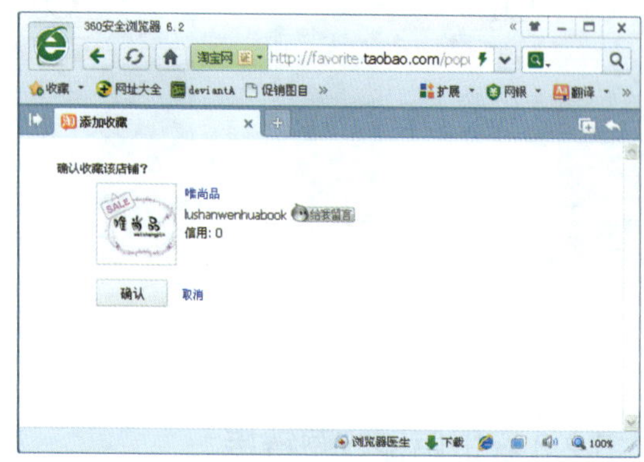

图 5-58　“收藏店铺”页面

5.2.4 上传店铺收藏图

因为这里制作的是完整的店铺收藏图，所以不需要在中间创建热点，将其上传到店铺中再添加图片链接即可。

01 进入“店铺装修”页面，在左侧模块区域单击“添加模块”按钮，如图 5-59 所示。

02 选择自定义内容区模块，单击“添加”按钮，如图 5-60 所示。

图 5-59　单击“添加模块”按钮

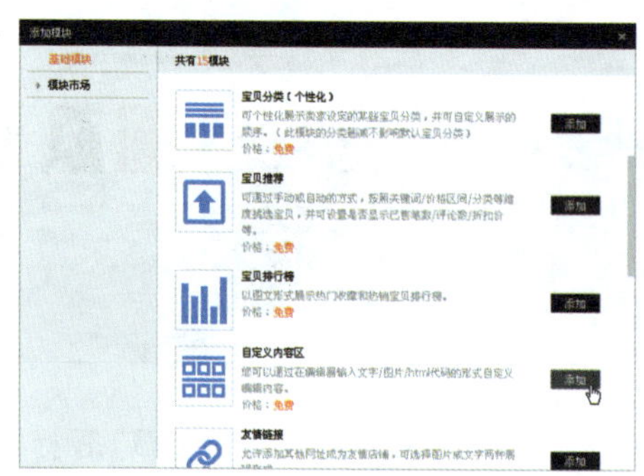

图 5-60　单击“添加”按钮

03 单击“自定义内容区”模块右上角的“编辑”图标，如图 5-61 所示。

04 弹出对话框，单击显示标题后的“不显示”单选按钮，然后插入图片，如图 5-62 所示。

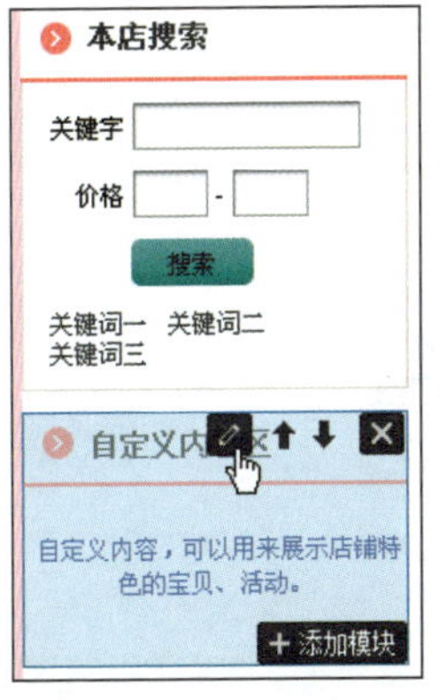

图 5-61 单击“编辑”图标

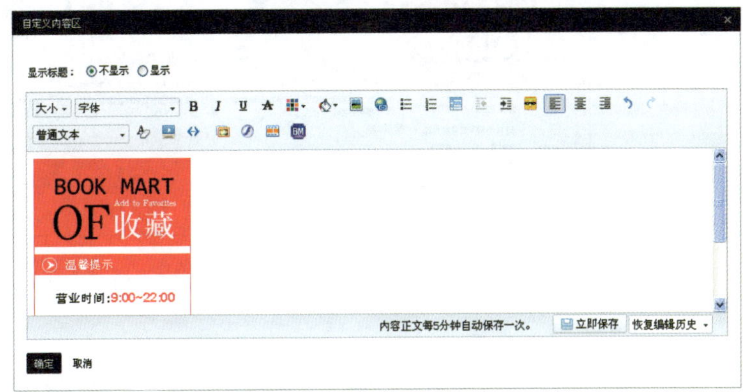

图 5-62 插入图片

05 选择图片，单击“编辑”按钮，如图 5-63 所示。

06 在链接地址中粘贴前面复制的地址，如图 5-64 所示。

图 5-63 单击“编辑”按钮

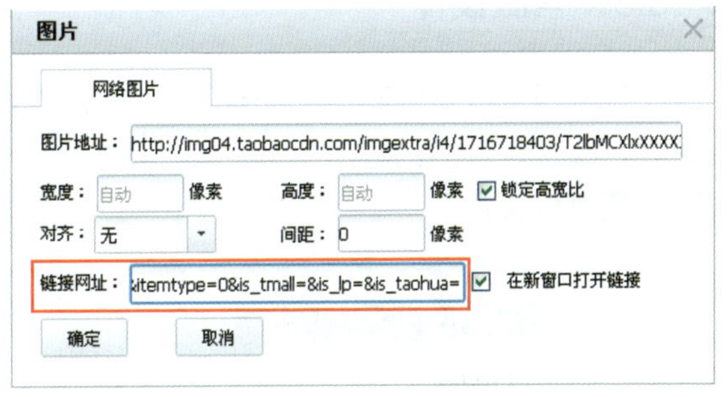

图 5-64 粘贴地址

07 单击“确定”按钮即可。最后单击“发布”按钮，发布店铺装修效果，并对店铺收藏图片进行测试，如图 5-65 所示。

图 5-65　最终效果

5.3 客服中心

客服中心在整个店铺装修中都应是重点装修部分，用户浏览店铺时随时都会联系客服，客服中心。

5.3.1 客服设计

在淘宝网中默认的客服中心模块如图 5-66 所示。这里的旺旺图标和旺旺排列都不能进行自由更改，经过设计后的客服中心如图 5-67 所示。自己制作的客服可以自由对客服进行分类，客服图标还可以更换。

图 5-66　客服中心模块

图 5-67　客服设计

5.3.2 简单客服制作

若需要制作更为美观且复杂的旺旺分类图标，可在 Photoshop 中制作后再装修到店铺中。这里我们学习直接在“店铺装修”页面中制作简单的客服。

01 进入我的淘宝店铺，在页面的右上角单击“客服”图标，如图 5-68 所示。

02 在旺旺图标上单击鼠标右键，执行“属性”命令，如图 5-69 所示。

图 5-68 单击“客服”图标

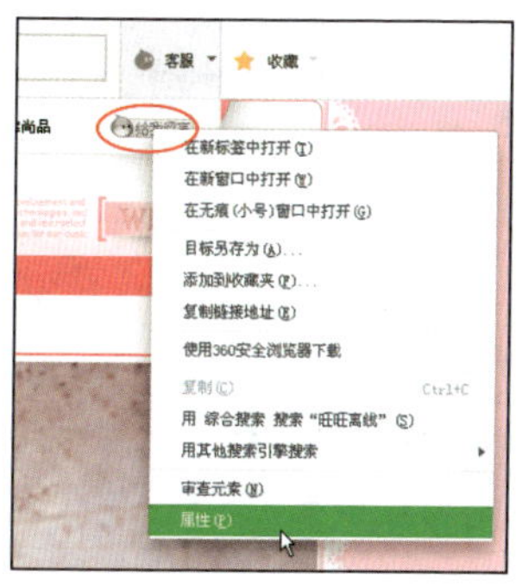

图 5-69 执行“属性”命令

03 在弹出的“属性”对话框中复制地址，如图 5-70 所示。

04 进入店铺装修页面，在左侧模块中单击“添加模块”按钮，如图 5-71 所示。

05 在弹出的对话框中选择自定义区域后的“添加”按钮。然后单击“自定义区域”模块的编辑图标，如图 5-72 所示。

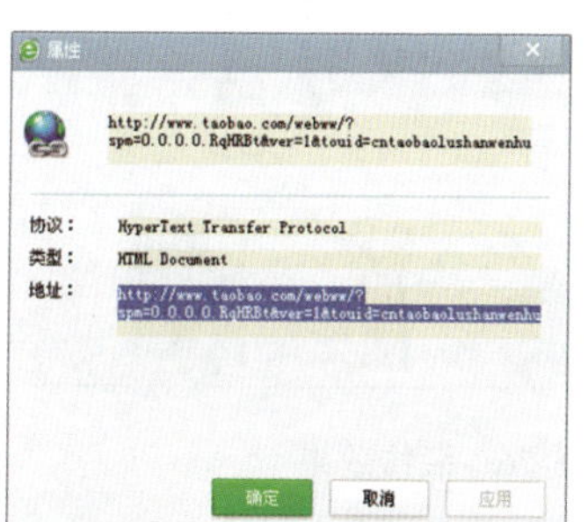

图 5-70 复制地址

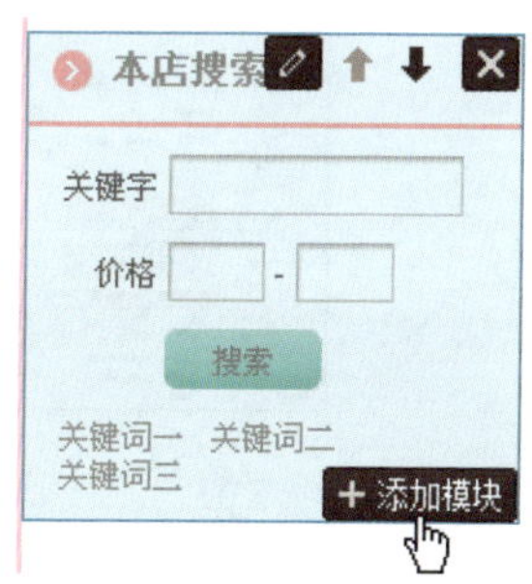

图 5-71 单击“添加模块”按钮

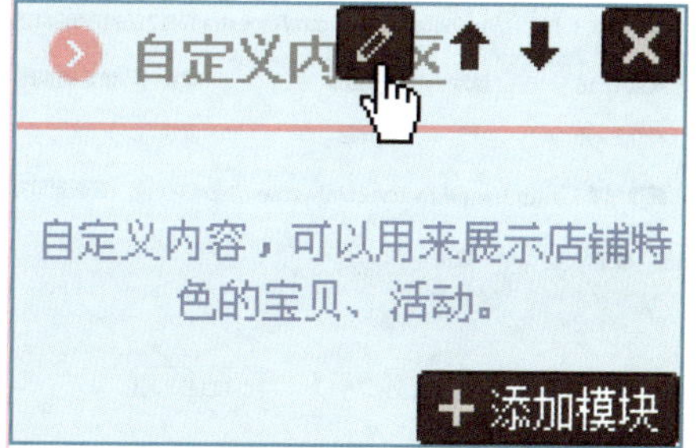

图 5-72 单击“编辑”图标

06 在弹出的对话框中输入标题，如图 5-73 所示。

07 在文本框中输入文本并插入图片，如图 5-74 所示。

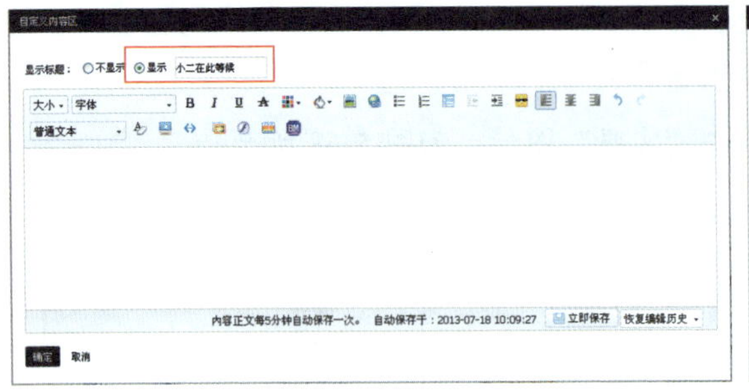

图 5-73　输入标题

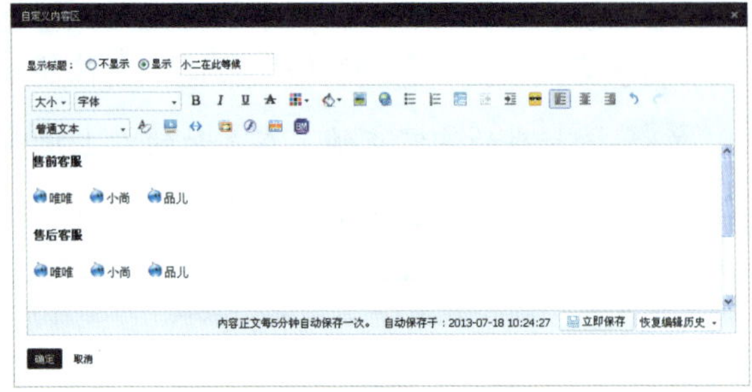

图 5-74　输入文本及图片

旺旺提示

这里输入文字后，需设置字体颜色，若不进行设置则会以蓝色显示。

08 选择图片，单击“编辑”按钮，弹出的“图片”对话框，粘贴前面复制的网址到“链接网址”文本框中，如图 5-75 所示。

09 用同样的操作方法设置其他图片的链接网址。单击“发布”按钮发布装修效果，如图 5-76 所示。

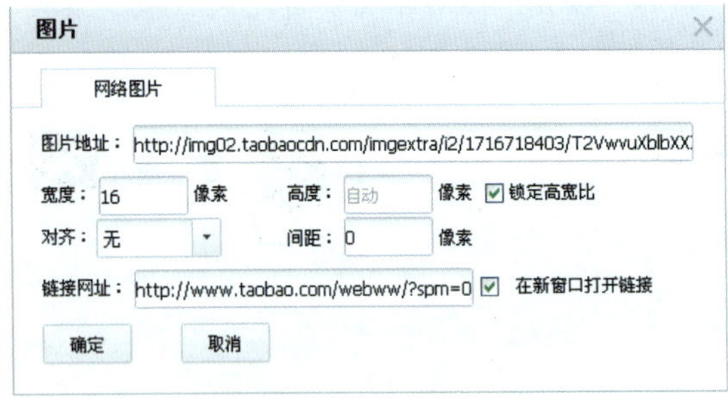

图 5-75　粘贴网址

图 5-76　装修效果

5.3.3 获取客服链接

本节将学习另外一种客服链接获取的方法。

01 进入阿里巴巴首页，将鼠标放置在右上角的“网站导航”链接上，在弹出的菜单中单击“阿里旺旺”链接，如图 5-77 所示。

02 进入“阿里旺旺”页面，单击“旺遍天下”选项，如图 5-78 所示。

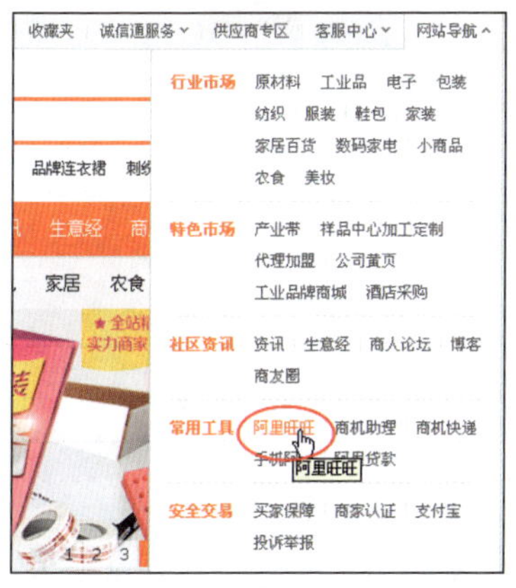

图 5-77 单击“阿里旺旺”链接

图 5-78 单击“旺遍天下”选项

03 进入“旺遍天下”界面，如图 5-79 所示。

04 在步骤 1 中选择一款旺旺图片风格，这里一共有三种风格供卖家选择，如图 5-80 所示。

图 5-79 进入“旺遍天下”界面

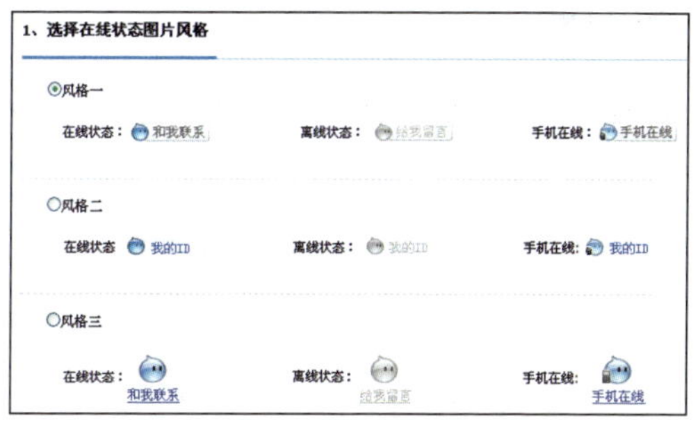

图 5-80 选择风格

05 在步骤 2 填写阿里旺旺名，以及图片提示内容，如图 5-81 所示。

06 填写阿里旺旺用户名后，在步骤 3 中单击“生成网页代码”按钮，此时的代码即生成在下面的文本区域中，然后单击“复制代码”按钮，如图 5-82 所示。

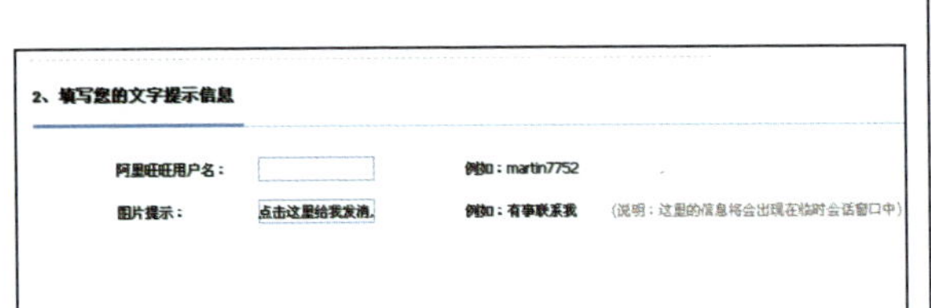

图 5-81　填写信息

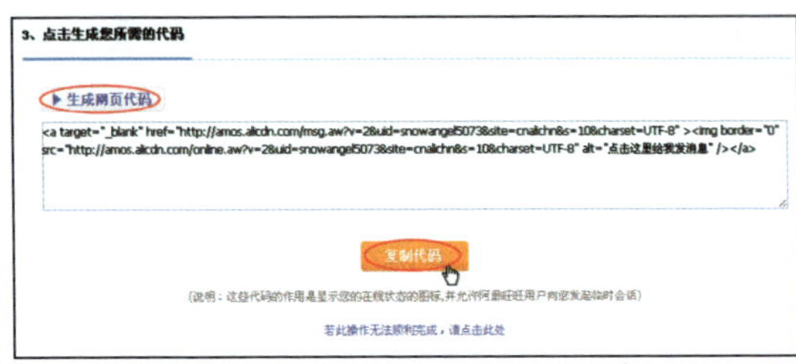

图 5-82　单击“复制代码”按钮

若单击按钮复制不成功，则需在文本区域中全中所有代码，按 Ctrl+C 进行复制。

07 代码复制后，进入第 4 步操作，预览完成效果，如图 5-83 所示。

08 进入“店铺装修”页面后为左侧区域添加“自定义内容区”模块，然后进入自定义内容区编辑，单击“源码”按钮，如图 5-84 所示。

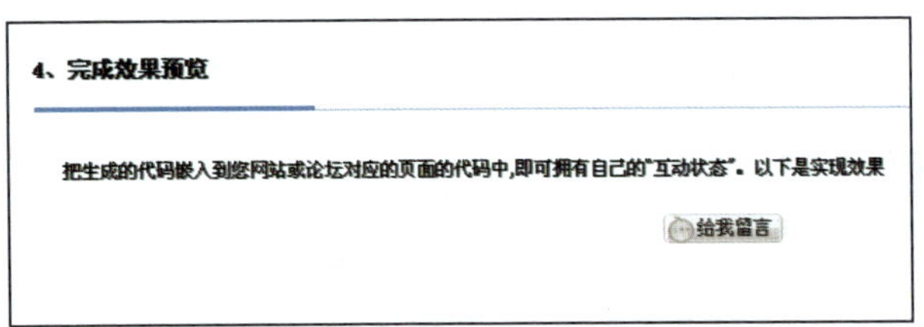

图 5-83　效果预览

图 5-84　单击“源码”按钮

09 进入“源码”模式，将前面复制的源码粘贴到文本区域中，再次单击“源码”按钮，进入正常模式，如图 5-85 所示。

10 根据上一节所学知识，添加文字内容，如图 5-86 所示。

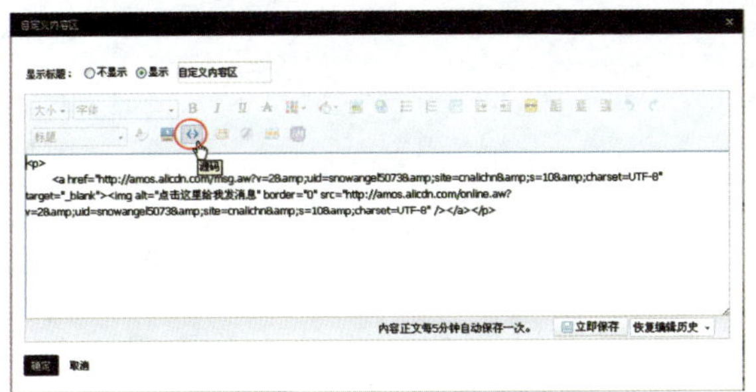

图 5-85　单击“源码”按钮

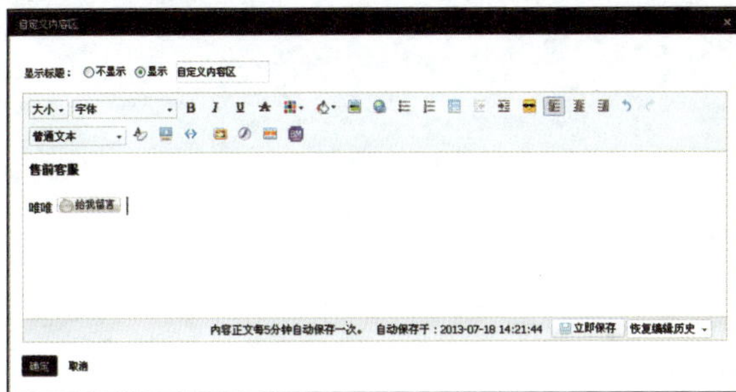

图 5-86　添加文字内容

11 用同样的方法，添加其他链接和文字，如图 5-87 所示。

12 单击“确定”按钮并发布装修，效果如图 5-88 所示。

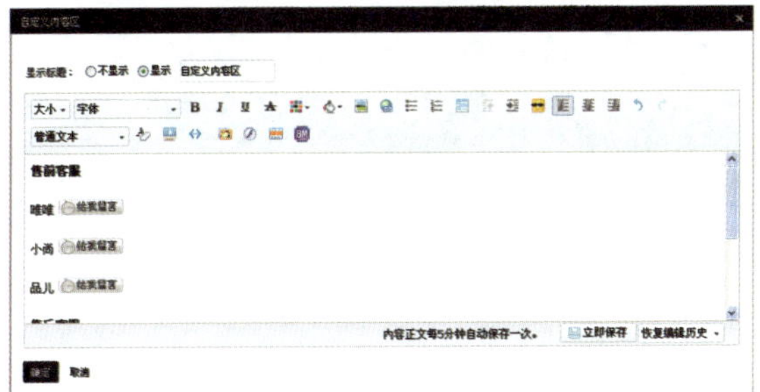

图 5-87　添加其他链接和文字

图 5-88　装修效果

旺旺提示

设置不同的联系客服就需要在“旺遍天下”页面生成不同的代码并复制进来。复制代码时必须在“源码”模式下方能正常进行。而文字内容最好在“正常”模式下添加，以免造成错位。

第 6 章 右侧模块装修

右侧模块较左侧模块复杂，灵活装修右侧模块可以大幅改变整个店铺特色，本章将学习右侧模块的装修。

6.1 自定义内容区

自定义内容区的模块比较灵活，能添加店铺公告，制作宝贝销售模块等。用自定义内容区来推出人气商品、促销商品，还可以吸引更多的顾客。

6.1.1 店铺公告设计

新旺铺版本中并没有单独的店铺公告模块，卖家可以通过自定义内容区模块进行装修添加。

淘宝店铺公告可以介绍店铺最新活动、店内最新内容，它是顾客了解信任淘宝店铺的窗口，所以设计好的店铺公告十分关键。店铺公告设计做到美观并言简意赅，能第一时间吸引客户眼球，如图 6-1 所示。

6.1.2 店铺公告制作

右侧模块宽度大小为 750 像素，因此在制作右侧店铺公告时需要控制宽度在 750 像素内，而高度大小则根据实际需要进行设置。本小节将学习制作店铺公告，如图 6-2 所示为最终效果图。

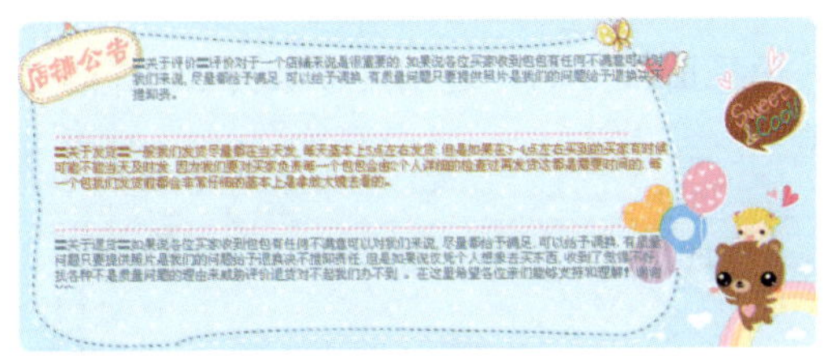

图 6-1　店铺公告

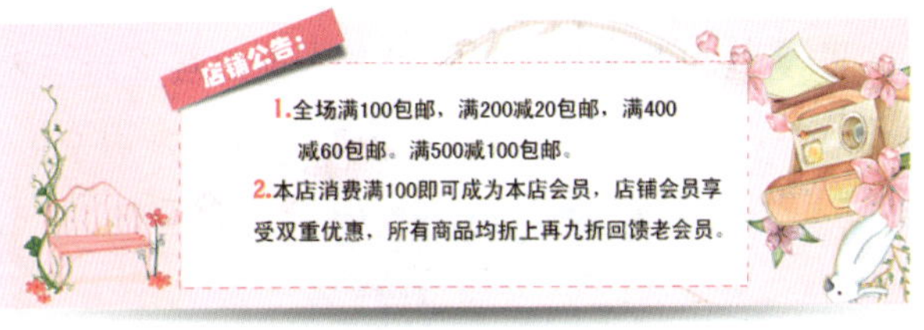

图 6-2　最终效果

01 运行 Photoshop，按 Ctrl+N 快捷键新建文档，设置参数，如图 6-3 所示。

02 新建图层，选择矩形选框工具，绘制矩形框，并填充颜色，如图 6-4 所示。

03 按 Ctrl+D 取消选区。新建图层，使用椭圆选框工具绘制椭圆选区，然后在画布中单击鼠标右键，执行“羽化”命令，如图 6-5 所示。

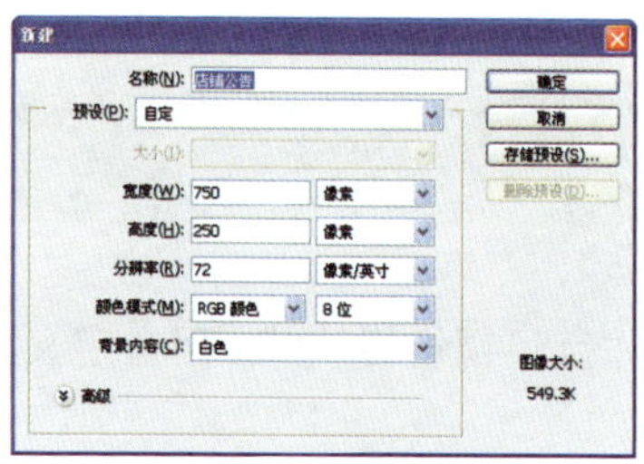

图 6-3 设置参数

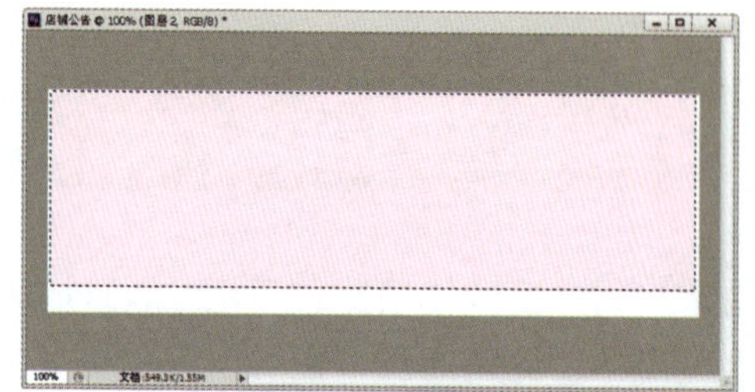

图 6-4 绘制矩形

04 弹出“羽化选区”对话框，设置羽化半径为 20 像素，然后单击“确定”按钮，按 Alt+Delete 键填充前景色黑色。按 Ctrl+T 快捷键进行自由变换，如图 6-6 所示。

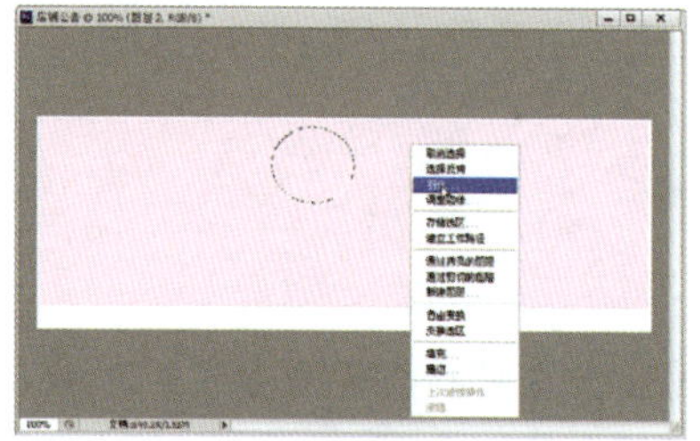

图 6-5 执行“羽化”命令

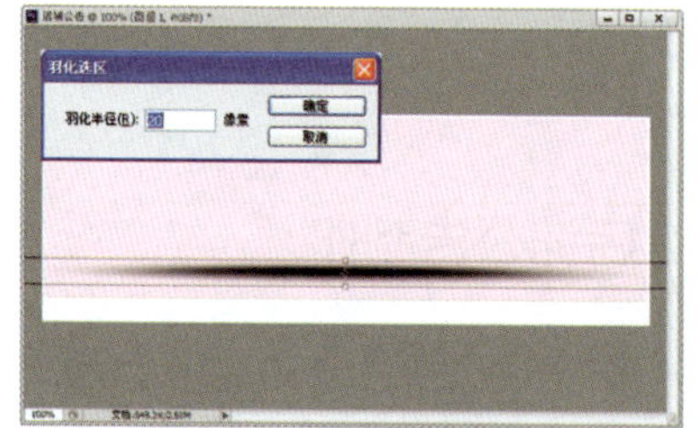

图 6-6 变形素材

05 在图层面板中调整图层 2 到图层 1 的下方，并设置图层 2 的不透明度参数为 50%，如图 6-7 所示，并在画布中调整椭圆的位置，如图 6-8 所示。

图 6-7 设置图层不透明度

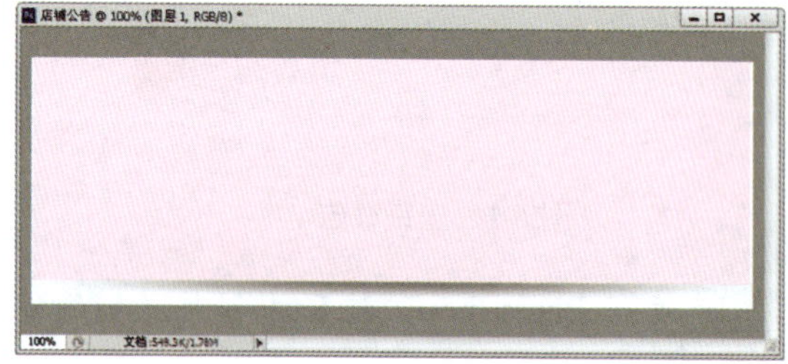

图 6-8 调整位置

06 按 Ctrl+O 快捷键打开素材图片，在画布中添加装饰素材，如图 6-9 所示。

07 选择矩形工具绘制矩形，并按 Ctrl+T 旋转图形，如图 6-10 所示。

图 6-9　添加装饰素材

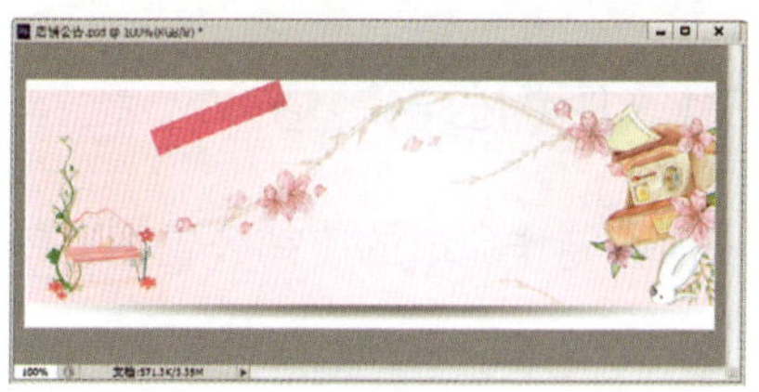

图 6-10　绘制并旋转矩形

08 新建图层，将其调整到下一层。再次绘制一个矩形并调整图形的角度，然后执行“滤镜”|“模糊”|“高斯模糊”命令，最后效果如图 6-11 所示。

09 使用文本工具在画布中输入文本并根据需要旋转文字或调整文字颜色，如图 6-12 所示。

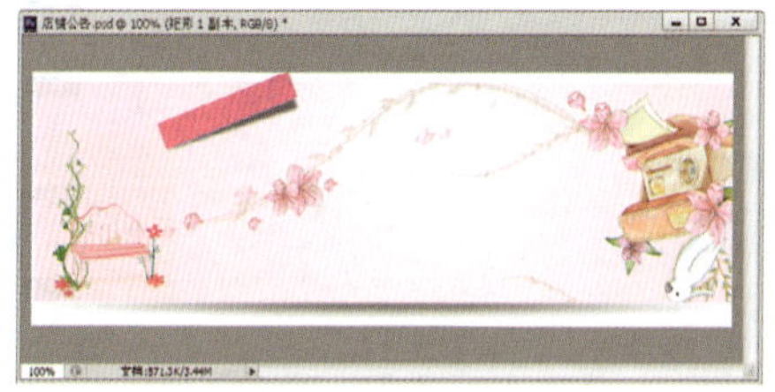

图 6-11　最后效果

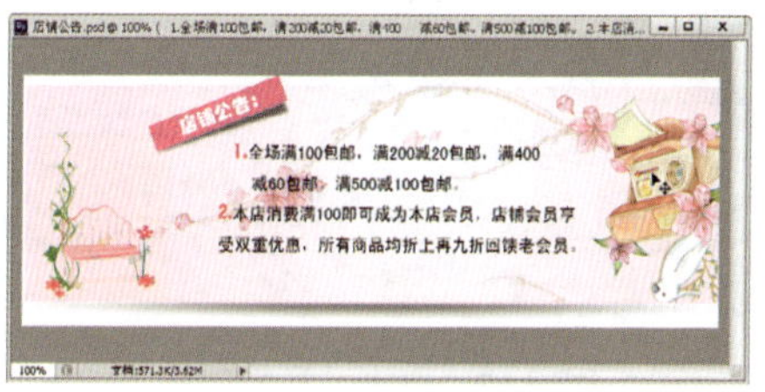

图 6-12　添加文字

10 新建图层，设置图层的不透明度参数为 80%。将其调整到文字图层下，使用矩形选框工具绘制矩形框，并填充白色，如图 6-13 所示。

11 新建图层，使用线条工具，在工具选项栏中设置需要，然后在画布中绘制边框，如图 6-14 所示。

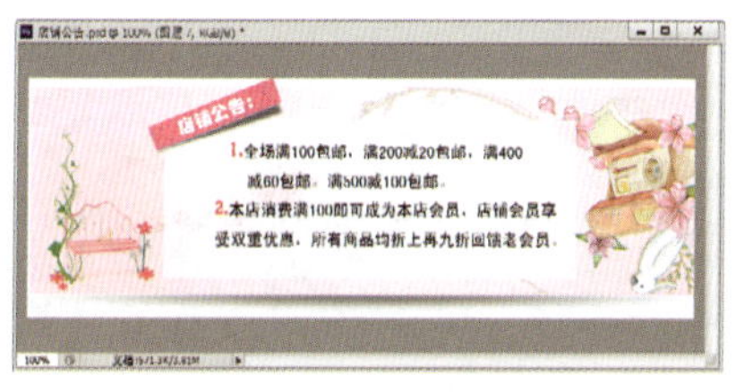

图 6-13　绘制矩形

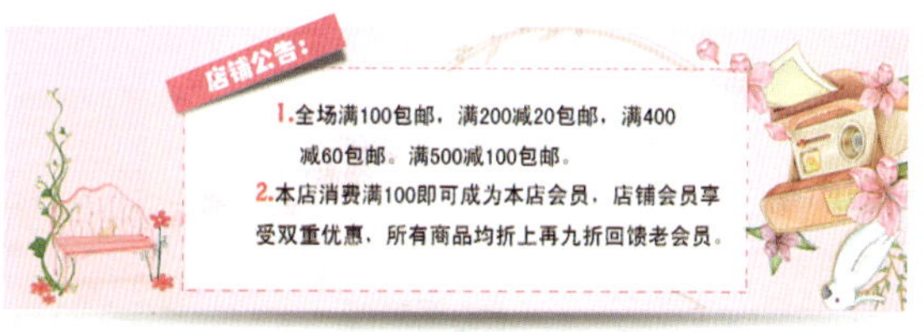

图 6-14　绘制边框

12 到这来店铺公告就制作完成了，最后将其保存为 JPEG 格式的文件即可。

6.1.3 店铺公告装修

将前面制作完成的店铺公告图上传到店铺图片空间。下面来学习如何将店铺公告装修到店铺中。

01 进入店铺装修页面，在右侧模块中选择任一模块，单击右下角的“添加模块”按钮，如图 6-15 所示。

02 在弹出的对话框中单击“自定义内容区”后的“添加”按钮，如图 6-16 所示。

图 6-15　单击“添加模块”按钮

图 6-16　单击“添加”按钮

03 添加“自定义内容区”模块后，单击右上角的“编辑”按钮，如图 6-17 所示。

04 单击“添加图片空间图片”图标，选择空间的图片，单击“插入”按钮，然后单击“确定”按钮，如图 6-18 所示。

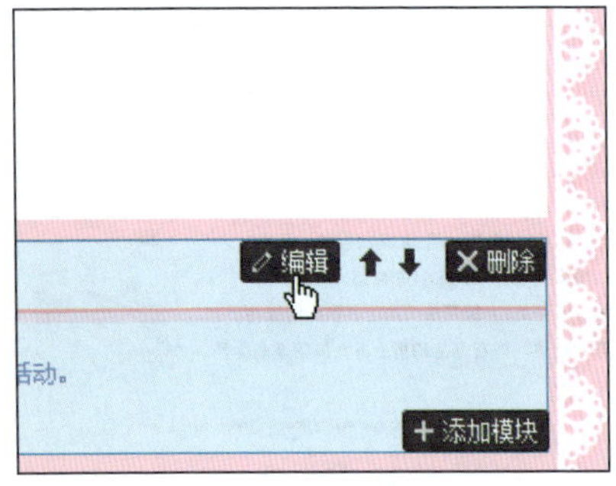

图 6-17　单击“编辑”按钮

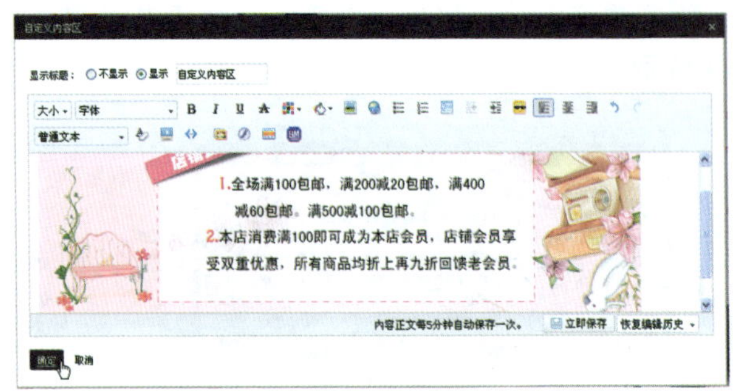

图 6-18　单击“确定”按钮

05 选择模块，单击“向上移动”图标，调整模块的位置，如图 6-19 所示。

06 单击“店铺装修”页面右上角的“发布”按钮查看装修效果，如图 6-20 所示。

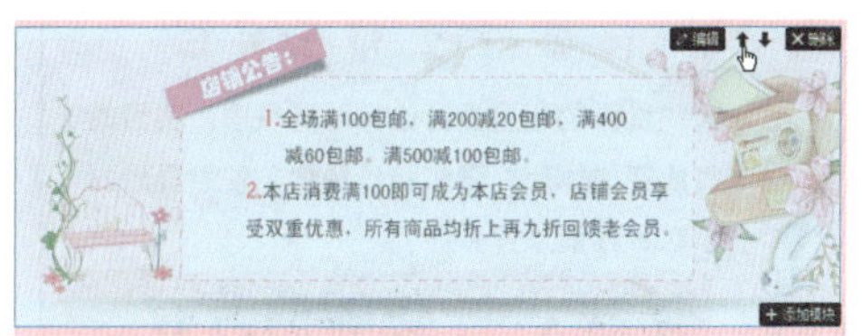

图 6-19　单击图标

图 6-20　装修效果

6.2 图片轮播

在淘宝网中，图片轮播模块是方便卖家对店铺的商品进行推销宣传的。一般图片轮播中的商品信息图经过设计后更能吸引顾客，以及达到震撼的效果。

6.2.1 轮播图片设计

轮播图片可以是商品信息图，也可以是海报宣传图，不管是哪种，图片都要突出主题及重点，如“新品”、“包邮”及价格等，如图 6-21 所示。

图 6-21　各类轮播图片

6.2.2 轮播图片制作

下面学习在 Photoshop 中制作轮播图，如图 6-22 所示为最终效果图。

图 6-22　最终效果图

01 运行 Photoshop 软件，按 Ctrl+N 快捷键新建文档，如图 6-23 所示。

02 选择钢笔工具绘制路径，将左半边区域选中，如图 6-24 所示。

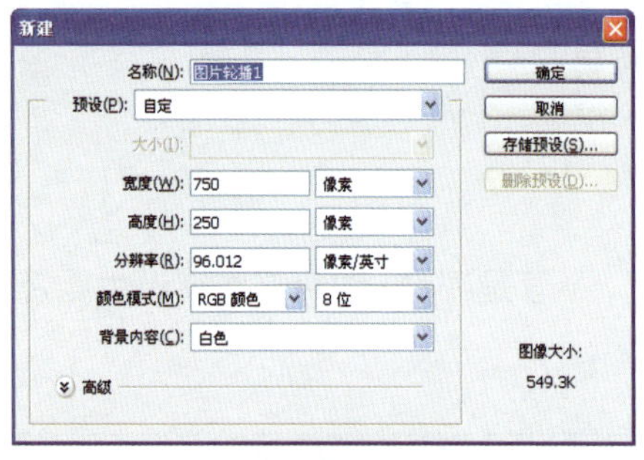

图 6-23　新建文档

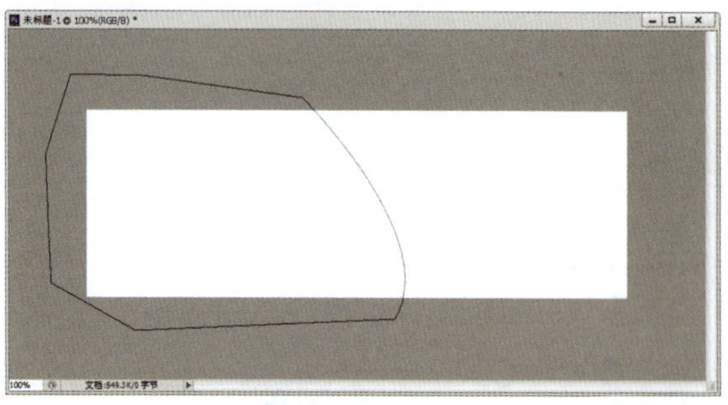

图 6-24　选中区域

03 按 Ctrl + Enter 快捷键，将路径转换为选区，新建图层，填充颜色#FFECED，如图 6-25 所示。

04 双击该图层缩览图，在弹出对话框中选择“投影”选项，并设置参数，如图 6-26 所示。

图 6-25　填充颜色

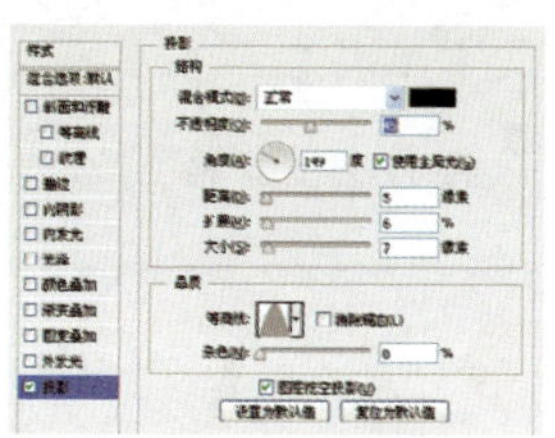

图 6-26　设置参数

05 单击“确定”按钮，图像效果如图 6-27 所示。

06 将素材图片拖入到画布中，并按 Ctrl+T 快捷键调整素材大小，如图 6-28 所示。

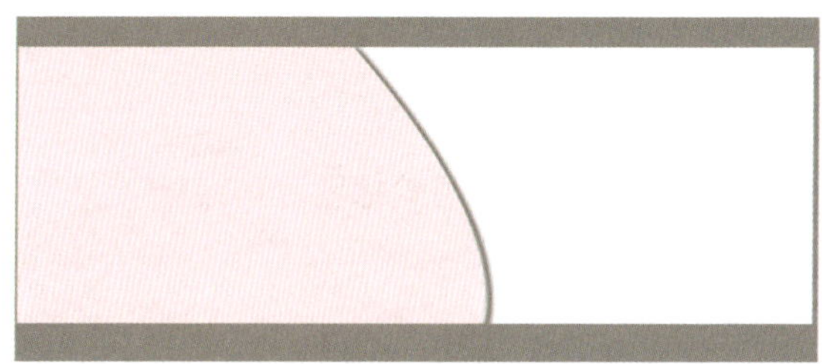

图 6-27　图像效果

图 6-28　添加素材

07 在图层面板中设置该图层的混合模式为“正片叠底”，如图 6-29 所示。图像效果如图 6-30 所示。

图 6-29　设置混合模式

图 6-30　图像效果

图 6-31　绘制

08 新建图层，选择“椭圆选框”工具绘制椭圆选区并填充颜色，然后使用“线条”工具绘制直线，如图 6-31 所示。

09 使用文本工具在画布中合适的位置输入文本，如图 6-32 所示。

10 使用文本工具在画布中输入文本，并根据需要修改字体，如图 6-33 所示。

11 将其保存为 JPEG 格式的文件。用同样的操作方法制作其他海报图。

图 6-32　输入文本

图 6-33　输入文本

6.2.3 轮播图片装修

将制作好的轮播图片装修到店铺中是关键的一个步骤，下面来学习轮播图片的装修。

01 进入“图片空间”页面，将图片上传到图片空间。

02 进入“店铺装修”页面，在右侧模块中添加“图片轮播”模块，如图 6-34 所示。

03 单击模块右上角的“编辑”按钮，弹出“图片轮播”对话框，如图 6-35 所示。

图 6-34　添加“图片轮播”模块

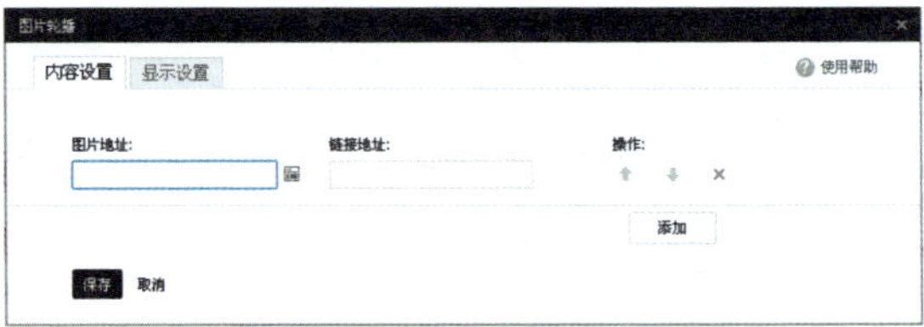

图 6-35　“图片轮播”对话框

旺旺提示

添加“图片轮播”模块的方法同添加“自定义内容区”模块的方法相同，用户可以根据上一节的内容来添加。

04 单击图片地址后的“空间图片”图标，在打开的图片中选择图片，单击“插入”按钮，如图 6-36 所示。

05 进入我的店铺页面中，进入商品或活动详情页，在浏览器地址栏中复制地址。

06 回到“店铺装修”页面，在链接地址中粘贴前面复制的地址，如图 6-37 所示。

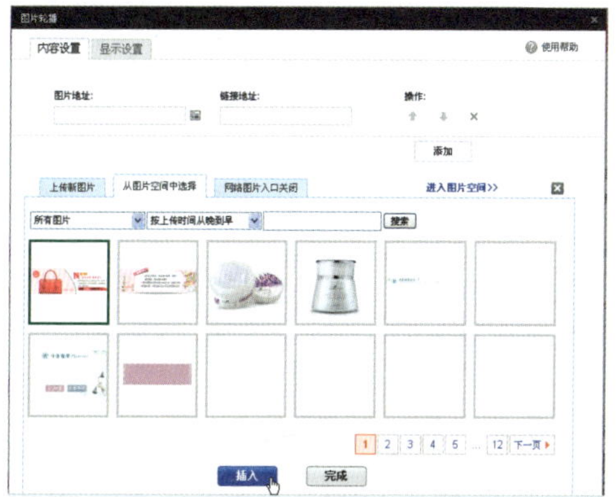

图 6-36　单击“插入”按钮

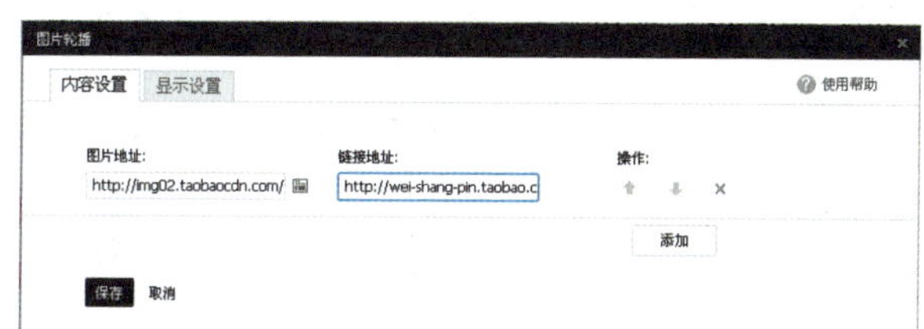

图 6-37　粘贴地址

07 单击“添加”按钮，然后根据前面的操作方法添加其他图片地址及链接地址，如图 6-38 所示。

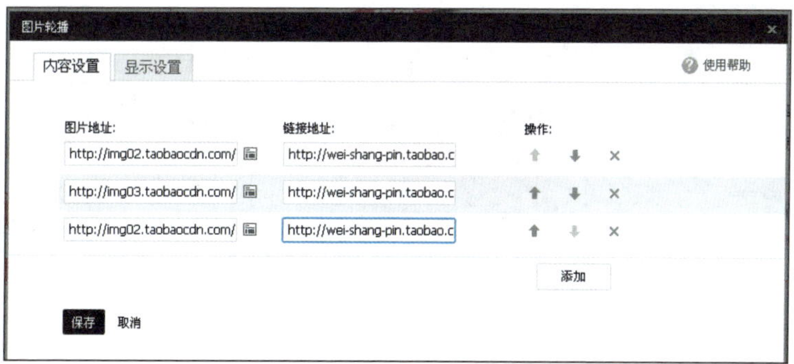

图 6-38　添加其他地址

08 单击“显示设置”选项，设置显示标题、模块高度及切换效果，如图 6-39 所示。

图 6-39 设置效果

09 单击“保存”按钮后，发布装修效果，如图 6-40 所示。

图 6-40 装修效果

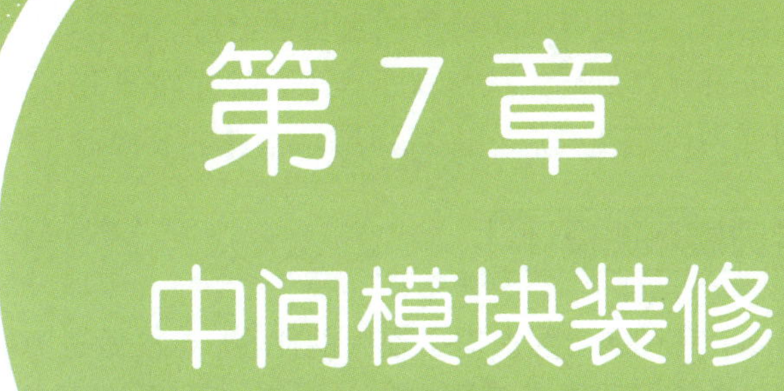

第7章 中间模块装修

本章将学习中间模块的装修，中间模块一般位于店铺首页中的上半部或整个页面，而中间模块的高度由店主自己决定。本章将学习中间模块的装修。

7.1 宝贝展示模块

宝贝展示在店铺装修中起到支撑店面的作用，买家进店最关注的当然是商品，不论是新货上架，还是特价包邮，店铺中都必须添加宝贝的信息。而这些宝贝展示信息，很大程度上决定了客户的购买率。将宝贝以最好的状态展示出来，就犹如开了个商品发布会，它就是店面的亮点，本节将学习如何展现出这些亮点，即宝贝展示模块的装修。

7.1.1 宝贝展示图设计

在店铺首页，宝贝展示图占据了很大的比重，这样做一方面是为了宣传，提高顾客的购买欲；另一方面则是让整个页面看起来更加生动精美。但如果只是将所有商品添加到相应的模块的话这宝贝展示效果则会显得枯燥乏味，欠缺一些店铺特色，如图 7-1 所示为添加“宝贝推荐”模块的默认效果。

经过前面章节的学习，我们知道“自定义内容区”模块的灵活性大，在店铺装修中起着至关重要的作用，在这里它也同样发挥着很重要的作用，如图 7-2 所示为使用“自定义内容区”添加了设计后的宝贝展示图效果。

图 7-1 “宝贝推荐”模块的默认效果

图 7-2 设计后的宝贝展示图效果

宝贝的展示图设计大致可分为两种。

1. 并列展示

在淘宝网中，大多数商品都可以使用并列展示，如图 7-3 所示。这种排列方式可以最大程度

地展示商品，而店铺整体也会显得整洁干净。

图 7-3　并列展示

2. 错落有致

错开的排列方式并不是按规则的上下左右并列的方式来展示宝贝，买家在浏览商品信息时眼睛也是跳跃的，因此该方式可以缓解视觉疲劳，如图 7-4 所示。这种排列展示可以给人一种商品琳琅满目的感觉，但是若处理不恰当，会使得整个页面杂乱拥挤。

图 7-4　错开的宝贝展示图

7.1.2 宝贝展示图制作

本节将学习在 Photoshop 中制作宝贝展示图。这里为了更好的显示效果，只讲解一个类别的宝贝展示图制作，卖家可以根据实际情况来举一反三。首先来看效果图，如图 7-5 所示。

01 运行 Photoshop 软件，按 Ctrl+N 快捷键新建文档，设置文档参数，如图 7-6 所示。

图 7-5 效果图

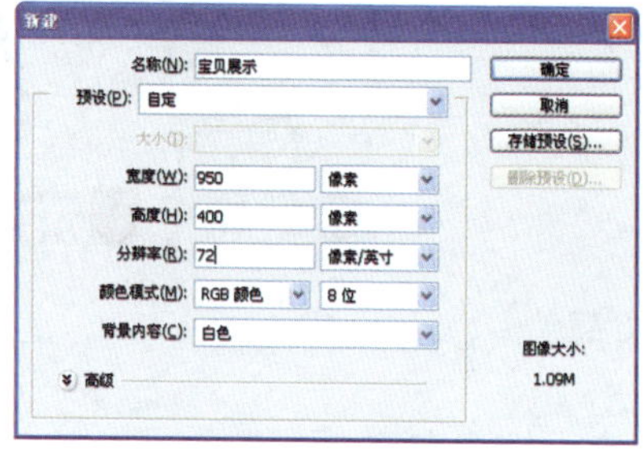

图 7-6 设置文档参数

旺旺提示

中间模块的宽度是 950 像素，在制作宝贝展示图时要控制宽度大小。

02 新建图层，使用“矩形选框”工具绘制矩形选框并填充颜色#ed1b64，如图 7-7 所示。

03 使用“钢笔”工具绘制路径，如图 7-8 所示。

图 7-7 绘制并填充

图 7-8 绘制路径

04 按 Ctrl+Enter 键将路径载入选区，按 Delete 键删除，如图 7-9 所示。

05 使用直线工具绘制线条，如图 7-10 所示。

图 7-9　删除

图 7-10　绘制线条

旺旺提示

在绘制中间线条时，若不能把握间距，可以选择每个线条图层，执行“图层”|“分布”|“水平居中”命令可将线条均匀分布。

06 使用“文本”工具输入文本，并使用“自定形状”工具绘制箭头，图像效果如图 7-11 所示。

07 将商品图添加到“宝贝展示”文档中，并控制到合适的大小及位置，如图 7-12 所示。

图 7-11　图像效果

图 7-12　添加商品图

08 使用“文本”工具在宝贝下输入商品描述，如图 7-13 所示。

09 新建图层，使用矩形选框工具和椭圆选框工具绘制选区，并分别填充颜色#fce6e9 和#ed1b64，如图 7-14 所示。

图 7-13 输入商品描述

图 7-14 绘制并填充

10 使用文本工具输入原价及折扣价，如图 7-15 所示。

11 使用直线工具在“原价”的价格上绘制线条，这样宝贝展示图就制作完成了，完成效果如图 7-16 所示。

图 7-15 输入文本

图 7-16 完成效果

12 执行“文件”|“存储为”命令，将图片存储为 JPEG 格式的文件。

7.1.3 生成代码并装修到店铺中

本节将学习在 Dreamweaver 中生成代码并将其装修到店铺中。

01 进入淘宝图片空间，将商品图上传到空间中。

02 单击复制后的“链接”按钮，如图 7-17 所示，复制链接。

03 运行 Dreamweaver，新建空白文档，然后执行“插入”|“图像”命令，弹出对话框，在 URL 文本框中粘贴链接地址，如图 7-18 所示。

图 7-17　单击“链接”按钮

图 7-18　粘贴链接地址

04 单击“确定”按钮。在“属性”面板中单击“矩形热点”工具，如图 7-19 所示。

05 在图像中绘制热点区域，并在“属性”面板的链接文本框中输入链接地址，如图 7-20 所示。

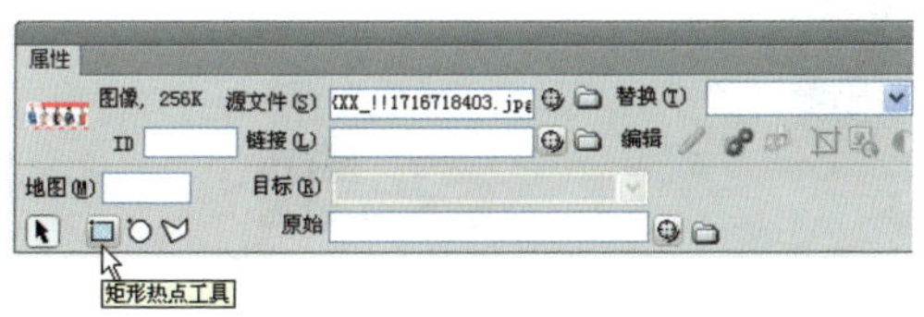

图 7-19　单击“矩形热点”工具

图 7-20　设置热点及链接

旺旺提示

在链接中的“#”代表的是空链接，我们在这里添加的链接地址是商品详情页的地址。

06 用同样的方法，在每个商品图上及查看更多的文字上绘制热点区域，并设置热点区域的链接地址，效果如图 7-21 所示。

07 单击“代码”视图，选中图像的代码，执行“拷贝”命令，如图 7-22 所示。

图 7-21 效果

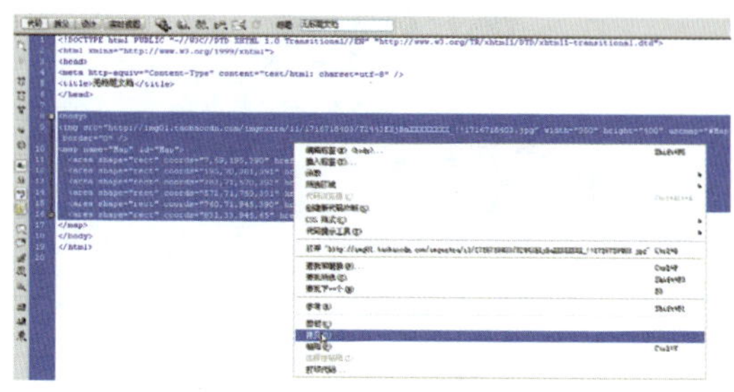

图 7-22 执行“拷贝”命令

旺旺提示

“查看更多”文字热点区域的链接应该是商品分类搜索页面的链接地址。

08 进入“店铺装修”页面，在中间模块中添加“自定义内容区”模块，单击模块上的“编辑”按钮，如图 7-23 所示。

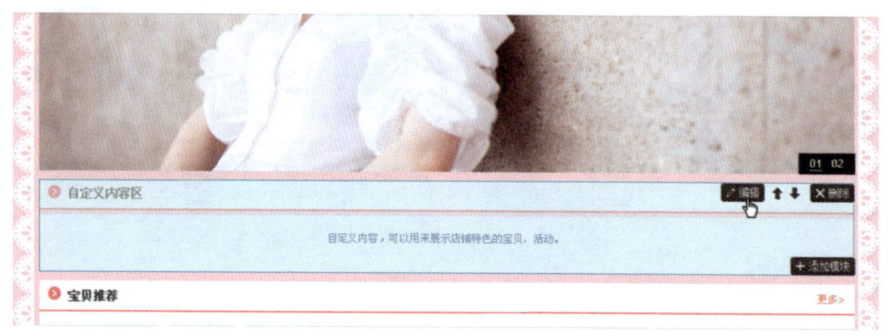

图 7-23 单击“编辑”按钮

09 单击“源码”图标，粘贴上一节中复制的代码，如图 7-24 所示。

10 在显示标题区单击“不显示”单选按钮，然后单击“确定”按钮，即可将宝贝展示图装修到店铺中，如图 7-25 所示。

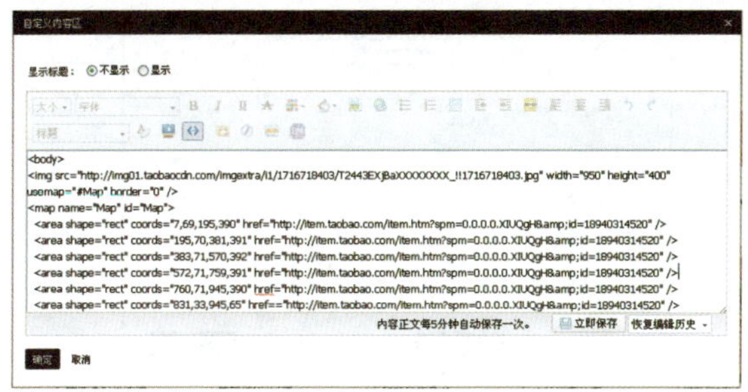

图 7-24　粘贴代码

图 7-25　宝贝展示图装修后效果

7.2 搭配套餐模块

将几种商品组合在一起设置成套餐来销售，通过搭配套餐可以让买家一次性购买更多的商品。好的套餐搭配可以提升店铺销售业绩、销售笔数，提高店铺购买转化率，增加商品曝光力度，节约人力成本。

7.2.1 搭配套餐图设计

套餐搭配图设计的重点是要突出商品信息，单件商品价格，搭配后套餐价格等信息。图 7-26 所示。

一些搭配套餐是相关联的商品，比如上装和下装的搭配还添加搭配效果，这样可以提高套餐的购买率，如图 7-27 所示。

图 7-26　套餐搭配图设计

图 7-27　关联搭配套餐

7.2.2 搭配套装图制作

本小节学习在 Photoshop 制作搭配套餐图，效果如图 7-28 所示。

图 7-28　效果

01 运行 Photoshop 软件，按 Ctrl+N 快捷键新建空白文档，如图 7-29 所示。

02 新建图层，使用“矩形选框”工具绘制选区并填充颜色#f56596，如图 7-30 所示。

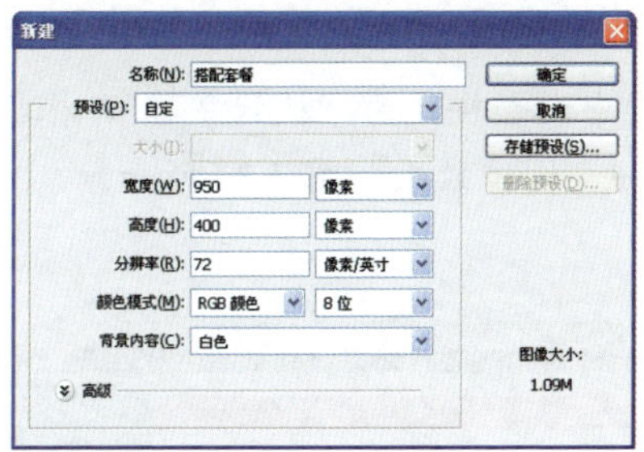

图 7-29　新建

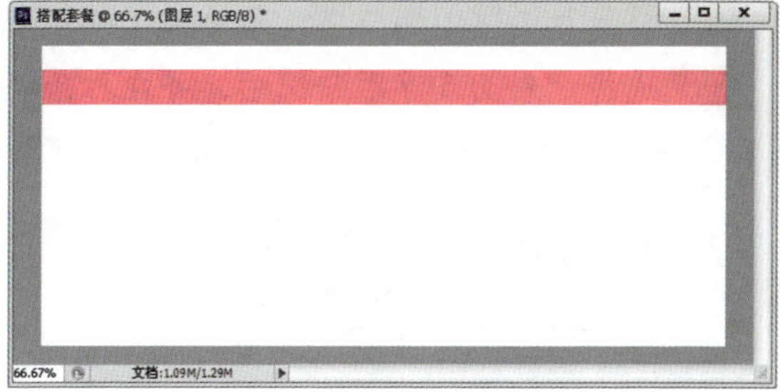

图 7-30　绘制并填充

03 新建图层，继续使用“矩形选框”工具绘制选区并填充颜色，如图 7-31 所示。

04 使用“自定形状”工具绘制三角形，按 Ctrl+T 快捷键将其垂直翻转，并调整到合适的位置，如图 7-32 所示。

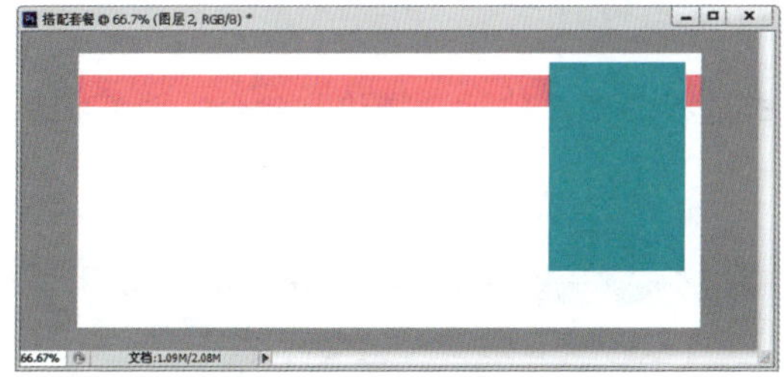

图 7-31　绘制并填充

图 7-32　调整

05 新建图层，使用钢笔工具绘制图形并填充颜色，如图 7-33 所示。

06 选择“直线”工具，在选项栏中设置参数，如图 7-34 所示。

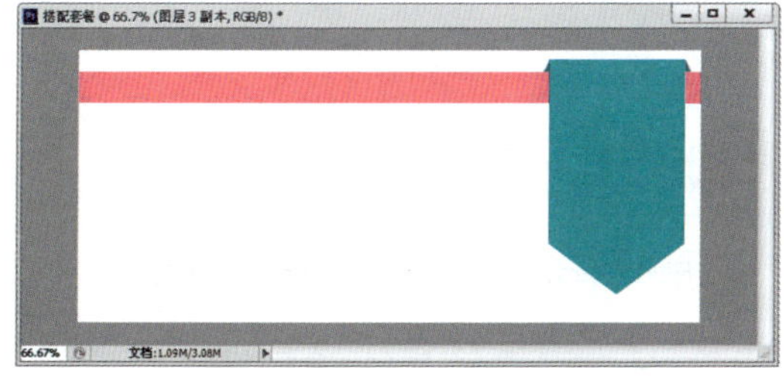

图 7-33　绘制图形并填色

图 7-34　设置参数

07 在舞台中绘制虚线段，然后选择图层，单击“添加图层样式”按钮，如图 7-35 所示。

08 选择“斜面和浮雕”选项，并在打开的对话框中设置样式为“枕状浮雕”，根据需要调整深度参数，如图 7-36 所示。调整后单击“确定”按钮，图像效果如图 7-37 所示。

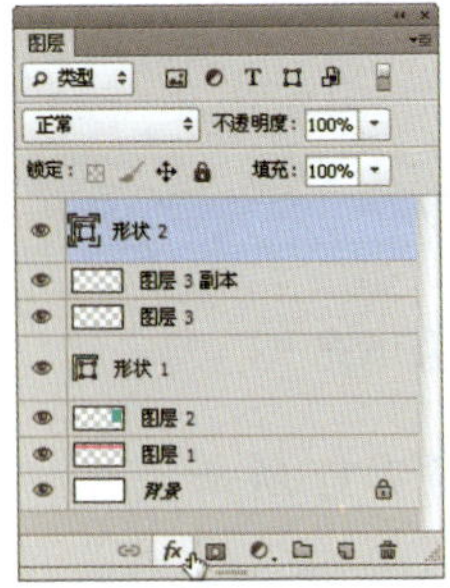

图 7-35　单击按钮

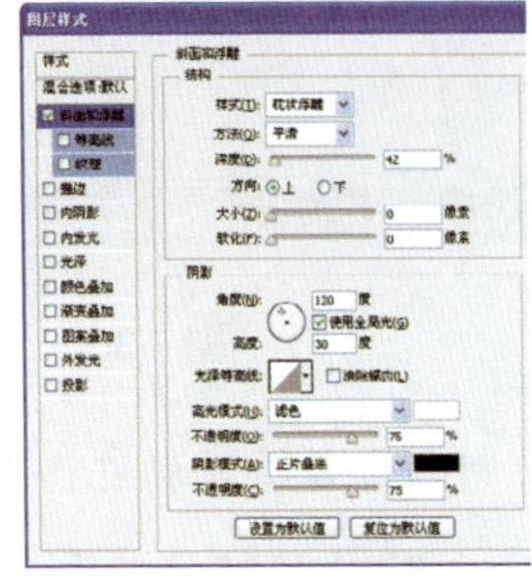

图 7-36　设置参数

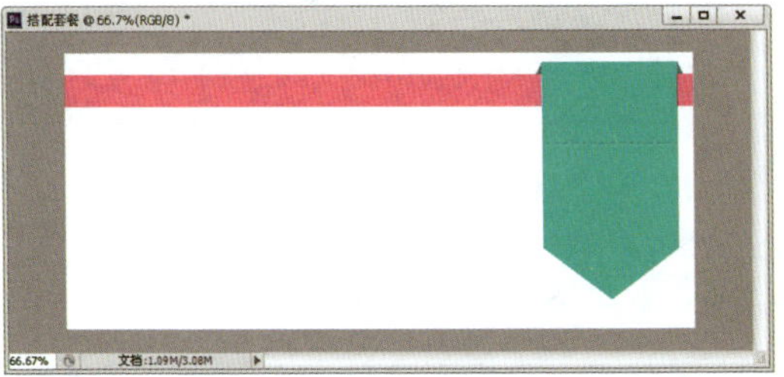

图 7-37　图像效果

09 使用文本工具在舞台中输入文本，如图 7-38 所示。

10 使用“矩形选框”工具创建矩形选区，单击鼠标右键，执行“描边”命令，为其描边，效果如图 7-39 所示。

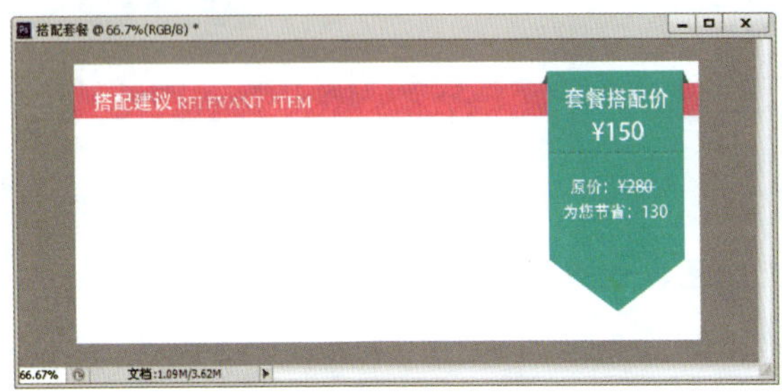

图 7-38　输入文本

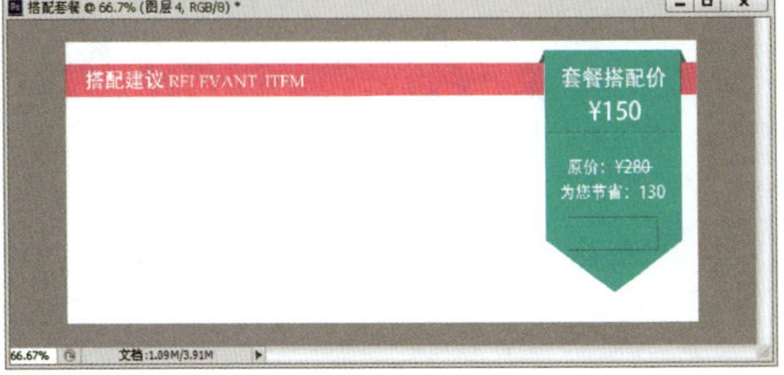

图 7-39　描边

11 新建图层，绘制矩形框，选择渐变工具，在“选项栏”中设置参数，如图 7-40 所示。

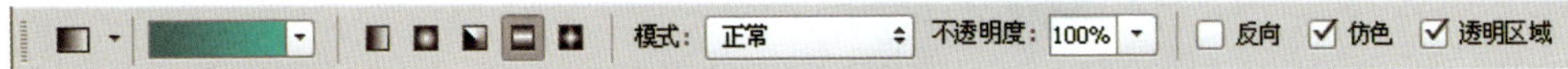

图 7-40　设置参数

12 在舞台中拖出渐变，如并使用文本工具输入文本，如图 7-41 所示。

13 新建图层，选择“椭圆选框”工具绘制椭圆选区，单击鼠标右键，执行“羽化”命令后，填充黑色，压缩图形后在“图层”面板中降低该图层的不透明度，效果如图 7-42 所示。

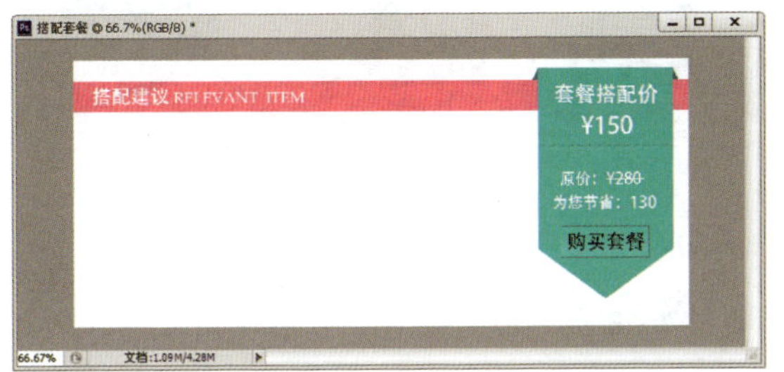

图 7-41　输入文本

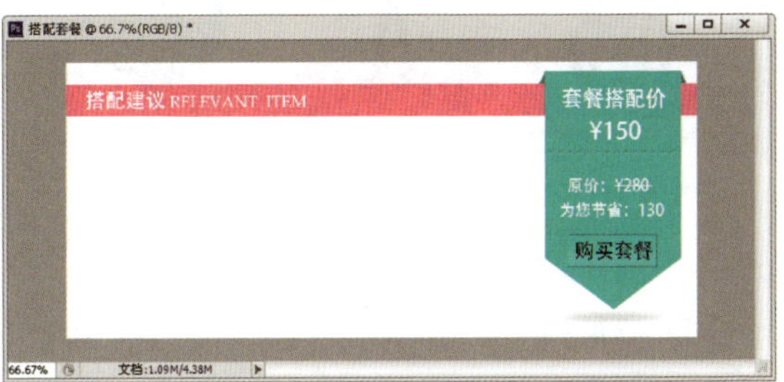

图 7-42　效果

14 将商品图添加到“搭配套餐”文档中并调整大小与位置，如图 7-43 所示。

15 选择“矩形选框”工具，在图像上绘制矩形框，单击鼠标右键，执行“描边”命令，描边效果如图 7-44 所示。

图 7-43　添加商品图

图 7-44　描边

16 继续使用矩形选框工具绘制选区，并填充颜色#25b3b4，如图 7-45 所示。

17 使用文本工具输入文本，如图 7-46 所示。

图 7-45　绘制选区并填色

图 7-46　输入文本

18 使用线条工具绘制虚线，使用椭圆选框工具绘制正圆并填充颜色，最后使用文本工具输入文本，如图 7-47 所示。

19 最后将其保存为 JPEG 格式的图像。在“店铺装修”页面中，添加到“自定义内容”模块中即可，装修后效果如图 7-48 所示。

图 7-47　输入文本

图 7-48　装修后效果

旺旺提示

在装修到店铺前可以使用 Dreamweaver 生成代码，或者在装修页面中选择图片，单击“编辑”按钮，添加图片的链接。

第 8 章 宝贝详情页装修

一般情况下，买家第一次登录店铺的不是首页，而是宝贝详情页，它直接决定了店铺是否能第一时间抓住消费者，促成交易。对于大多数淘宝卖家来说，宝贝详情页是其命脉所在，有好的详情，才会有好的成交量与转化率。因此宝贝详情页的装修十分重要。本章将学习宝贝详情页的装修。

8.1 宝贝描述信息

宝贝详情信息是营造良好的客户体验，把浏览者转化为消费者的前沿阵地。买家在选购宝贝时，通过浏览宝贝详情信息来决定是否购买该商品，它是决定店铺成交量、转化率的关键因素。本节将学习宝贝详情信息的装修知识。

8.1.1 宝贝描述设计要领

当买家通过橱窗推荐进入宝贝详情页时，决定买或不买，会有很多顾虑，如图 8-1 所示。

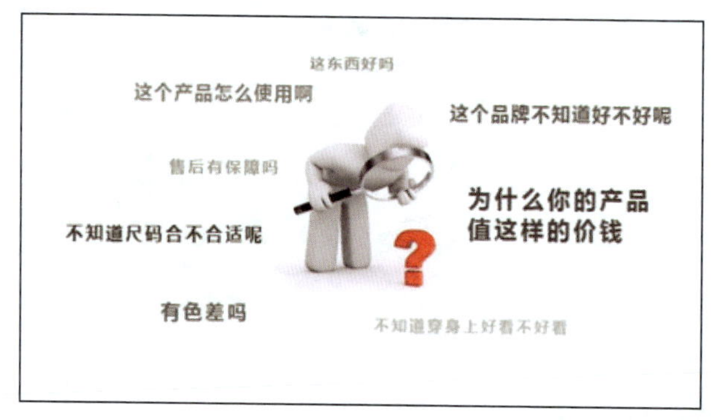

图 8-1 买家的顾虑

因此在设计宝贝描述时要针对买家的顾虑有的放矢。以服装类商品为例，宝贝描述一般除了商品展示图、模特实拍图、细节实拍图等，还需要对以下内容进行介绍，包括材质介绍、尺寸选购建议、售后服务保障、尺码介绍、颜色介绍、真假鉴别方法、品牌介绍、洗涤保养建议、购物须知、物流介绍、配件或赠品等。

当然也并不是全部添加到宝贝描述中就大功告成了，卖家要根据自身的实际情况进行描述。下面是总结的一些宝贝描述设计要领。

- 简洁的宝贝描述：客户进店买东西，吸引他的往往是图片而不是文字。有时候可能因为你的一大堆花花绿绿的文字，或者类似于“本店谢绝还价，请斤斤计较者绕行”等多余文字添加，在不知不觉中降低了店铺的档次，也赶走了不知道多少的潜在客户。

- 商品主体明确：为了让买家注意力集中在此款宝贝上，不宜添加过多的广告和新品推荐。
- 产品细节描述的真实性：网络交易摸不着、闻不到，所以描述的真实性就十分重要，产品的描述一定要符合实际情况，不可以弄虚作假。若只看重眼前利益，对商品信息进行夸大隐瞒，则会对店铺的信用造成不可估量的损失。
- 宝贝特色的突出：体现单品的卖点，吸引买家眼球。
- 方便买家的信息：添加产品详情+尺寸表以及不同身高体重的人穿着使用的推荐尺码，可以为买家提供方便。
- 促销信息：以促销信息吸引买家。
- 实物平铺图：把衣服的颜色种类展示出来，通过文字描述指引买家联想，不同的颜色代表什么性格或者展示什么风格
- 产品细节图：帽子或者袖子、拉链、吊牌位置、钮扣等细节的展示，能让买家看清细节，更加放心购买该商品。
- 模特图展示：至少一张正面 一张反面 一张侧面，展示不同的动作。让买家全方位地了解服装的上身效果。
- 添加购物需知：邮费、发货、退换货、衣服洗涤保养、售后问题等信息的添加可以方便买家自主购物，节省咨询客服的时间，也省去了客服重复回答相同问题的时间。
- 品牌文化简介：让买家觉得品牌质量可靠，容易得到认可。

总之，宝贝描述模板的设计理念就是：简练、美观、详细。

宝贝描述设计一般按模块整体设计，以统一风格，小版块则分区进行设计，使版面看起来既协调，又有一定的规划布局，如图 8-2 所示为某品牌的宝贝描述。

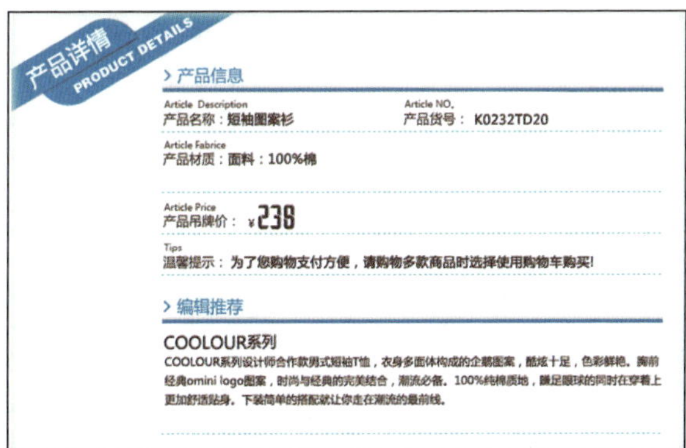

图 8-2　宝贝描述

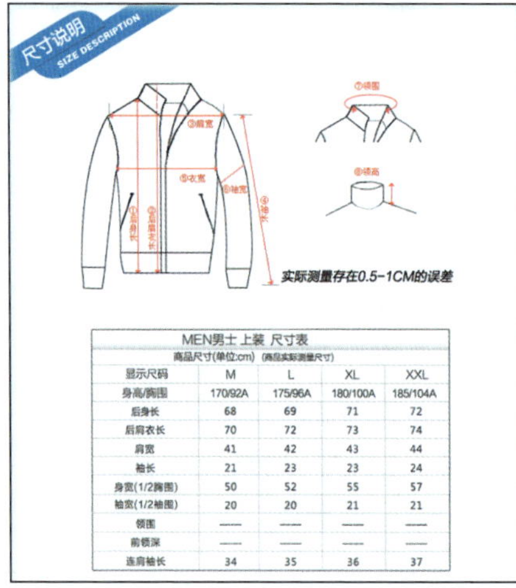

MEN男士 上装 尺寸表

商品尺寸(单位:cm) (商品实际测量尺寸)

显示尺码	M	L	XL	XXL
身高/胸围	170/92A	175/96A	180/100A	185/104A
后身长	68	69	71	72
后肩衣长	70	72	73	74
肩宽	41	42	43	44
袖长	21	23	23	24
身宽(1/2胸围)	50	52	55	57
袖宽(1/2袖围)	20	20	21	21
领围	——	——	——	——
前领深	——	——	——	——
连肩袖长	34	35	36	37

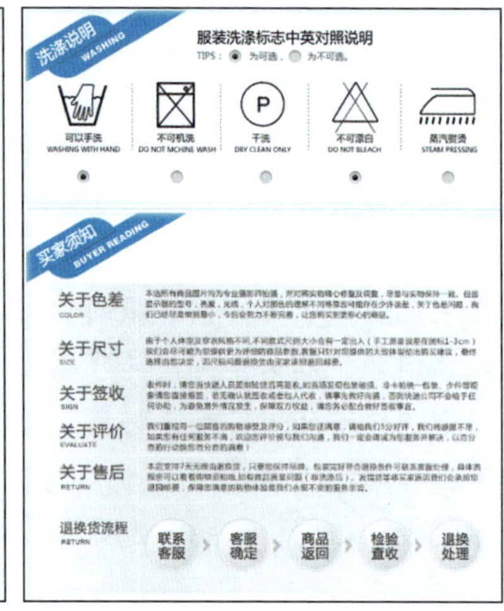

图 8-2 宝贝描述（续）

8.1.2 宝贝描述详情模块的制作

在宝贝详情页中，描述模块位于右侧，因此宽度大小不超过 750 像素，高度根据需要自定。由于宝贝描述详情通常比较长，为了更好地展示效果，这里将分段制作宝贝描述模块。

1. 宝贝特色描述

宝贝特色描述是展示宝贝的特色细节，如图 8-3 所示为制作的效果图。

01 打开一张需要进行特色描述的宝贝图，如图 8-4 所示。

图 8-3　制作完成的特色描述

图 8-4　打开宝贝图

02 使用裁剪工具向左侧拖动画布，如图 8-5 所示。

03 按 Enter 键确认调整后，使用矩形选框工具框选出一个矩形框，如图 8-6 所示。

04 按 Ctrl+J 快捷键复制选区的内容，按 Ctrl+T 快捷键拖动图像的大小，如图 8-7 所示。

图 8-5　拖大画布

图 8-6　拖动矩形框

图 8-7　调整大小

05 按 Enter 键确认变形。新建图层，使用“矩形选框”工具建立选区，如图 8-8 所示。

06 按 Ctrl+Delete 键填充白色，然后按 Ctrl+D 快捷键取消选区，如图 8-9 所示。

07 按 Ctrl+O 快捷键打开宝贝实拍图，将其拖动到文档 1 中，如图 8-10 所示。

图 8-8 建立选区

图 8-9 取消选区

图 8-10 添加实拍图

08 执行“图层”|“创建剪贴蒙版”命令，创建剪贴蒙版，如图 8-11 所示。

09 按 Ctrl+T 快捷键缩小剪贴蒙版图像，如图 8-12 所示。

10 用同样的方法制作如图 8-13 所示的效果。

图 8-11 创建剪贴蒙版

图 8-12 缩小图像

图 8-13 制作效果

11 新建图层，选择直线工具，在选项栏中设置填充颜色为无，描边色为白色，设置描边选项为虚线，如图 8-14 所示。

图 8-14 设置参数

12 在舞台中绘制多个虚线线段，如图 8-15 所示。

13 使用文本工具在舞台中输入文本，如图 8-16 所示。

14 最后按 Ctrl+O 快捷键打开装饰素材，将其添加到文档 1 中，如图 8-17 所示。

图 8-15　绘制虚线线段

图 8-16　输入文本

图 8-17　添加装饰

2. 产品信息

产品信息一般包括品牌、型号、尺码、颜色、季节、价格等，部分商品还可以添加一些特定的属性，如弹性、厚度、长度等参数，如图 8-18 所示为效果图。

01 按 Ctrl+N 快捷键新建空白文档，如图 8-19 所示。

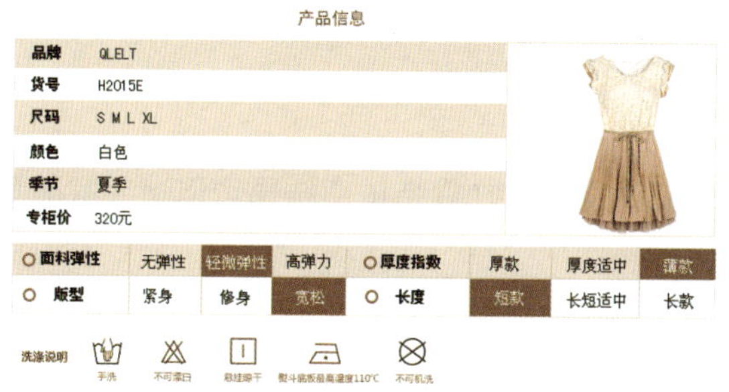

图 8-18　产品信息效果图

图 8-19　新建空白文档

02 使用文本工具输入文本，使用直线工具绘制表格，如图 8-20 所示。

03 打开一张宝贝素材图，将其添加到“产品信息”文档中，如图 8-21 所示。

04 继续使用文本工具输入文本信息，如图 8-22 所示。

05 用同样的方法，继续绘制表格及输入文本，如图 8-23 所示。

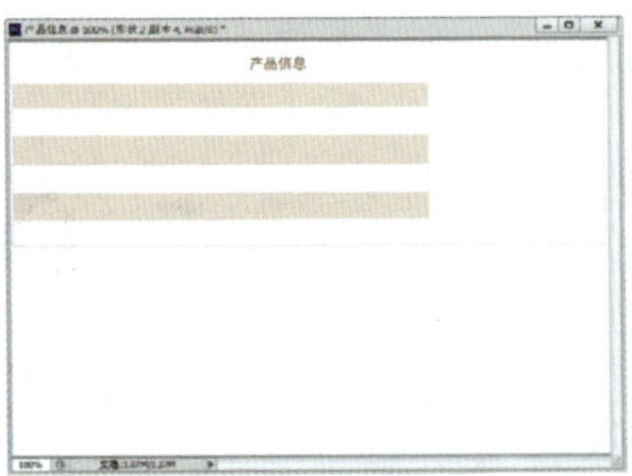

图 8-20　绘制表格

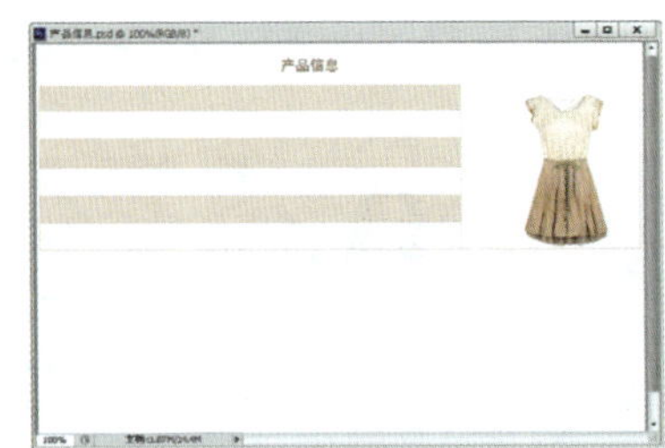

图 8-21　添加宝贝素材

图 8-22　输入文本

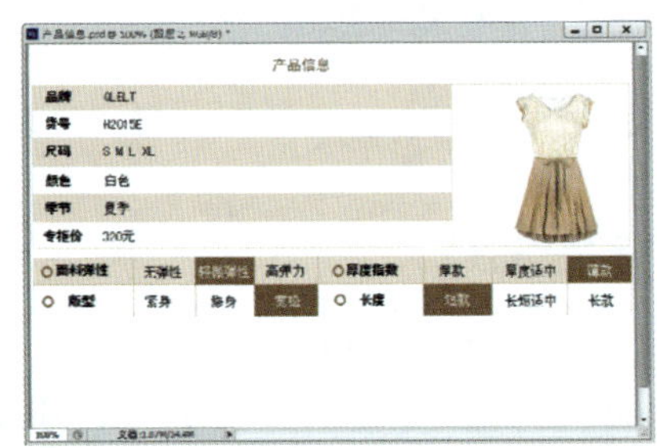

图 8-23　输入文本

06 组合绘制图形，效果如图 8-24 所示。

3. 尺码说明

尺码说明是帮助买家自主选择尺码的参照，在尺码说明中添加模特试穿结果可以让买家衡量不同尺码的上身效果，如图 8-25 所示为效果图。

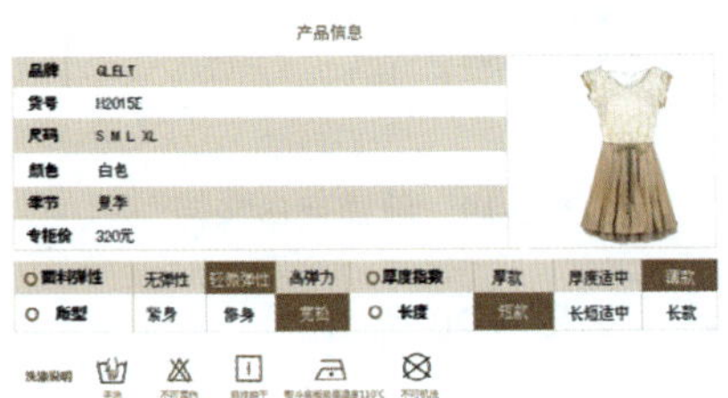

图 8-24　效果

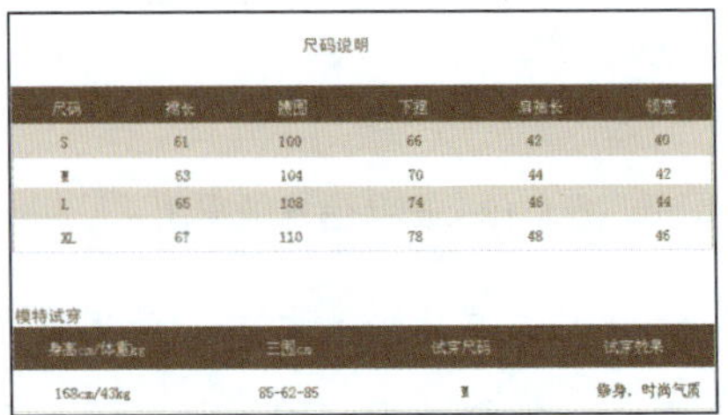

图 8-25　尺码说明效果图

01 新建一个空白文档，输入文本并绘制表格，如图 8-26 所示。

02 在合适的位置输入文本即可，如图 8-27 所示。

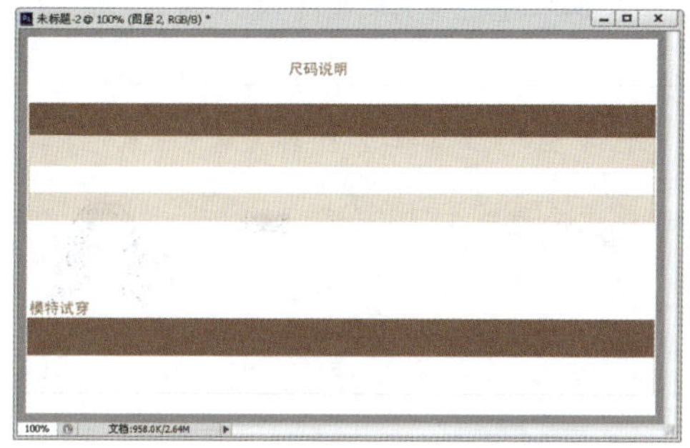

图 8-26　输入文本并绘制表格

尺码说明

尺码	裙长	胸围	下摆	肩袖长	领宽
S	61	100	66	42	40
M	63	104	70	44	42
L	65	108	74	46	44
XL	67	110	78	48	46

模特试穿

身高cm/体重kg	三围cm	试穿尺码	试穿效果
168cm/43kg	85-62-85	M	修身，时尚气质

图 8-27　输入文本

4．模特展示和细节展示

模特展示图和细节展示均是实拍效果图，最好不要添加其他文字内容，如图 8-28 所示。

模特展示

细节展示

图 8-28　展示图效果

8.1.3 宝贝描述模块的应用

宝贝描述模块制作完成后就可以将其装修到店铺中了。

01 在"发布宝贝"页面中，找到"宝贝描述"一栏，如图 8-29 所示。

02 单击"插入图片"图标插入图片，如图 8-30 所示。

03 单击"发布"按钮即可在发布宝贝的同时将宝贝描述装修到宝贝详情页面中。

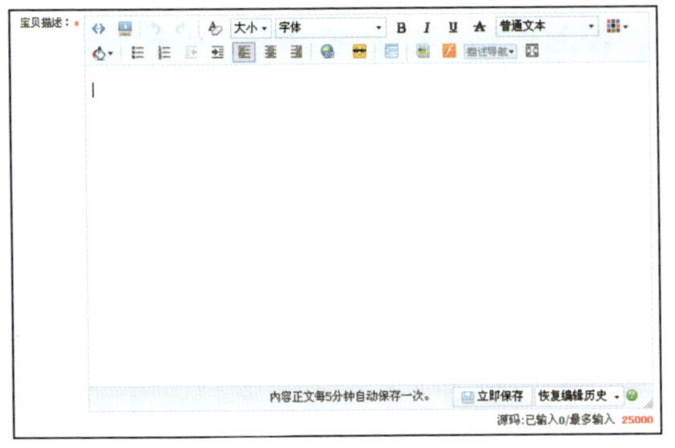

图 8-29　宝贝描述

图 8-30　插入图片

8.2 关联推荐模块

用户在浏览完宝贝详情信息后发现并不是自己需要的商品怎么办？所谓东边不亮西边亮，卖家可以通过添加关联推荐，把其他宝贝展现给买家。关联营销不仅能够提升转化率，让更多的人来购买，还能提高客单价，让顾客一次买更多。

8.2.1 关联推荐模块

在淘宝店铺装修页面中，系统提供了一个"关联推荐"模块，下面将学习如何添加"关联推荐"模块。

01 进入"店铺装修"页面，单击左侧的"默认宝贝详情页"选项，如图 8-31 所示。

02 进入"宝贝详情页"，单击"宝贝描述信息"模块右下角的"添加模块"按钮，如图 8-32 所示。

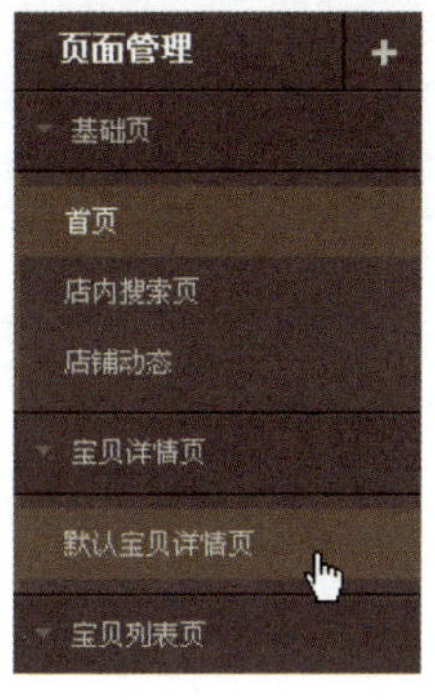

图 8-31　单击

图 8-32　单击“添加模块”按钮

03 在弹出的对话框中单击旺铺关联推荐后的“添加”按钮，如图 8-33 所示。

04 添加后的模块效果如图 8-34 所示。

图 8-33　单击“添加”按钮

图 8-34　模块效果

05 单击页面右上角的“发布”或“预览”按钮，在店铺页面中单击任何一个商品，进入商品详情页，在下方显示关联推荐的商品，如图 8-35 所示。

图 8-35　关联推荐商品

8.2.2 设计关联营销

关联营销放哪里？放多少？放什么？都是设计前要考虑的问题。

- 同类推荐：可以让买家有更多选择。
- 搭配减价：推荐给买家能达到互补的效果，提高单个顾客的销量。
- 猜你喜欢：根据买家浏览的宝贝来分析，选择出买家大概喜欢的宝贝类型。
- 热卖推荐：根据消费者的从众心理，热卖的宝贝会得到大多数买家的青睐。
- 同价推荐：根据横向比较，买家可以在同类价位中选择不同的商品。
- 新品推荐：新上市的商品，优惠的价格，新颖的款式可以招揽更多客户。
- 低价推荐：在店铺内挑选出低价的商品，物美价廉的商品谁不喜欢呢。

关联营销建议不超过四款宝贝。

第9章 店铺高级装修

经过前面章节的学习，我们已经掌握了店铺装修的必备常用知识，看着自己的店铺大变样，是不是很有成就感呢？本章将学习店铺的高级装修、包括宽屏海报的制作、宽屏轮播海报的制作、店铺导航及分类导航自定义添加，下面跟着我一起再次升级你的店铺吧。

9.1 首页全屏海报

在淘宝网的默认模板中只能添加宽度为 950 像素的海报图，而很多店铺首页均添加了宽度像素为 1920 像素的全屏海报图，其震撼的视觉效果，让店铺更加炫目。

9.1.1 无代码全屏海报

当我们看到很多商城卖家的首页那漂亮大气的全屏背景大图时，是不是很想给自己的店里也弄一个？心动不如行动，下面我们来学习如何添加全屏背景图。

01 运行 Photoshop，按 Ctrl+N 快捷键，新建一个宽度为 1440 像素，高度为 630 像素的空白文档，如图 9-1 所示。

02 使用截图工具截取店铺首页的区域图，将其拖动到 Photoshop 文档中，并按 Ctrl+R 快捷键显示标尺，拖出相应的参考线，如图 9-2 所示。

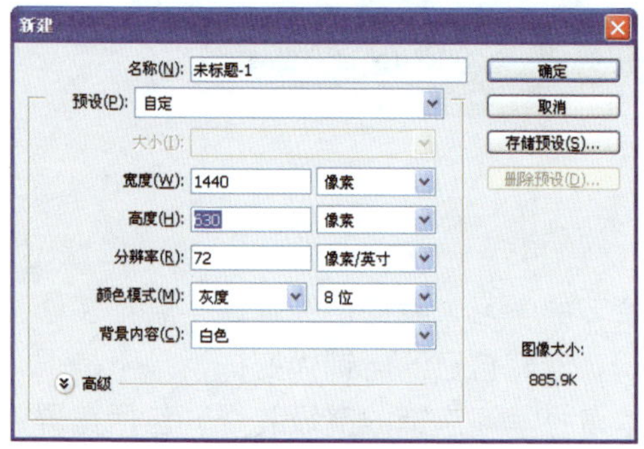

图 9-1 新建文档

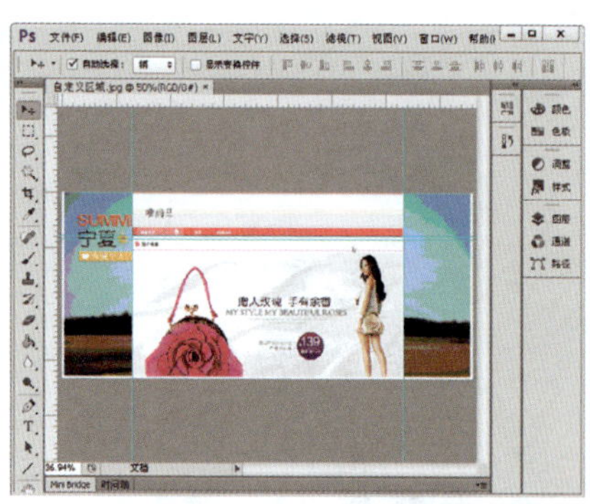

图 9-2 建立参考线

旺旺提示

这里的高度可以根据需要设置自己大小，宽度建议为 1440 像素。

03 拖出参考线后，删除该图像，如图 9-3 所示。

04 将准备好的宽屏背景图拖动到文档中，如图 9-4 所示。

图 9-3　删除效果

图 9-4　打开背景素材

05 使用裁剪工具，拖出裁剪区域，如图 9-5 所示。按 Enter 键确认裁剪。

06 执行“文件”|“存储为”命令，将其保存名为“自定义区域”的 JPEG 文件，如图 9-6 所示。

图 9-5　裁剪区域

图 9-6　存储

07 打开“历史记录”面板，返回到上一步操作，如图 9-7 所示。

08 使用矩形选框工具，将上一步保存的区域选取并按 Delete 键删除，如图 9-8 所示。

旺旺提示

这里将中间图像删除可以减少文件的大小。用户也可以不删除中间区域而直接存储为背景。

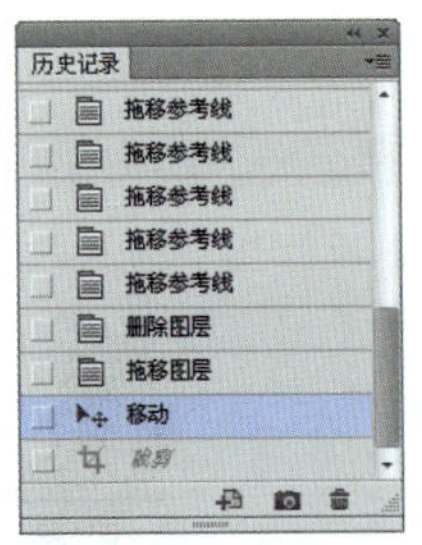

图 9-7　返回上一步操作

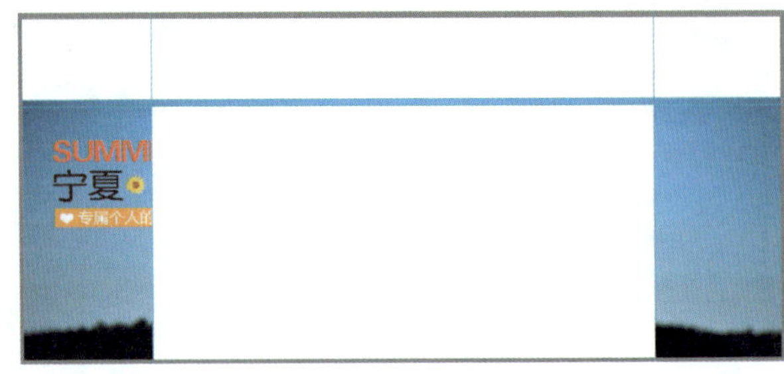

图 9-8　删除图像

09 执行“文件”|“存储为”命令，将图像存储名为“背景区域”的 JPEG 文件，如图 9-9 所示。

10 登陆淘宝网后，进入卖家中心，单击“店铺装修”链接，如图 9-10 所示。

11 进入店铺装修页面，在“装修”的下拉菜单中选择样式管理，如图 9-11 所示。

图 9-9　存储

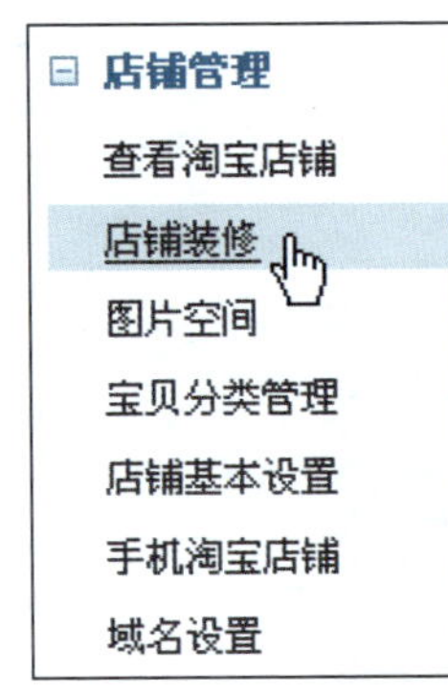

图 9-10　单击“店铺装修”链接

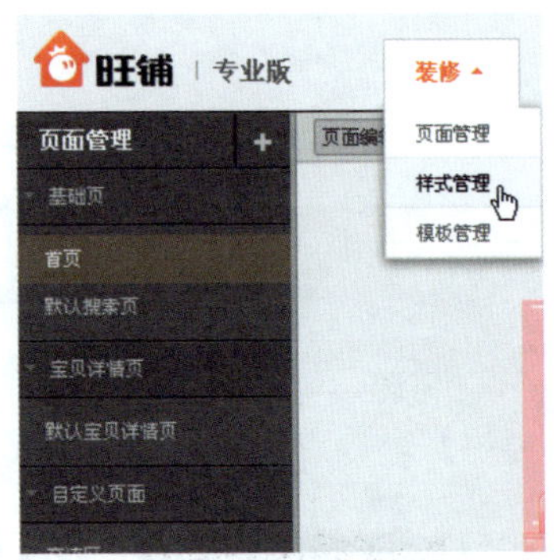

图 9-11　选择样式管理

12 进入新页面，在左侧的样式编辑中选择“背景设置”选项，如图 9-12 所示。

13 单击“页面设置”按钮，单击“上传背景”链接，如图 9-13 所示。

14 在弹出的“打开”对话框中选择背景图片，如图 9-14 所示。

15 单击“打开”按钮后，在背景显示中单击“不平铺”按钮，在背景对齐中单击“居中”按钮，如图 9-15 所示。

图 9-12　选择“背景设置”选项

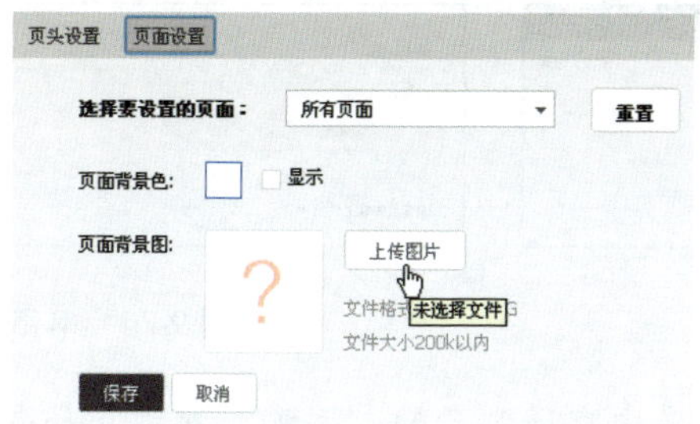

图 9-13　单击“上传背景”链接

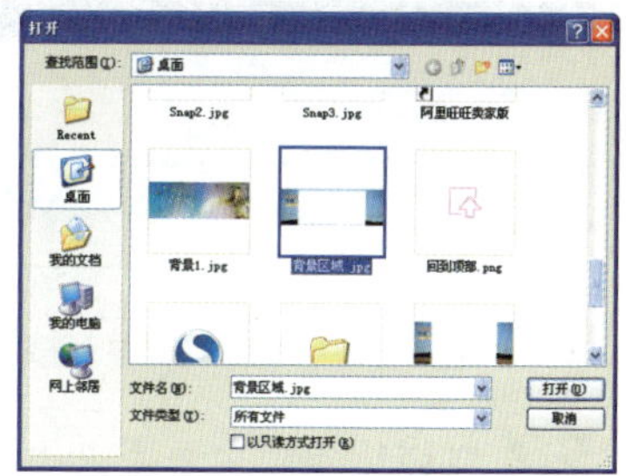

图 9-14　选择背景图片

16 单击“保存”按钮后，单击装修下拉菜单中的“页面管理”按钮，如图 9-16 所示。

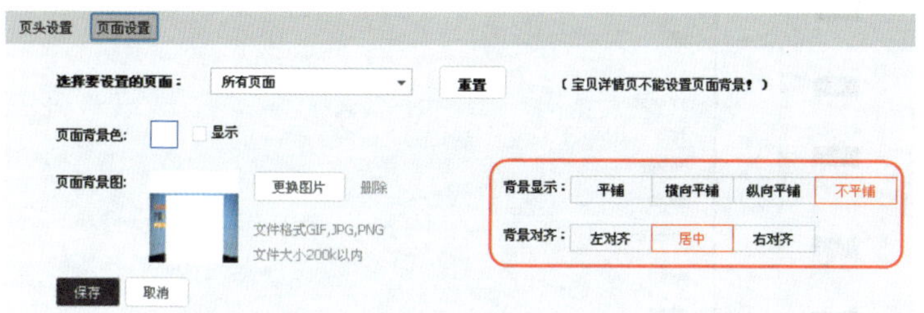

图 9-15　单击“居中”按钮

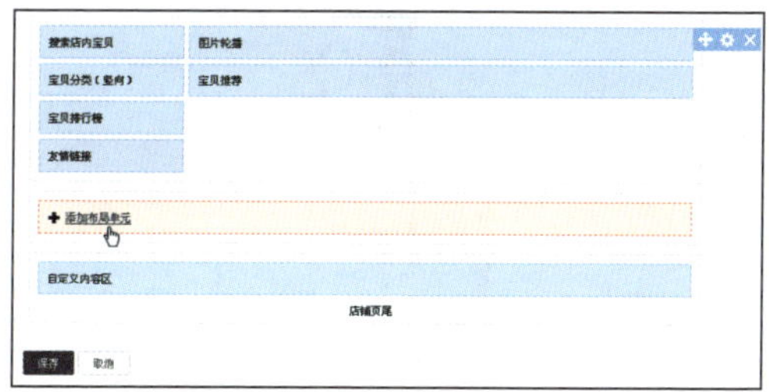

图 9-16　选择背景图片

17 进入页面管理，单击“布局管理”按钮，如图 9-17 所示。

18 进入布局管理界面，单击“添加布局单元”链接，如图 9-18 所示。

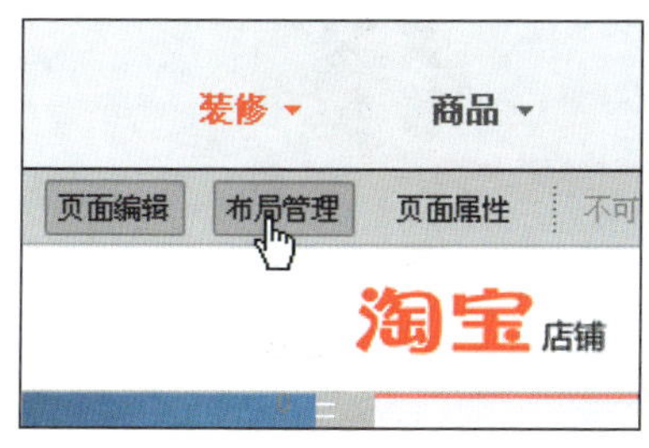

图 9-17　单击“居中”按钮

图 9-18　单击“添加布局单元”链接

19 在弹出的对话框中，选择创建 950 像素的单元区域，如图 9-19 所示。

20 添加单元后，单击右侧的“+”按钮添加模块，如图 9-20 所示。

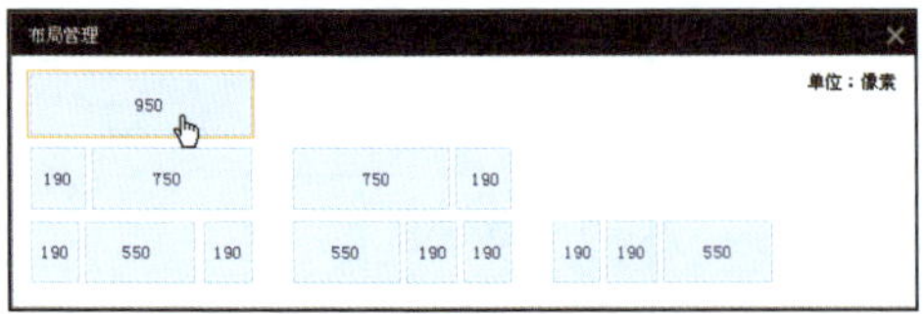

图 9-19 单击“居中”按钮

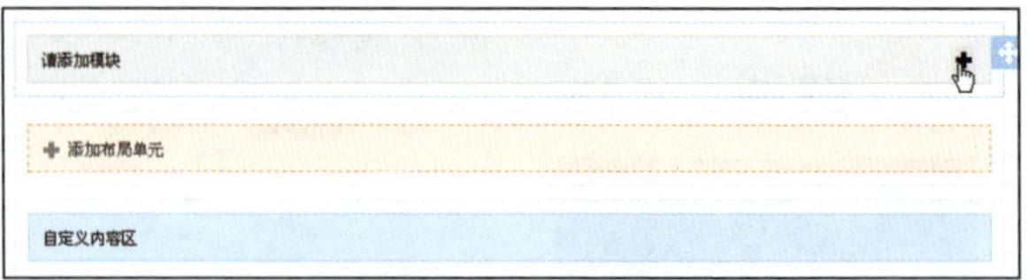

图 9-20 单击“+”按钮

21 在模块管理中单击“自定义内容区”后的“添加”按钮，如图 9-21 所示。

22 添加后将光标放置在模块上，并拖动到导航下方的位置，如图 9-22 所示。

图 9-21 单击“添加”按钮

图 9-22 调整位置

23 单击“保存”按钮，进入“页面编辑”页面中，单击“自定义区域”模块右上角的“编辑”按钮，如图 9-23 所示。

图 9-23 单击“编辑”按钮

24 在打开的“自定义内容区”对话框中单击“插入图片空间图片”按钮，如图 9-24 所示。

25 单击“上传新图片”选项卡，然后单击“选择要上传的图片”按钮，如图 9-25 所示。

图 9-24　单击“插入图片空间图片”按钮

图 9-25　单击“选择要上传的图片”按钮

26 在打开的对话框中选择前面保存的“自定义区域”图片，然后单击“上传”按钮，如图 9-26 所示。

27 上传后，单击“插入”按钮，如图 9-27 所示。

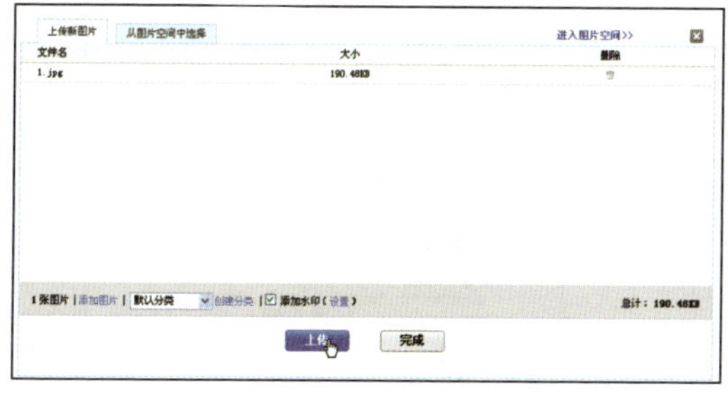

图 9-26　单击“上传”按钮

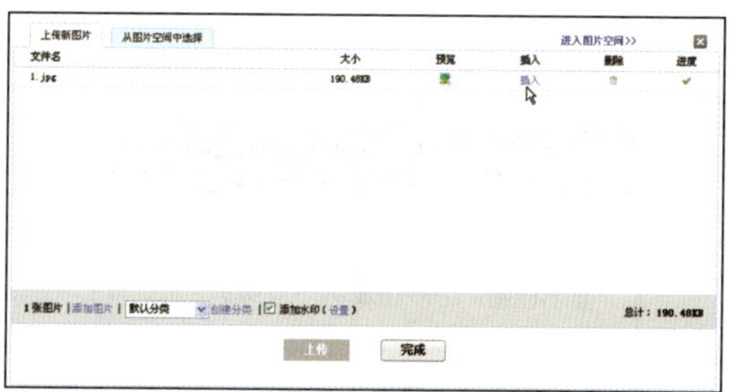

图 9-27　单击“插入”按钮

28 单击“完成”按钮。选择图片，单击“编辑”链接，如图 9-28 所示。

29 在弹出的对话框中设置宽度为 950 像素，高度为 470 像素，如图 9-29 所示。

图 9-28　单击“编辑”链接

图 9-29　设置参数

30 单击“确定”按钮后，在显示标题后单击“不显示”单选按钮，如图 9-30 所示。

31 单击“确定”按钮后，单击右上角的“预览”按钮预览效果，如图 9-31 所示。

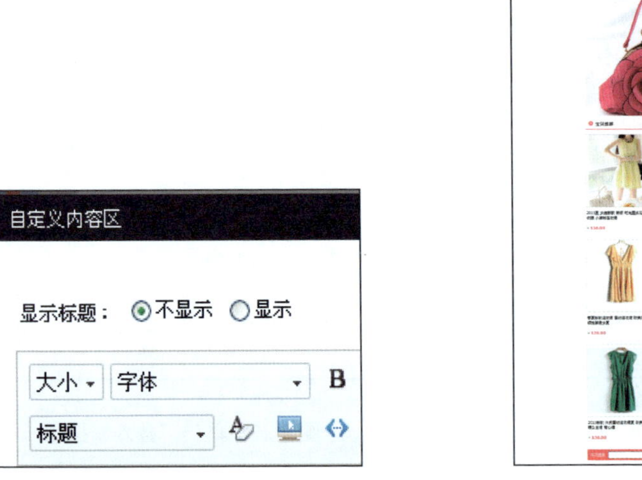

图 9-30 单击“不显示”单选按钮

图 9-31 预览效果

旺旺提示

这里的宽度像素应该是固定为 950 像素的，而高度像素这根据背景图的大小来设定。

9.1.2 全屏海报代码

在上一小节中的全屏海报图时背景与自定义内容区的图像拼接的效果，本节学习的添加代码实现全屏海报的效果。

下面为全屏海报图的代码，在装修店铺时将其粘贴到自定义内容区的源码中即可实现海报全屏效果。

```
<div style="height:500px;">
    <div class="footer-more-trigger" style="left:50%;top:auto;border:none;padding:0;">
        <div class="footer-more-trigger" style="left:-720px;top:auto;border:none;padding:0;">
      <a href="#" target="_blank" style="width:1440px;height:500px;display:block;">
              <img src="#" border="0" alt="全屏海报" /></a>
        </div>
    </div>
</div>
```

下面对代码的含义进行解释。

- height：第 1 行代码中 height 控制的是图片的的高度。
- left：第 2 行代码中 left 控制的是左偏移。这里设置的是-720 像素，即所设置的图片宽度的一半大小。
- top：第 2 行代码中的 top 是控制上偏移。
- width：第 4 行代码中的 width 控制的是图片的宽度。
- border：第 5 行代码中的边框控制，设置为 border:none，也就是把边框设为无。
- a href= "#"：在引号中添加图片的链接地址，即单击图片后所跳转的页面网址。
- img src= "#" 在引号中添加海报图的地址。

9.2 全屏海报轮播

所谓轮播就是海报进行自动或手动切换，前面章节中讲到淘宝旺铺装修中可以添加图片轮播的模块，但是该模块限制宽度在 950 像素以内，很多新手卖家认为要想突破这个限制范围就需要购买店铺装修模板。本节将教大家在不购买模板的情况下制作出震撼的全屏轮播效果。

9.2.1 全屏海报图制作

在淘宝网上逛一圈后是不是发现很多店铺首页都有其特色，且符合店铺风格或活动的海报图呢？本小节将学习制作全屏海报图，如图 9-32 所示为效果图。

图 9-32　效果图

01 启动 Photoshop，按 Ctrl+N 快捷键打开“新建”对话框，设置各项参数，如图 9-33 所示。

02 按 Ctrl+O 快捷键打开素材图片，如图 9-34 所示。

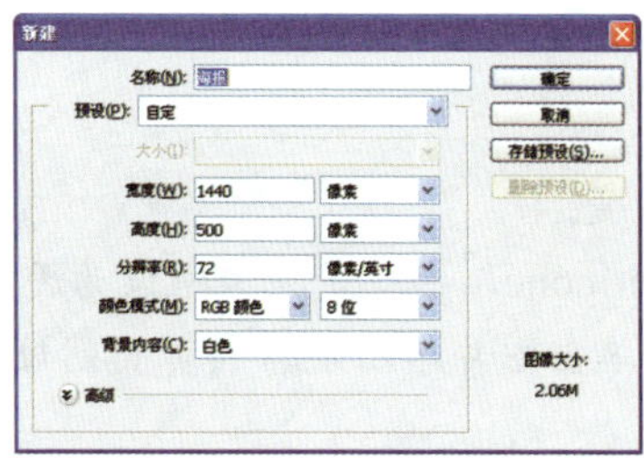

图 9-33　新建文档

图 9-34　打开素材图片

03 将素材图片拖动到“海报”文档中，如图 9-35 所示。

04 使用矩形选框工具，在图像上选择矩形区域，如图 9-36 所示。

图 9-35　拖动素材

图 9-36　选择矩形区域

05 按 Ctrl+T 快捷键显示定界框，并拖长选区的图像，按 Enter 键确认变形调整，如图 9-37 所示。

06 新建图层，使用“画笔”工具，调整画笔的硬度和大小，在图像上涂抹，如图 9-38 所示。

图 9-37　确认变形

图 9-38　涂抹

07 执行“滤镜”|“模糊”|“高斯模糊”命令，弹出对话框，设置合适的半径值，如图 9-39 所示。

08 单击“确定”按钮后，图像效果如图 9-40 所示。

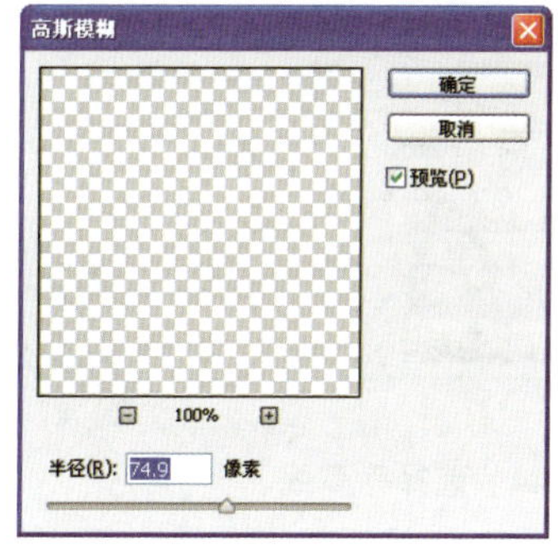

图 9-39　设置半径值

图 9-40　图像效果

09 使用文本工具，在舞台中输入文本，如图 9-41 所示。

10 在图层面板中选择文字图层，双击鼠标，弹出“图层样式”对话框，选择“描边”选项，在右侧设置颜色为白色，如图 9-42 所示。

图 9-41　输入文本

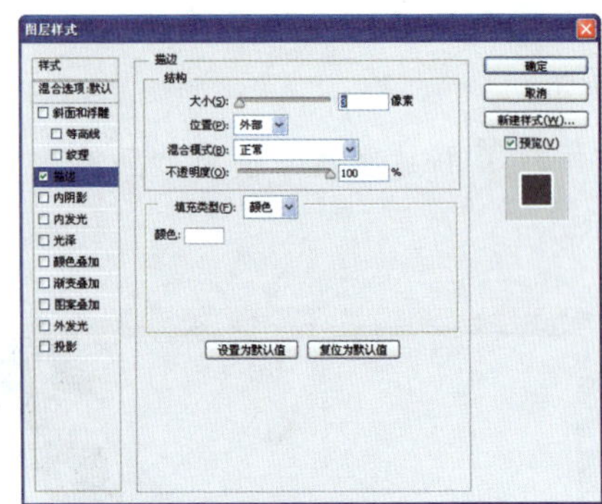

图 9-42　设置“描边”

11 选择“投影”选项，在右侧设置参数，如图 9-43 所示。

12 单击等高线后的三角按钮，选择等高线，如图 9-44 所示。

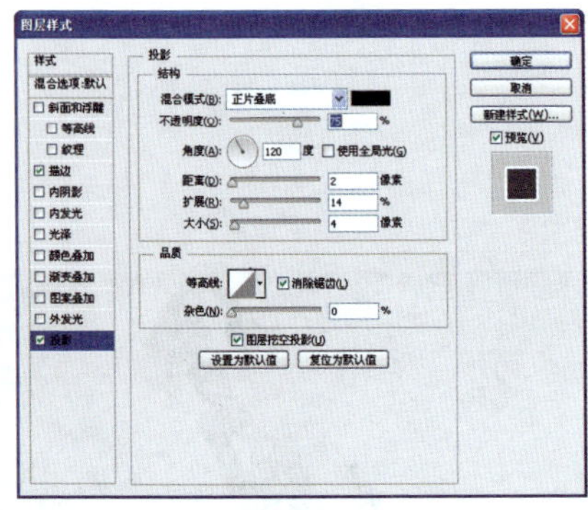

图 9-43　设置“投影”

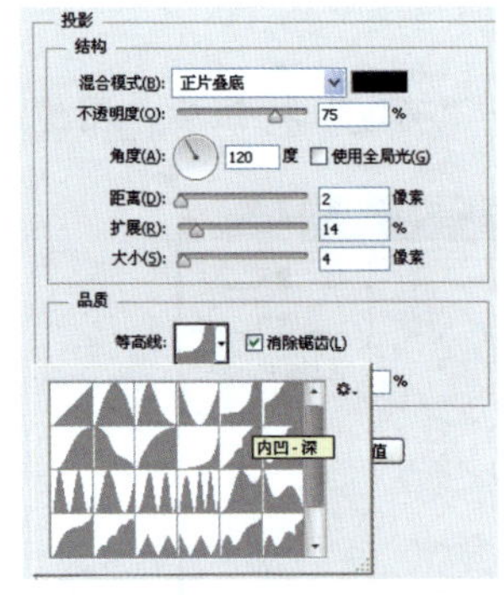

图 9-44　选择等高线

13 单击“确定”按钮，此时的文字效果如图 9-45 所示。

14 选择文本工具，输入文本，并根据需要修改字体，如图 9-46 所示。

15 在“图层”面板中，选择“2013 NEW”文字图层，单击鼠标右键，执行“拷贝图层样式”命令，如图 9-47 所示。

图 9-45　文字效果

图 9-46　输入文本

16 选择“woman fashion”图层，单击鼠标右键，执行“粘贴图层样式”命令，如图 9-48 所示。此时的文字效果如图 9-49 所示。

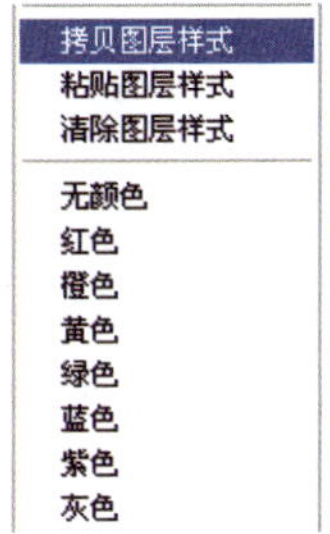

图 9-47　执行命令

拷贝图层样式
粘贴图层样式
清除图层样式
复制形状属性
粘贴形状属性
合并图层
合并可见图层
拼合图像

图 9-48　执行命令

图 9-49　文字效果

17 用同样的方法输入文字及粘贴图层样式，并按 Ctrl+T 快捷键旋转文字，图像效果如图 9-50 所示。

18 使用文本工具，设置颜色，输入文字，完成海报制作，效果如图 9-51 所示。

图 9-50　图像效果

图 9-51　完成效果

19 最后制作其他轮播海报图。

9.2.2 实现全屏轮播

海报图制作完成后，如何在店铺装修中实现全屏轮播效果呢？这时就需要代码的帮忙了，关于代码的编写知识不是一两句话能说清楚的，本节只能大概讲解下代码实现全屏轮播的原理，如图 9-52 所示为全屏轮播效果图。单击图片左右的箭头或下方缩略图可以切换到相应的轮播图。

图 9-52　全屏轮播效果图

进入“店铺装修”页面，添加一个“自定义内容区”，然后单击右上角的“编辑”按钮，进入对话框，单击“源码”图标，输入编写的源码即可，如图 9-53 所示。

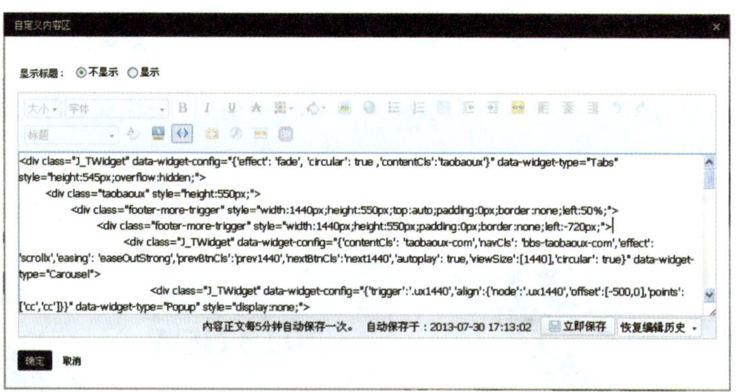

图 9-53　输入源码

本书的光盘中附有全屏轮播的代码，用户只需将图片地址及链接路径更改即可使用。

9.3 网店导航

网店页面中的导航能够使买家在最短时间内找到自己喜欢的内容，并提高访问量。在淘宝网站，默认店铺的虽然无法删除，但是却可以进行编辑，也可以制作包含导航的店招装修到店铺中，本节将学习网店导航的制作。

9.3.1 制作一级导航

一级导航是指没有下级菜单的导航，本节将学习在 Photoshop 中制作一级导航菜单。

01 启动 Photoshop，按 Ctrl+O 快捷键打开提前做好的大小为 950×150 像素大小的店招导航图片，如图 9-54 所示。

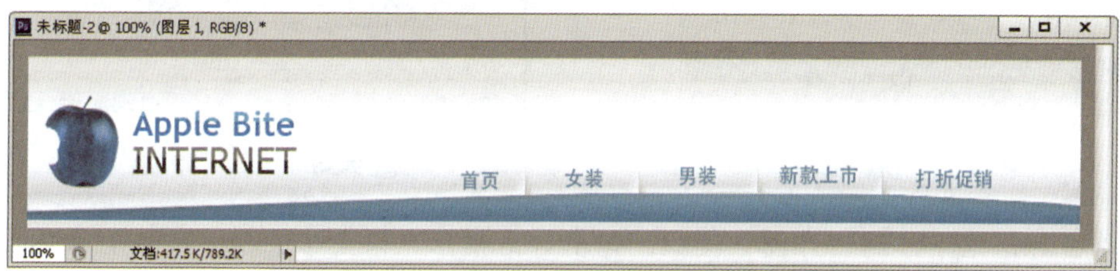

图 9-54　打开图片

02 选择工具箱中的“切片”工具，如图 9-55 所示。

03 在图像中创建切片，将按钮分开，如图 9-56 所示。

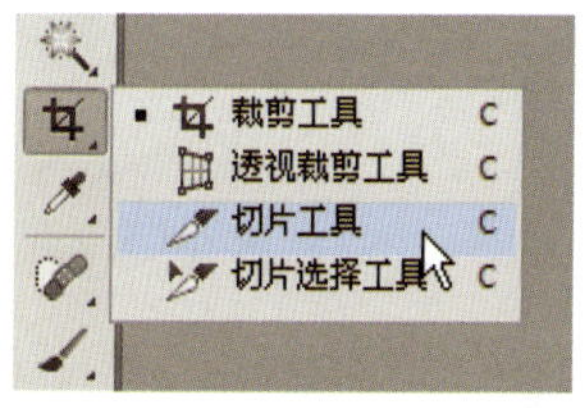

图 9-55　选择工具

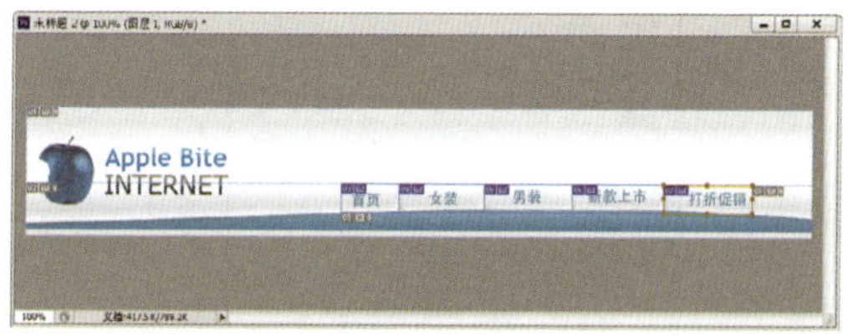

图 9-56　切片

旺旺提示

默认的店招宽度为 120 像素，我们这里打开的图片是包含店招及导航的大小，故为 150 像素。

04 完成后，执行“文件”|“存储为 Web 所有格式”命令，如图 9-57 所示。

05 弹出对话框，在右侧的文件格式中选择“JPEG”选项，如图 9-58 所示。

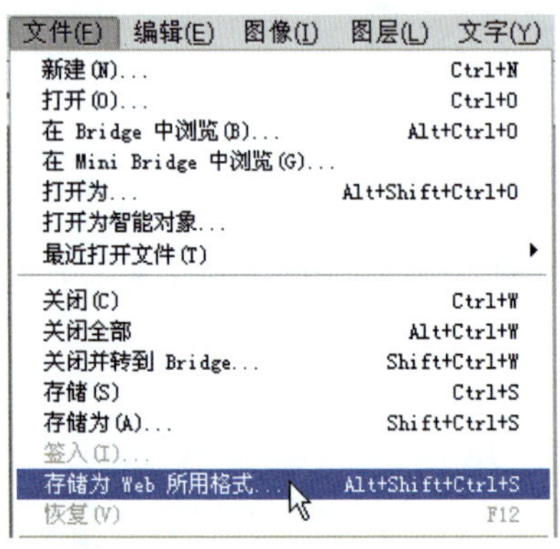

图 9-57 执行命令

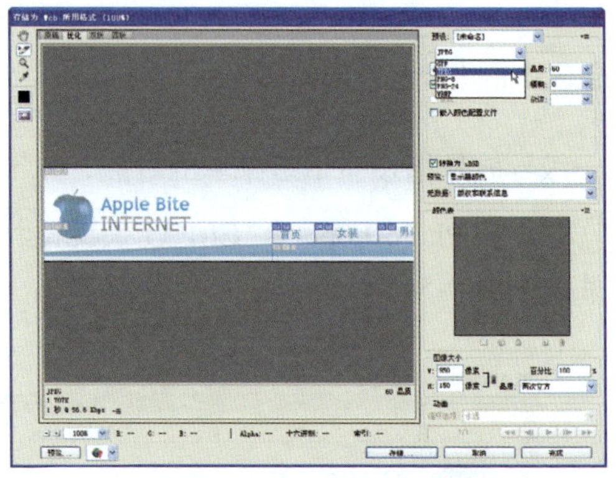

图 9-58 选择“JPEG”选项

06 单击对话框下方的“存储”按钮，弹出对话框，在格式下选择“HTML 和图像”选项，如图 9-59 所示。

07 单击“保存”按钮，打开存储路径，共包含两个文件，如图 9-60 所示。

图 9-59 存储

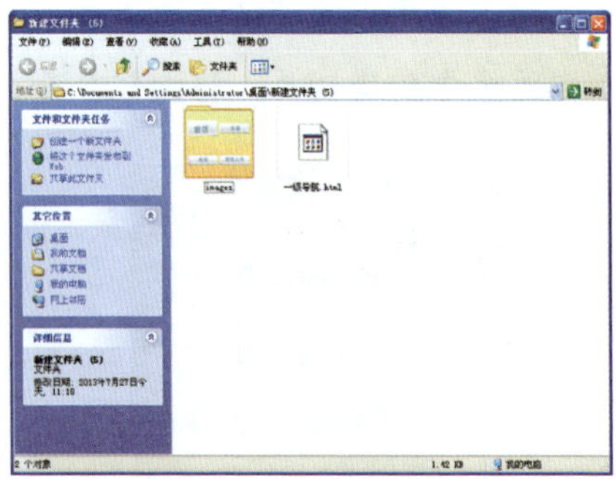

图 9-60 存储路径

08 选择 html 格式的文档，单击鼠标右键，执行“打开方式”|“记事本”命令，如图 9-61 所示。

09 打开代码，在图 9-62 如所示的红线标注处即图片路径后，添加代码 align="top"。

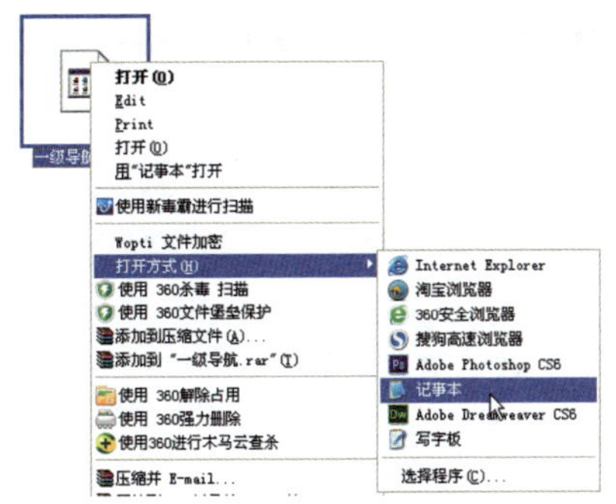

图 9-61　执行“记事本”命令

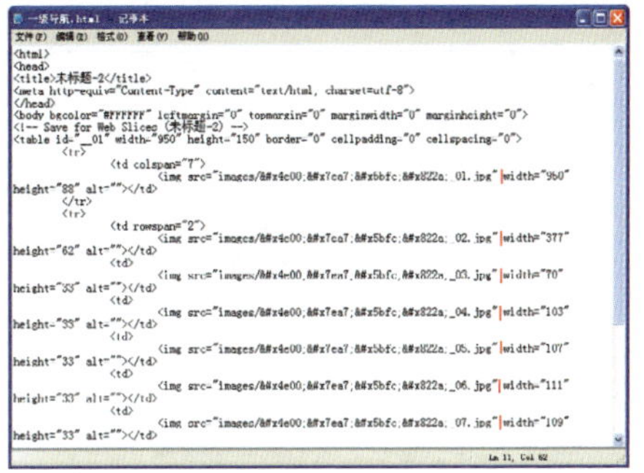

图 9-62　添加代码

> **旺旺提示**
> 在代码中的图像路径后添加 align="top"是为了防止后面图片的错位。

10 在图片空间中新建一个分类，将“image”文件夹中的图片全部上传到该分类中，如图 9-63 所示。

11 在该分类的右侧，选择“按图片名升序”选项，将图片按名称升序，如图 9-64 所示。

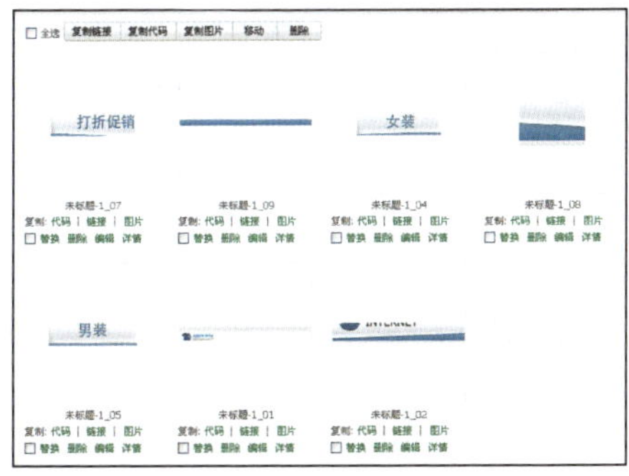

图 9-63　上传图片

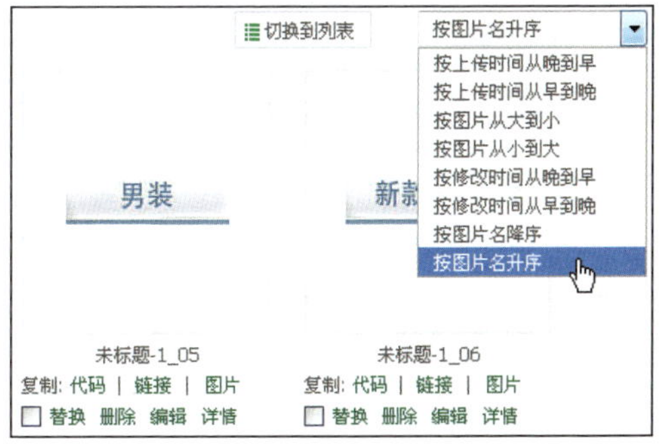

图 9-64　将图片按名称升序

12 选择图片 1，单击“链接”按钮，如图 9-65 所示。

13 提示“复制链接成功”后，进入到代码的记事本中，选中代码中的第一个图片代码，按 Ctrl+V 进行替换粘贴，注意红色选框中的为图片的编号，如图 9-66 所示。

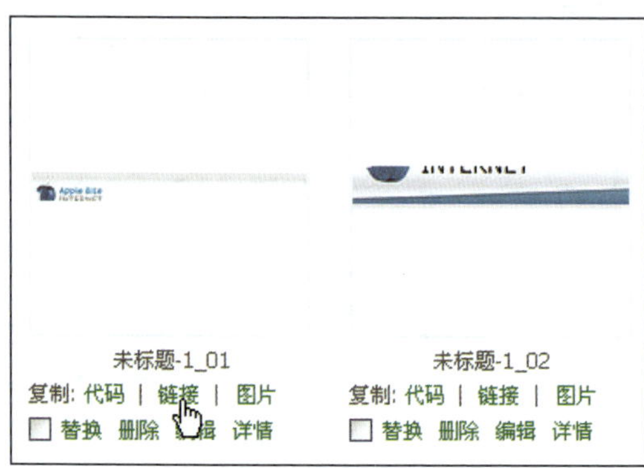

图 9-65 单击“链接”按钮

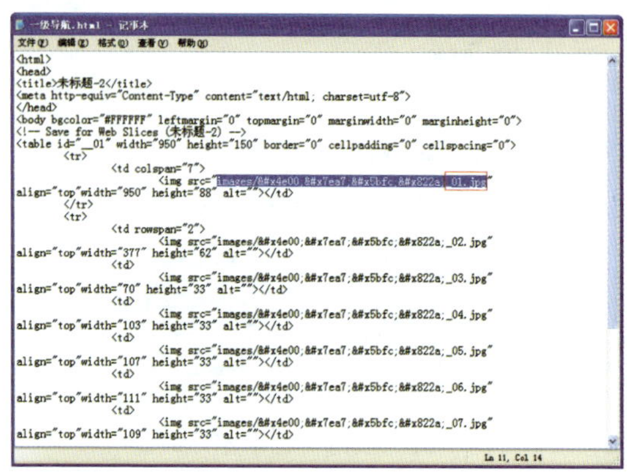

图 9-66 替换代码

14 用同样的方法，替换掉所有图片的链接，如图 9-67 所示。

15 将代码前 7 行代码，即<table 这部分以上的内容删除，然后将最后 3 行代码，即 table> 以后的内容删除，如图 9-68 所示。

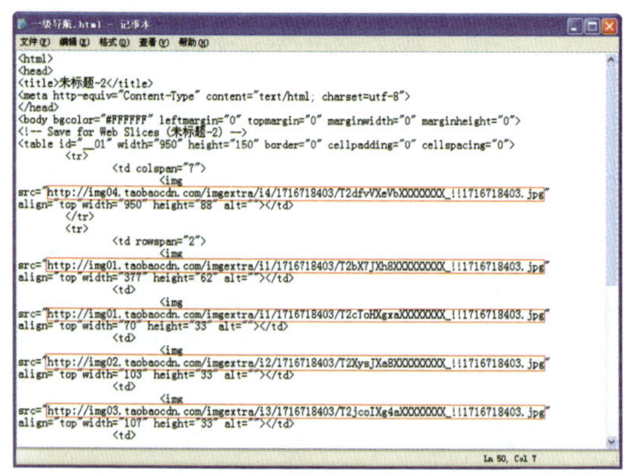

图 9-67 替换所有图片的链接

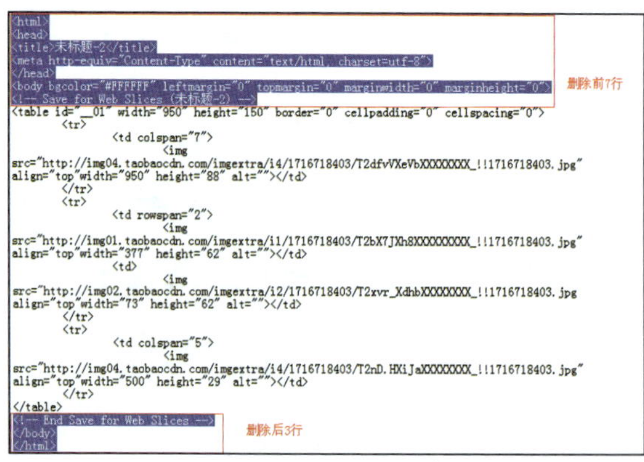

图 9-68 删除选框中的代码

在替换代码时要注意图片的编号对应，以免出现替换错误的情况。

16 按 Ctrl+A 全选代码，按 Ctrl+C 复制代码。

17 进入“店铺装修”页面，在“店招”模块上单击“编辑”按钮，如图 9-69 所示。

18 将原店招删除，然后单击“源码”按钮，粘贴前后复制的代码，设置高度参数为 150px，如图 9-70 所示。

图 9-69　单击“编辑”按钮

图 9-70　设置

19 再次单击“源码”按钮，在显示出的图片中选择按钮所在的图片，单击“编辑”按钮，如图 9-71 所示。

20 在弹出的对话框中，设置相应按钮的链接网址，如图 9-72 所示。单击“确定”按钮。

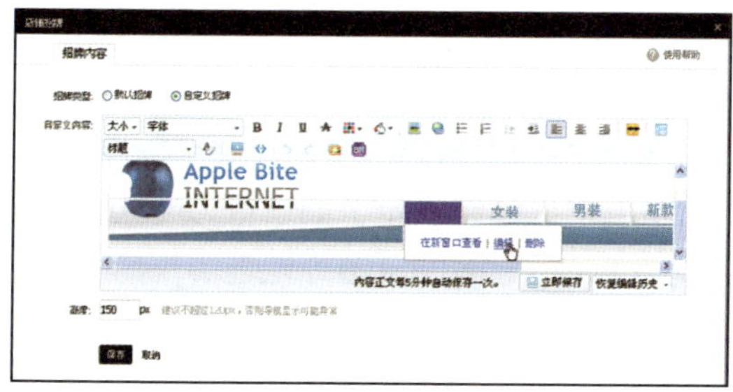

图 9-71　单击“编辑”按钮

图 9-72　设置链接网址

21 用同样的方法，设置其他按钮的网址链接，最后单击“保存”按钮。

22 根据需要将样式及背景修改，以统一店铺色调。单击“发布”按钮，查看修改导航后的效果，如图 9-73 所示。

9.3.2 修改默认导航的颜色

在淘宝新旺铺中，默认的导航是无法删除的，但是可以在其基础上进行编辑，在“店铺装修”页面，单击“导航”模块的“编辑”按钮，弹出对话框，单击“显示设置”按钮，在下面的文本区域输入相应的代码，如图 9-74 所示，即可改变原有的导航。

图 9-73 修改导航后的效果

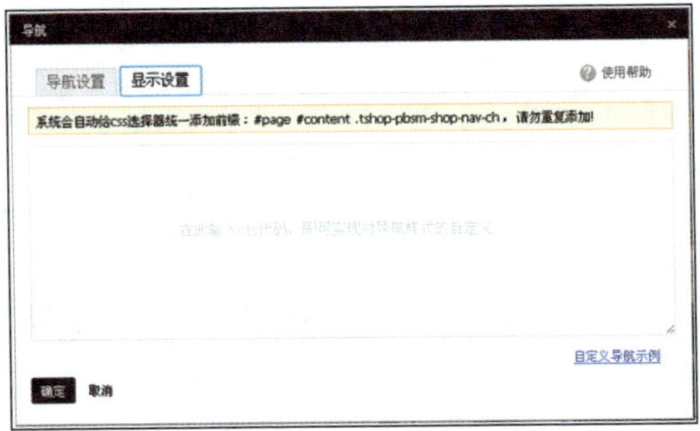

图 9-74 输入相应的代码

下面对各部分的代码进行分段讲解，便于用户理解，并灵活使用。

1. 修改背景色

静态背景颜色

代码：.skin-box-bd .menu-list .link{background:red;}

该代码用以设置“首页”、“店铺动态”等其他导航类目中的背景色。颜色代码可以用英文单词表示，如 white（白）、black（黑）、red（红），也可以用十六进制表示，如白色为#ffffff、黑色为#000000 等等表示。另外背景色也可用图片，代码为{background:url(图片地址）;}。

“所有分类”的背景色

代码：.all-cats .link{background:red;}

在默认的导航条中最左边的一项为“所有分类”，改变其背景色的代码。

导航条整个分类段背景色

代码：.skin-box-bd .menu-list{background:red;}

导航条背景色，修补导航右侧缺口

代码：.skin-box-bd{background:red;}

背景色最好搭配页头背景图，才能整体大气美观。

2. 修改分割线颜色

“所有分类”的右边的分隔线颜色

代码：.all-cats .link{border-color:white;}

“首页”等分类右边的分隔线颜色

代码：.menu-list .menu{border-color:white;}

3. 修改文字颜色

“首页”、“店铺动态”等其它导航类目的文字颜色

代码：.menu-list .menu .title{color:yellow;}

“所有分类”的文字颜色

代码：.all-cats .link .title{color:yellow;}

二级分类的背景色

代码：.popup-content{background:gray;}

三级分类的背景色

代码：.popup-content .cats-tree .snd-pop-inner{background:#504f4f;}

二级分类的文字颜色

代码：.popup-content .cat-name{color:yellow;}

三级分类的文字颜色

代码：.popup-content .cats-tree .snd-pop-inner .cat-name{color:yellow;}

若不写这句代码，那三级分类和二级分类颜色是相同的。

4. 修改鼠标滑过变背景色

鼠标滑过“首页”、“店铺动态”等其它导航类目变换背景色

代码：.menu-list .menu-hover .link{background:blue;}

鼠标滑过“所有分类”变换背景色

代码：.all-cats-hover .link{background:blue;}

鼠标滑过所有分类下的二级分类变换背景色

代码：.popup-content .cats-tree .cat-hd-hover{background:blue;}

鼠标滑过所有分类下的三级分类变换背景色

代码：.popup-content .cats-tree .snd-cat-hd-hover{background:#160595;}

鼠标滑过导航类目下的宝贝分类变换背景色

代码：.menu-popup-cats .sub-cat-hover{background:blue;}

5. 鼠标滑过变文字颜色

鼠标滑过“首页”、“店铺动态”等其它导航类目变换文字颜色

代码：.menu-list .menu-hover .title{color:red;}

鼠标滑过“所有分类”变换文字颜色

代码：.all-cats-hover .link .title{color:red;}

鼠标滑过导航类目下的宝贝分类变换文字颜色

代码：.menu-popup-cats .sub-cat-hover .cat-name{color:red;}

鼠标滑过所有分类下的二级分类变换文字颜色

代码：.popup-content .cat-hd-hover .cat-name{color:red;}

鼠标滑过所有分类下的三级分类变换文字颜色

代码：.popup-content .cats-tree .snd-cat-hd-hover .cat-name{color:red;}

6. 其他特效代码

背景透明导航

代码：

```
.skin-box-bd{background:none;}.menu-list{background:none;}.link{background:none;}.menu{background:none;}.all-cats{background:none;}.all-cats{display:none;}.menu-list .menu .title{color:#CF6AA6;}
```

二级分类缓慢展开

代码：

```
.popup-content .cats-tree .snd-pop{left:-9999px;top:-9999px;overflow:hidden;}
.popup-content.cats-tree.cat.snd-pop{width:0px;-webkit-transition:width1.23s ease;transition:width 1.23s ease;-o-transition:width 1.23s ease;-moz-transition:width 1.23s ease;}
.popup-content .cats-tree .cat-hd-hover .snd-pop{width:200px;}
```

若需向右或向下展开，可把全部 CSS 中的把 width 改为 height，高度宽度后面数值为展开所用时间，值越小越快，越大越慢。

若需要恢复默认导航，只需将代码删除即可。

9.4 分类导航菜单

上一节学习的是店铺页面上端的导航菜单，这节我们将学习的是在页面中自主添加的分类导航菜单。

9.4.1 一级分类菜单设计

在店铺首页的中间添加分类菜单可以方便买家查找宝贝，页面中间的分类菜单一般较为详尽，且多添加热搜关键词，如图 9-75 所示为几款分类菜单。

图 9-75　分类菜单

在 Photoshop 中制作好分类菜单后可使用切片或在 Dreamweaver 中创建热点，最后将代码添加到“店铺装修”页面中的“自定义内容区”模块即可。

9.4.2 多级分类菜单

当然，除了一级菜单外，多级菜单也会用到，即单击分类中的某一菜单，会弹出相应的子菜单。这类菜单的制作一般是以 JS 控制的，如图 9-76 所示为弹出式分类菜单。

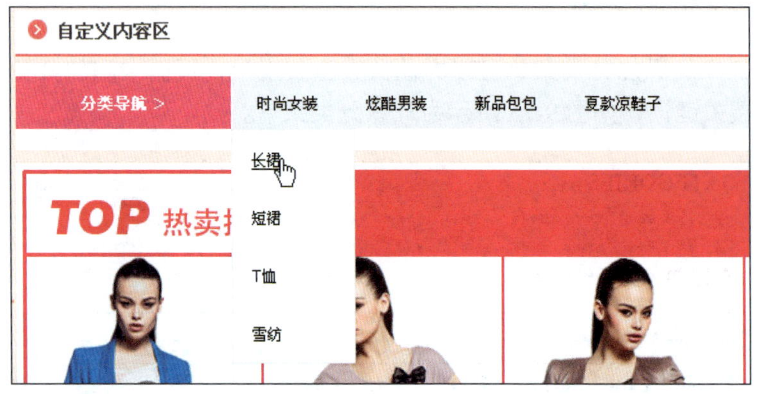

图 9-76　弹出式分类菜单

同样，在“店铺装修”页面中的“自定义内容区”模块中添加代码即可完成该类导航的装修。

完整案例篇

第 10 章　潮流时尚女装店

第 11 章　炫酷品味男装店

第 12 章　品质精美箱包店

第 13 章　绿色家居生活馆

学习了网店装修的所有知识后，接下来就要进入实战阶段了。本篇将针对不同的行业，设计出不同的网店效果，将前面各章的内容进行整合，通过实例操作，能够做到学以致用，举一反三。

第 10 章
潮流时尚女装店

在淘宝网中的女装店铺很多，有特色的店铺装修能使自己的网店从数以万计的女装店铺中脱颖而出，从而增加点击率和销售量，让生意更为红火。本章将学习如何装修潮流时尚的女装店铺。

10.1 装修前期准备

磨刀不误砍柴工，网店装修前也得做好准备工作，包括店铺装修的设计理念，装修素材的准备等等，下面将具体学习需要做的准备工作。

10.1.1 设计理念

网店装修做的就是视觉营销，是吸引人眼球的第一感，客户会通过装修第一时间了解你店铺的讯息。追求时尚的女性，对时尚的敏感度都很高，装修时尚而富特色的网店将带给人舒畅的购物心情。

女装店铺的设计理念在于以下几点：

- 女装店铺包括很多装修风格：为年轻女孩或学生族打造的网店多设计为可爱风格；以粉红色、小桃心、花边为主要装修元素；适合年轻时尚女装消费的网店设计多以潮流时尚为主要风格，色调以清晰淡雅为主。除此之外，还有优雅宜人的淑女风格；富有文艺素雅气质的名族风格；主张简洁大气、自然简约的欧美风格；追求原始、纯朴自然的田园风格等。
- 女装店铺的装修一般要求色彩靓丽，能使消费者有焕然一新的感觉，从而调动其购买欲望。
- 大图海报轮播图能吸引消费者的注意，激发他们的兴趣。在制作海报的时候要点明主题，表达出海报所宣传的内容。语言要生动形象、言简意赅。

10.1.2 装修素材

在店铺装修前期，我们需要准备很多素材图片以供使用。

1. 首页背景素材

选择背景素材的大前提是符合要装修的店铺风格及颜色，本章我们要装修的女装店铺是以蓝色调为主，所以选择了如图 10-1 所示的背景素材图。在选择或制作背景素材时，切忌图片颜色过多图片过花，否则都会影响美感。另外，在前面章节中我们讲到，要考虑到图片上传的速度，用于店铺装修的图片不宜过大。

2. 海报素材图

海报制作是网店装修中必不可少的一步，好的海报图不是靠纯文字堆积而成的，那么海报素材的收集也就显得尤为重要了，除了网店的宝贝素材图外，很多素材都是需要我们进行收集或制作的，如图 10-2 所示为本章需要的海报素材图。

图 10-1　背景素材图

图 10-2　海报素材图

10.1.3 效果预览

在开始正式装修店铺前，先预览下女装店铺的大致效果，如图 10-3 所示。由于本书篇幅有限，对网店的装修只挑选常用的模块进行设计制作，用户在装修自己的店铺时还需要根据实际情况进行全面的装修。

图 10-3　女装店铺的最终效果

10.2 模块设计与制作

我们知道，在淘宝店铺中，每一个页面都是由多个模块组成的，我们对网店的装修其实就是对每个模块的装修，本节将学习这些模块的设计与制作。

10.2.1 店招与导航

店招是店铺的招牌，位于网店的顶端，一般包括了店名、店铺公告等信息。默认的店招和导航是分开的，且导航不能删除，本小节是通过将导航加入到店招中，然后为其添加热点链接，完成的个性店招设计，如图 10-4 所示为店招效果。

图 10-4　店招效果

1. 店招与导航制作

01 运行 Photoshop 软件，执行“文件”|“新建”命令，弹出“新建”对话框，设置宽度为 950 像素，高度为 150 像素，如图 10-5 所示。

02 单击“确定”按钮。设置前景色为蓝色，背景色为白色，在工具箱中选择“渐变”工具，在舞台中单击鼠标，按住 Shift 键拖动鼠标，填充前景色到背景渐变，如图 10-6 所示。

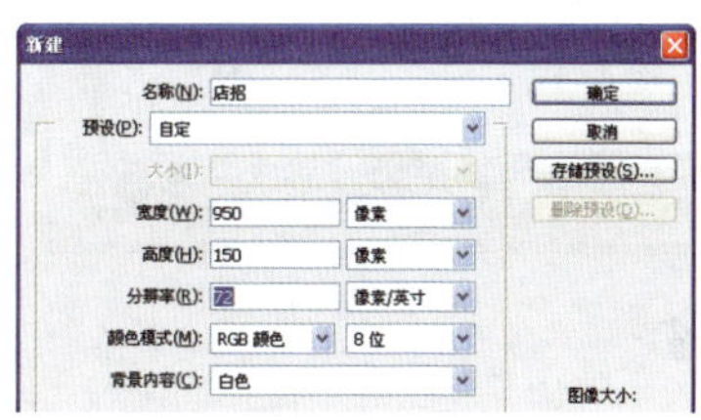

图 10-5　“新建”对话框

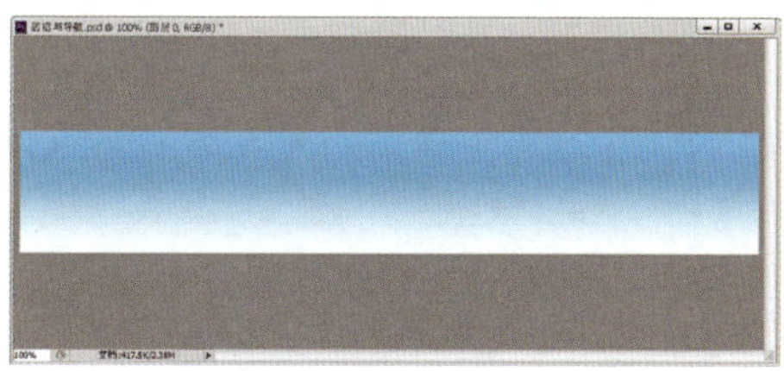

图 10-6　填充垂直渐变

03 新建“云朵”图层，选择“椭圆选框”工具，绘制多个椭圆选区，并填充白色，如图 10-7 所示。

图 10-7　绘制椭圆并填充白色

04 在图层面板中降低该图层的不透明度为 50%，效果如图 10-8 所示。

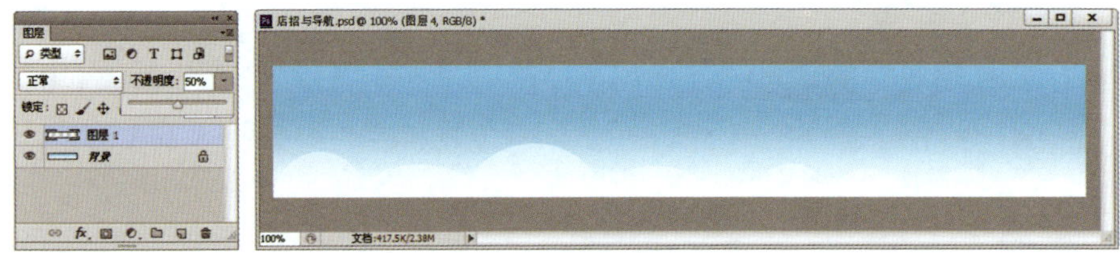

图 10-8　图像效果

05 按 Ctrl+J 快捷键快速复制“云朵”图层，使用“移动”工具将复制的图像移动到合适的位置，如图 10-9 所示。

图 10-9　复制并移动图像

06 新建“飞机”图层，按 Ctrl+O 快捷键打开素材，拖动该素材到“店招与导航”文档中，并调整到合适的位置，如图 10-10 所示。

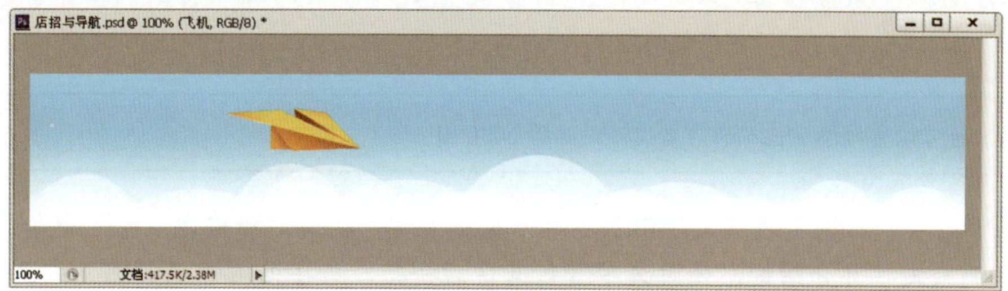

图 10-10　添加素材并调整位置

07 新建“星光”图层，选择“画笔”工具，在工具栏中选择星光画笔，在舞台中绘制星光，如图 10-11 所示。

图 10-11　绘制星光

星光画笔可以在网络中下载，然后载入到 Photoshop 中。

08 选择“文本”工具，输入店铺名称，如图 10-12 所示。

图 10-12　输入店铺名称

旺旺提示

这里也可以直接添加已有的店名设计或品牌 LOGO 图。

09 在“图层”面板中选择文字图层，单击鼠标右键，执行“栅格化文字”命令。使用矩形选框工具，删除文字部分结构，或对文字进行选区后拼接，文字处理效果如图 10-13 所示。

图 10-13　文字处理效果

10 双击文字所在图层，弹出“图层样式”对话框，选择“投影”选项，并设置各项参数，如图 10-14 所示。

11 单击“确定”按钮，此时的文字效果如图 10-15 所示。

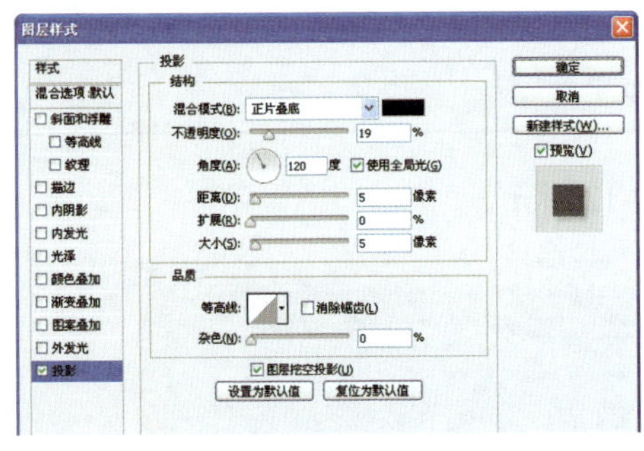

图 10-14　设置参数

图 10-15　文字效果

12 再次选择“文本”工具，在舞台中输入文本，如图 10-16 所示。

图 10-16　输入文本

13 新建图层，使用“椭圆选框”工具，按住 Shift 键绘制多个重叠的椭圆，如图 10-17 所示。

图 10-17　绘制椭圆

14 在舞台上单击鼠标右键，执行“羽化”命令，弹出“羽化”对话框，设置羽化参数为 5，单击“确定”按钮，然后填充白色，如图 10-18 所示。

图 10-18　填充白色

15 新建图层，绘制图像并输入文本，如图 10-19 所示。

图 10-19　绘制图像并输入文本

16 修改文字颜色或继续输入文本，如图 10-20 所示。

图 10-20　输入文本

17 使用“直线”工具绘制多个线段，到这里店招就制作完成了，效果如图 10-21 所示。

图 10-21　效果

18 最后将其保存为 JPEG 图片，并将其上传到淘宝店铺图片空间中。

2. 设置热点与链接

前面我们真正的店招与导航仅为一张图片，并不能实现单击按钮进行跳转或链接其他页面的

效果，下面将学习设置热点与链接，使其成为真正意义上的导航。

01 运行 Dreamweaver 软件，执行“插入”|“图像”命令，弹出的对话框，在 URL 中输入图片空间中的图片链接，如图 10-22 所示。

02 单击“确定”按钮。在“属性”面板中单击“矩形热点工具”按钮，如图 10-23 所示。

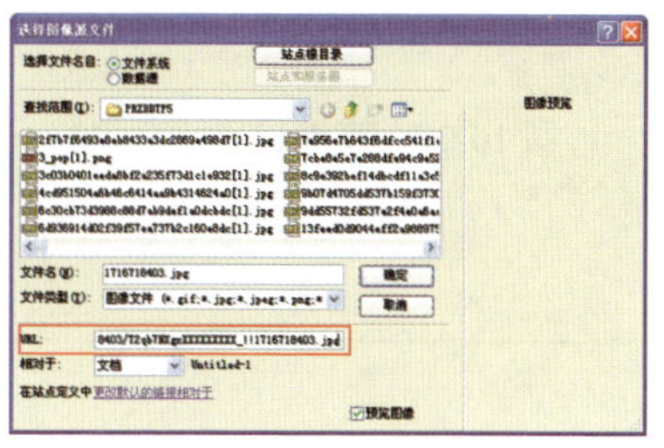

图 10-22　选择图片

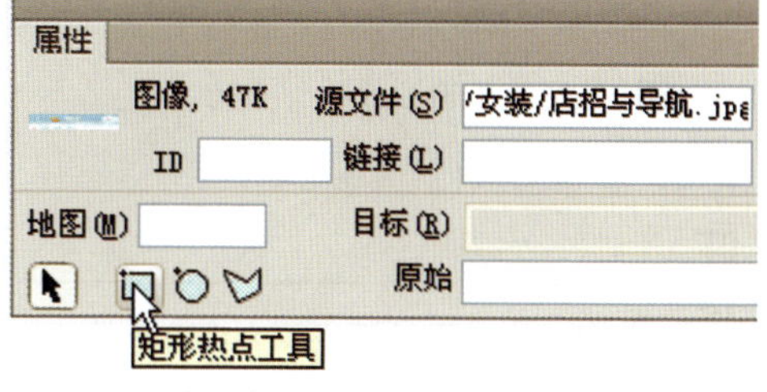

图 10-23　单击按钮

03 在图像上绘制热点区域，如图 10-24 所示。

图 10-24　绘制热点区域

04 在“属性”面板中单击“指针热点工具”按钮，选择不同的热点区域，在“属性”面板的“链接”文本框中添加链接网址，如图 10-25 所示。

图 10-25　添加链接网址

05 设置所有热点区域的链接后单击“代码”按钮，如图 10-26 所示。

06 切换至“代码”编辑模式，查看中间的代码，如图 10-27 所示，。

图 10-26　单击“代码”按钮

图 10-27　查看代码

上图代码中选中的区域即为后面店铺装修所需的代码。

07 执行“文件”|“保存”命令，将其保存为 html 格式的文件，以便后面店铺装修使用。

10.2.2 页头背景

根据上一节的店招与导航设置，快速制作出与其融合统一的页头背景。

01 新建一个空白文档，设置文档的大小为 1440 × 150 像素，如图 10-28 所示。

02 按 Ctrl+O 快捷键打开上一节制作的“店招与导航.psd”文档，选择“蓝天”图层，将其拖动到“页头背景”文档中，如图 10-29 所示。

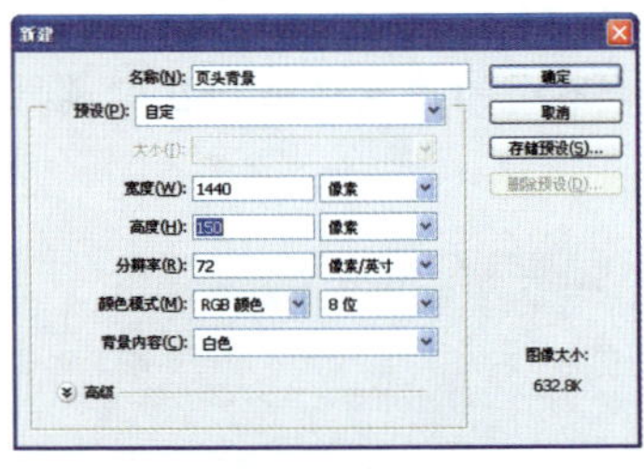

图 10-28　新建文档

图 10-29　拖动

03 按 Ctrl+T 快捷键将背景拖长与文档大小一致，如图 10-30 所示。

04 切换到“店招与导航”文档，选择云朵图层，将其拖动到“店招与导航”文档中并调整

位置，最终效果如图 10-31 所示。

图 10-30　拖长背景

图 10-31　最终效果

10.2.3 宽屏海报

在前面的设计理论中讲到本章的女装店铺会用到宽屏海报轮播，本小节将学习宽屏海报的制作，如图 10-32 所示为其中一幅海报效果图。

图 10-32　海报图

01 运行 photoshop，按 Ctrl+O 快捷键打开一张素材图片，如图 10-33 所示。

02 使用椭圆工具，按住 Shift 键绘制正圆，然后单击鼠标右键，执行“描边”命令，如图 10-34 所示。

图 10-33　打开素材图片

图 10-34　执行“描边”命令

03 弹出“描边”对话框，设置宽度参数为 5 像素，如图 10-35 所示。

04 单击“确定”按钮，此时的图像效果如图 10-36 所示。

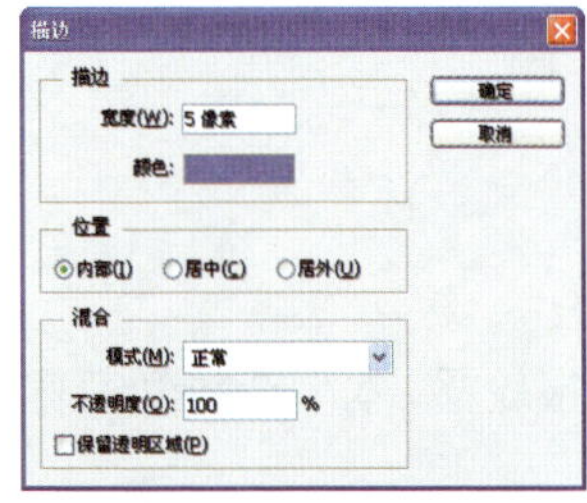

图 10-35　设置宽度

图 10-36　图像效果

05 使用矩形选框工具，将图像中的部分区域删除，如图 10-37 所示。

06 使用“自定形状”工具在舞台中绘制箭头图形，并调整角度及位置，如图 10-38 所示。

图 10-37　删除部分区域

图 10-38　绘制箭头

07 选择“文本”工具，在舞台中输入文本，并分别调整文字的大小，如图 10-39 所示。

08 继续输入文本，调整文本的位置，如图 10-40 所示。

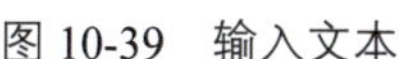
图 10-39　输入文本

图 10-40　调整文本的位置

09 选择圆角矩形工具，绘制圆角矩形，如图 10-41 所示。

10 选择“文本”工具，输入文本，并使用“自定形状”工具绘制图形，即可完成海报的制作。用户在制作的过程中可以根据需要调整图像大小，最终效果如图 10-42 所示。

图 10-41　绘制圆角矩形

图 10-42　最终效果

11 根据自己的轮播图片数量，制作另外两张海报图，效果如图 10-43 所示。

图 10-43　其他海报效果

12 最后将图片保存为 JPEG 格式的文件。

10.2.4 优惠信息

优惠信息一般放在海报图下，除了展示特价商品、还可以添加一些商品保证信息，如图 10-44 所示为效果图。

图 10-44　优惠信息效果图

01 新建一个宽度为 950 像素、高度为 500 像素的空白文档，如图 10-45 所示。

02 新建图层，选择“矩形选框”工具绘制选区，并填充颜色，如图 10-46 所示。

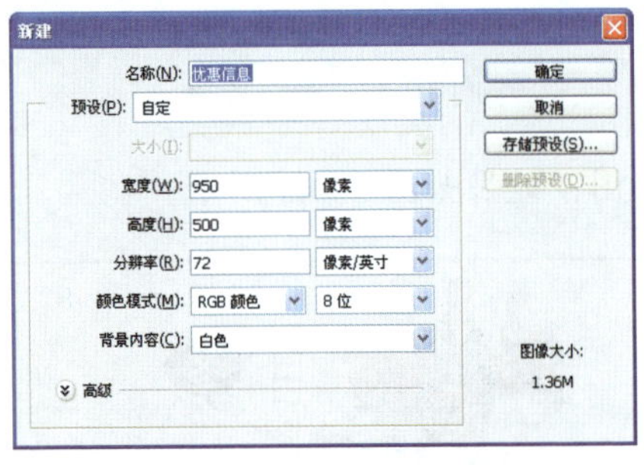

图 10-45　新建

图 10-46　绘制选区并填充颜色

03 选择矩形选框工具，创建选区，按 Delete 键删除选区图像，如图 10-47 所示。

04 选择“椭圆”工具，绘制白色的椭圆，并按住 Alt 键快速复制多个，如图 10-48 所示。

05 使用“油漆桶”工具分别为不同的区域填充颜色，如图 10-49 所示。

图 10-47　删除图像

图 10-48　绘制椭圆并复制多个

06 新建图层，使用“矩形选框”工具绘制选区，并填充颜色，如图 10-50 所示。

图 10-49　填充颜色

图 10-50　绘制选区并填充颜色

07 用同样的方法，为选区周围添加椭圆的边框，如图 10-51 所示。

08 新建图层，使用“矩形选框”工具绘制选区并填充白色，如图 10-52 所示。

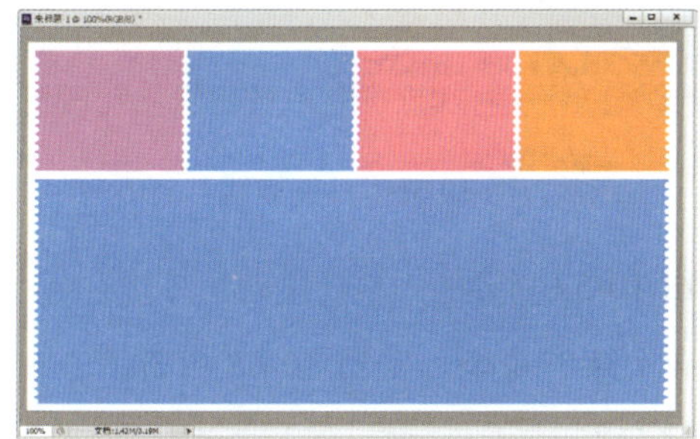

图 10-51　添加椭圆边框

图 10-52　绘制选区并填色

09 在“图层”面板中设置该图层的不透明度参数为60%，如图10-53所示。此时的图像效果如图10-54所示。

图10-53 设置不透明度

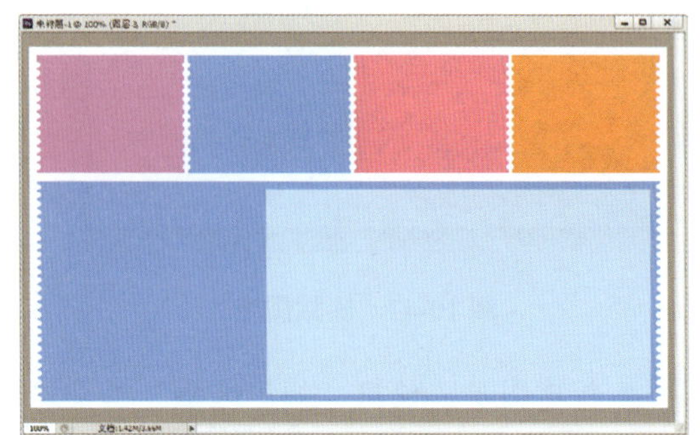

图10-54 图像效果

10 将宝贝素材拖入到文档中，并分别裁剪成合适的大小，如图10-55所示。

11 使用“直线”工具，在工具选项栏中设置虚线，然后在舞台中绘制虚线，如图10-56所示。

图10-55 添加宝贝素材

图10-56 绘制虚线

12 使用“文本”工具，在舞台中输入文本，如图10-57所示。

13 选择文字图层，单击鼠标右键，执行“栅格化文字”命令，如图10-58所示。

14 使用矩形选框工具，绘制选区，然后执行“选择”|“变换选区|命令，旋转选区，如图10-59所示。

图 10-57　输入文本

图 10-58　执行“栅格化文字”命令

15 按 Enter 键确认变换，按 Delete 键将其删除，如图 10-60 所示。

图 10-59　旋转选区

图 10-60　删除

16 选择文本工具，输入文本，如图 10-61 所示。

17 用同样的方法，输入其他文本，如图 10-62 所示。

图 10-61　输入文本

图 10-62　输入其他文本

18 新建图层，选择“矩形选框”工具绘制选区，并填充白色，在“图层”面板中修改不透明度参数为 70，效果如图 10-63 所示。

19 新建图层，将其移到到下一层。使用“钢笔”工具，绘制三角形路径，并按 Ctrl+Enter 快捷键将路径转换为选区，并填充白色，效果如图 10-64 所示。

图 10-63 修改不透明度

图 10-64 效果

20 将两个图层的图像选中，按 Alt 键不放的同时拖动鼠标，快速复制到其他位置，如图 10-65 所示。

21 使用“文本”工具输入文本后添加自定形状，最终效果如图 10-66 所示。

图 10-65 快速复制

图 10-66 最终效果

22 将其保存为 JPEG 图片并上传到图片空间。最后在 Dreamweaver 中生成代码即可。

10.2.5 宝贝模块设计

宝贝模块是按分类展示宝贝的模块，一般情况下占用很长的页面，这里为了方便展示效果，只制作整个宝贝模块中的一部分，如图 10-67 所示为效果图。

图 10-67　效果图

1. 宝贝模块制作

01 新建空白文档，设置宽度和高度参数分别为 950 × 600 像素，如图 10-68 所示。

02 使用“矩形选框”工具，绘制选区并填充颜色，如图 10-69 所示。

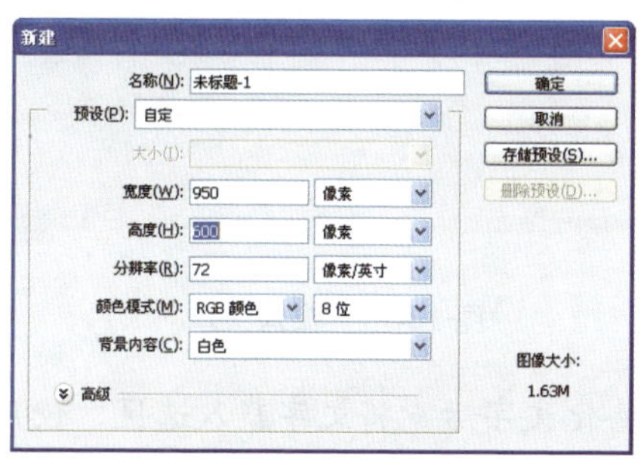

图 10-68　新建

图 10-69　绘制选区并填色

03 使用椭圆选框工具，创建椭圆选区，如图 10-70 所示。

04 按 Delete 键删除选区图像，然后使用“矩形选框”工具，创建矩形选区，然后删除选区图像，如图 10-71 所示。

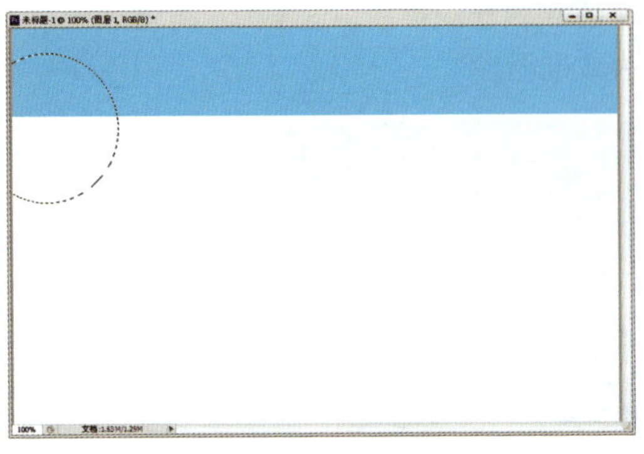

图 10-70　创建椭圆选区

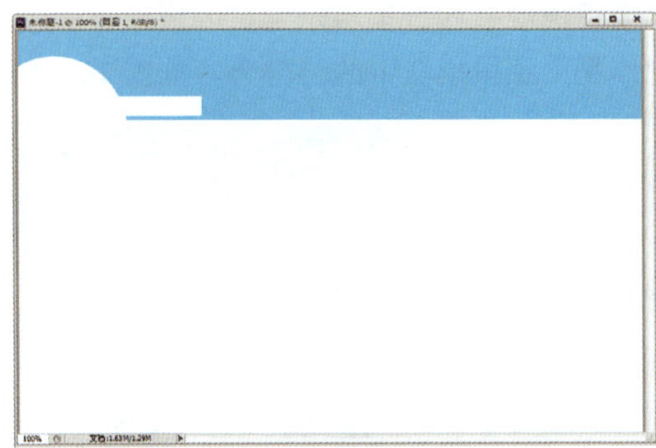

图 10-71　删除选区图像

05 选择“文本”工具，输入文本，如图 10-72 所示。

06 选择文本工具，输入文本“!”，如图 10-73 所示。

图 10-72　输入文本

图 10-73　输入文本

07 按 Ctrl+T 快捷键旋转文字。在图层面板中栅格化文字后，将文字载入选区，使用“矩形选框”工具，按住 Alt 键减去选区，为选区填充蓝色，如图 10-74 所示。

08 新建图层，使用“矩形选框”工具绘制选区，然后单击鼠标右键，执行“描边”命令，设置描边颜色为灰色，如图 10-75 所示。

图 10-74　填充

图 10-75　描边

09 将宝贝素材打开后拖动到宝贝模块的文档中，并裁剪大小，如图 10-76 所示。

10 用同样的方法，添加其他宝贝图到“宝贝模块”文档中，如图 10-77 所示。

图 10-76　添加素材并裁剪大小

图 10-77　添加其他宝贝图

11 选择“矩形选框”工具，绘制选区，并填充颜色，如图 10-78 所示。

12 选择“文本”工具，输入文本，如图 10-79 所示。

图 10-78　绘制选区并填色

图 10-79　输入文本

13 选择这两个图层，按住 Alt 键不放的同时快速复制出多个，最终效果如图 10-80 所示。

14 可以用同样的方法制作其他的宝贝模块，如图 10-81 所示。也可以制作完整的模块后对其进行切片。

图 10-80　最终效果

图 10-81　其他宝贝模块

2. 切片与导出

01 制作完成后，选择“切片”工具将图像进行切片，如图 10-82 所示。

02 执行“文件”|“存储为 Web 所用格式”命令，在弹出的对话框中单击“存储”按钮，如图 10-83 所示。

图 10-82　切片

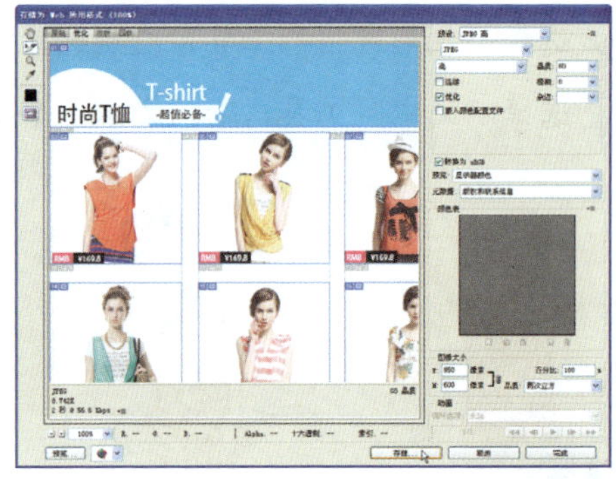

图 10-83　单击“存储”按钮

03 在弹出的对话框中设置格式为“HTML 和图像”，如图 10-84 所示。

04 单击“保存”按钮。打开存储的路径，将 images 文件夹中的图像上传到图片空间中。

05 选择 html 格式的文件，单击鼠标右键，执行“用记事本打开”命令，如图 10-85 所示。

图 10-84　设置格式

图 10-85　执行“用记事本打开”命令

06 打开代码后，将图像路径修改为上传到图片空间后的图像路径。

07 执行“文件”|“保存”命令，保存修改。

10.2.6 页尾制作

页尾也是店铺装修中需要重要对待的模块，做到首尾相应才能完成整个店铺的装修，如图 10-86 所示为页尾制作的效果。

图 10-86　页尾制作效果

01 运行 Photoshop，新建空白文档，设置文档大小为 950 × 200 像素，如图 10-87 所示。

02 按 Ctrl+A 快捷键全选文档，执行“编辑”|“描边”命令，弹出“描边”对话框，设置“宽度”为 1 像素，颜色为灰色，位置为“内部”，如图 10-88 所示。

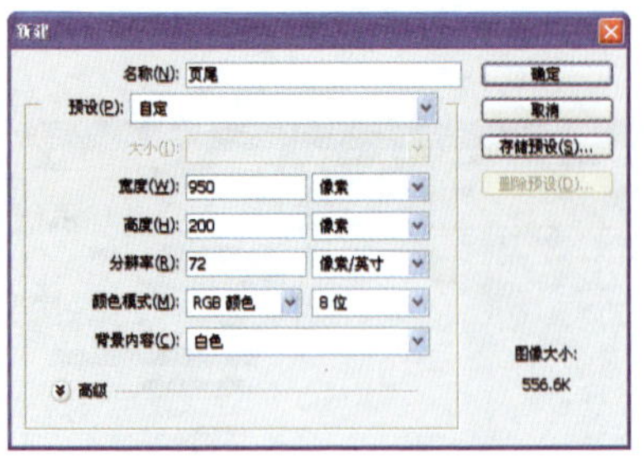

图 10-87 新建空白文档

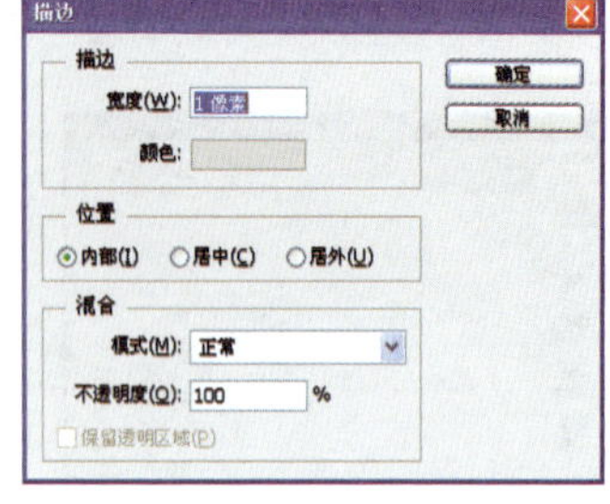

图 10-88 设置描边参数

03 新建图层，选择“矩形选框”工具绘制选区，并填充蓝色，如图 10-89 所示。

04 选择“自定形状”工具，绘制图形，如图 10-90 所示。

图 10-89 绘制选区并填色

图 10-90 绘制图形

05 使用“直接选择”工具将图形进行细微调整，如图 10-91 所示。

06 选择“文本”工具，输入文本，如图 10-92 所示。

图 10-91 细微调整

图 10-92 输入文本

07 选择“文本”工具继续输入文本，如图 10-93 所示。

08 新建图层，使用矩形选框工具绘制矩形选区，为其填充白色，如图 10-94 所示。

图 10-93　输入文本

图 10-94　绘制选区并填色

09 使用“多边形套索”工具，将矩形的右下角选中，如图 10-95 所示，并将其删除。

10 新建图层，绘制蓝色的矩形，并在“图层”面板中降低该图层的不透明度，效果如图 10-96 所示。

图 10-95　选中图像

图 10-96　效果

11 选中“文本”工具在舞台中输入文本，并使用“直线”工具绘制直线，如图 10-97 所示。

12 选择“直线”工具，设置颜色为灰色，绘制多个线条，如图 10-98 所示。

图 10-97　绘制直线

图 10-98　绘制线条

13 输入文字并添加图标，完成页尾制作，效果如图 10-99 所示。

14 用前面章节中所述方法对制作完成的图像进行切片或设置热点，并将代码保存，便于店铺后面的装修使用。

图 10-99　完成效果

10.3 装修店铺

模块设计并制作完成后，将其装修到店铺中就能大功告成了，本节将学习将模块装修到店铺中。

10.3.1 整体装修

首先需要对店铺进行整体的装修，下面来学习操作方法。

01 进入“店铺装修”页面，单击“装修”下的“样式管理”选项，如图 10-100 所示。

02 在跳转的页面中，选择“天蓝色”样式，如图 10-101 所示。

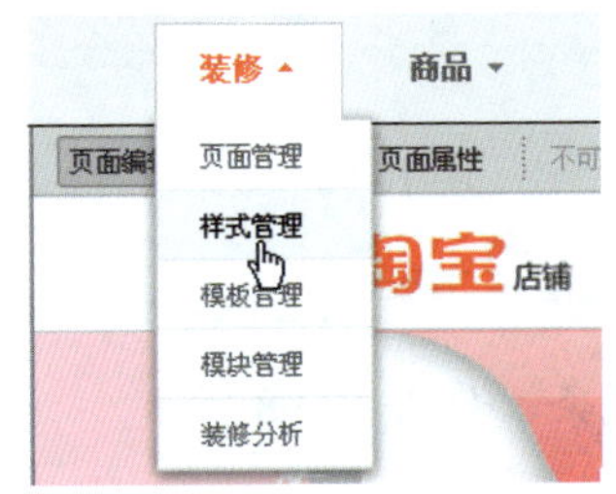

图 10-100 单击“样式管理”选项

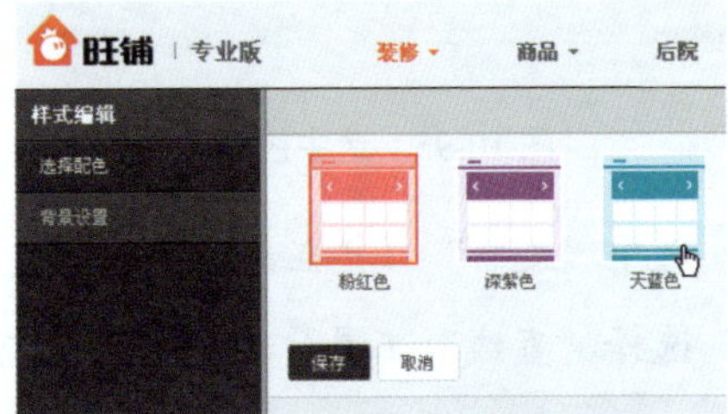

图 10-101 选择样式

03 切换样式后的界面改变为蓝色，单击“保存”按钮，如图 10-102 所示。

04 单击左侧样式编辑下的“背景设置”选项，如图 10-103 所示。

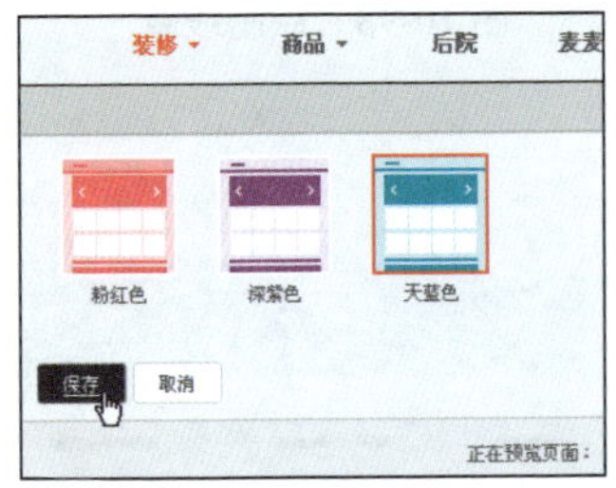

图 10-102 单击“保存”按钮

图 10-103 单击

05 在“页头设置”选项卡中，单击“更换图片”按钮，如图 10-104 所示。

06 在弹出的对话框中选择前面制作的页头背景，如图 10-105 所示。

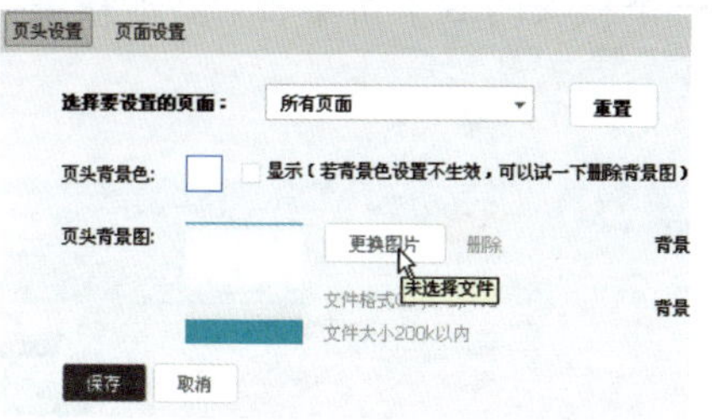

图 10-104　单击“更换图片”按钮

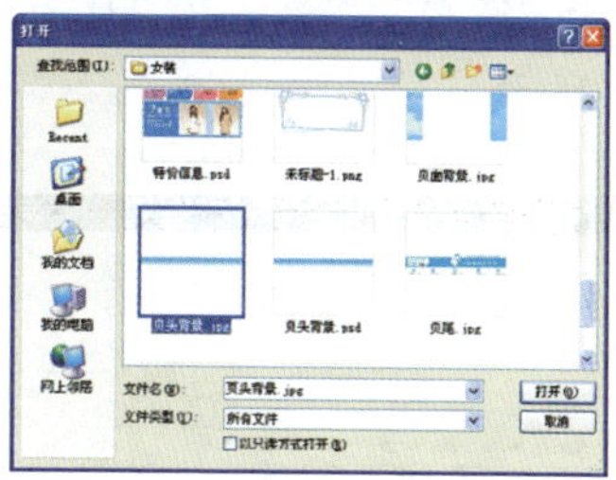

图 10-105　选择

07 单击“打开”按钮，更换页头背景后单击“页面背景”按钮，如图 10-106 所示。

08 用同样的方法，打开页面背景，单击“平铺”和“居中”按钮，如图 10-107 所示。

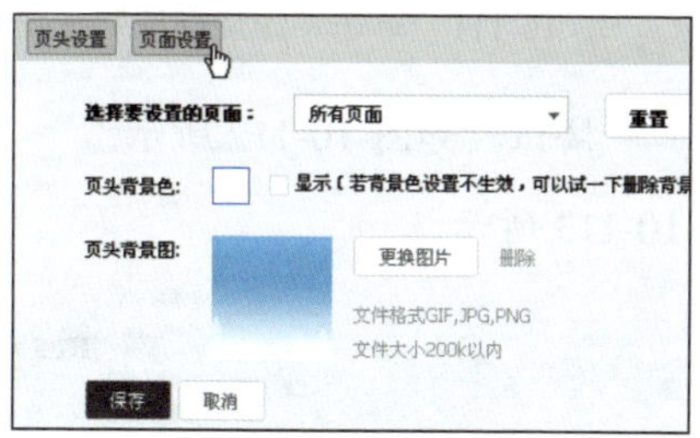

图 10-106　单击“页面背景”按钮

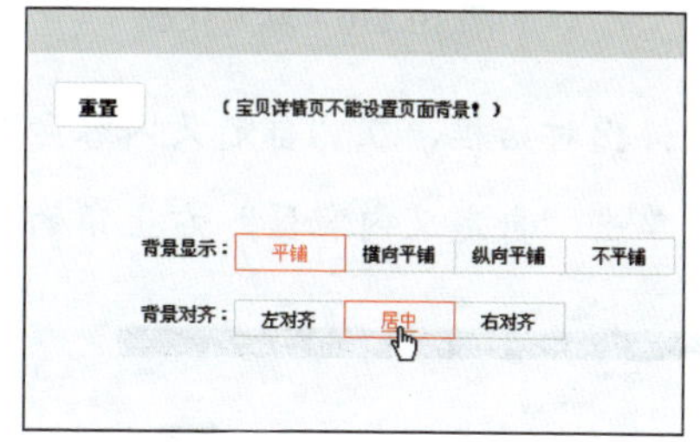

图 10-107　单击

09 单击“保存”按钮后单击“装修”下拉菜单中的“页面管理”选项，如图 10-108 所示。

10 在店招模块的右上角单击“编辑”按钮，如图 10-109 所示。

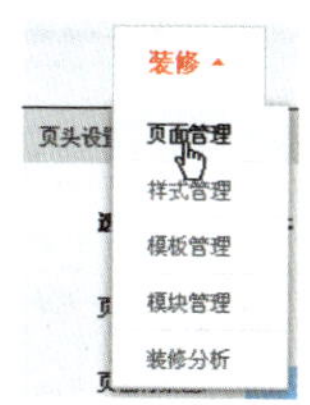

图 10-108　单击

图 10-109　单击“编辑”按钮

11 在弹出的对话框中单击“源码”图标，将所有的代码删除，并粘贴 10.2.1 小节中中生成的代码，如图 10-110 所示。

12 单击“保存”按钮。在“页头区域”下的任意一个模块的右下角单击“添加模块”按钮，如图 10-111 所示。

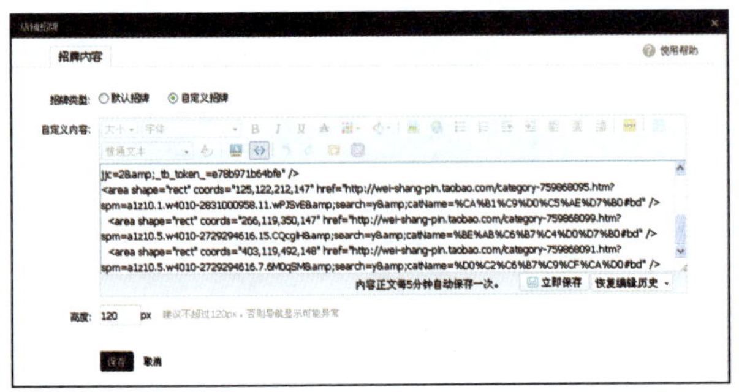

图 10-110　粘贴代码

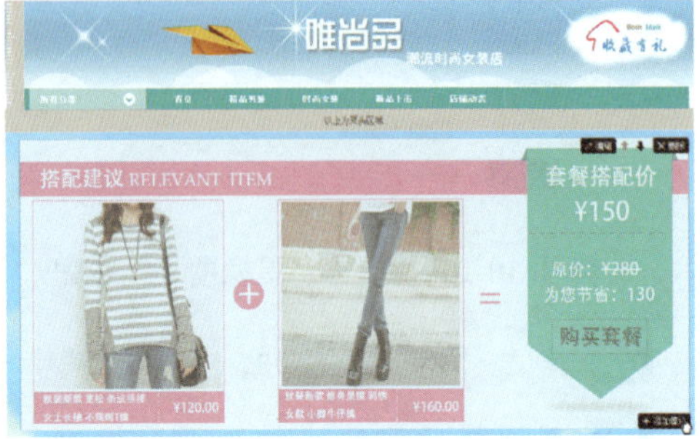

图 10-111　单击“添加模块”按钮

13 弹出对话框，在“自定义内容区”后单击“添加”按钮，如图 10-112 所示。

14 单击“自定义内容区”右上角的上箭头，如图 10-113 所示。

图 10-112　单击“添加”按钮

图 10-113　单击

15 向上移动模块，然后单击模块右上角的“编辑”按钮，如图 10-114 所示。

16 单击“源码”按钮，在文本区域中粘贴图像轮播代码，单击“确定”按钮。

17 再次添加“自定义内容区”模块，将 10.2.4 小节中生成的代码粘贴到“源码”模式下的

文本区域中，单击“确定”按钮。

18 用同样的方法添加自定义内容区，并将制作好的套餐搭配代码粘贴到“源码”编模式下的文本区域中，效果如图 10-115 所示。

图 10-114　单击“编辑”按钮

图 10-115　效果

19 最后在自定义内容区粘贴宝贝模块的源码，退出“源码”模式，选择图片，单击“编辑”按钮，如图 10-116 所示。

20 在打开的对话框“链接网址”中粘贴该宝贝的详情页网址，如图 10-117 所示。

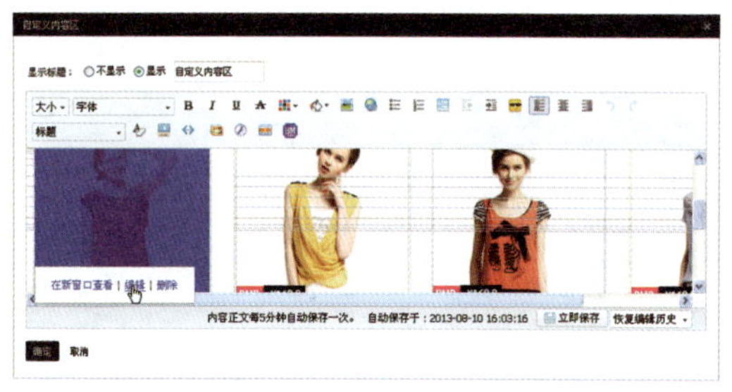

图 10-116　单击“编辑”按钮

图 10-117　链接网址

21 用同样的方法，为其他图片设置其链接网址即可。

22 最后将页尾装修到店铺中就大公告成了。

10.3.2 细节装修

细节装修包括了店铺收藏、分类导航、客服中心等一系列的模块装修。这些模块内容可以是网络中下载的素材，也可以是制作的图像图片、代码等文件，如图 10-118 所示为本章中对女店装修所设计的其他模块。用户可以根据前面章节所讲内容进行制作。

图 10-118 其他模块

第 11 章 炫酷品味男装店

本章将学习炫酷品味男装店的装修。这是完全不同于女装店铺的装修风格，在男装店铺装修中并不需要添加过多装饰，简洁的店铺装修不仅能给人一种高端品质的感觉，还比较符合男士的购物心理。

11.1 装修的前期准备

不论是何种店铺的装修，前期准备工作都必不可少，如能对店铺的装修做到成竹在胸，那么达到事半功倍的效果便不难。

11.1.1 设计理念

男装店铺的装修不同于女装店铺，男士购物往往讲究方便、快捷、简洁、大气，因此在装修风格上应有意识地循序这些原则。

适合男生消费者的设计则多以线条和冷色调为主，主要突出炫酷和简约。

11.1.2 装修素材

不管你的店铺经营什么，装修店铺时都需要准备大量素材。除了宝贝照片外，我们要考虑到店铺装修的海报、背景、图标等一系列的装修问题。下面讲解本章中男装店铺装修需要用到的素材。

1. 海报背景素材

海报的制作是为了更好地宣传店铺活动等信息，有些宝贝拍摄图可以直接拿来做海报图，我们只需添加一些文字信息就可以了。但是，在一些宝贝的背景过于单调，或者过于杂乱的情况下，我们就需要为海报添加一个合适的背景，如图 11-1 所示为本章中所需要用到的海报背景素材。

图 11-1　海报背景素材

2. 手机店铺二维码

我们经常看到店铺的手机或微信二维码挂在主页醒目的位置，这是为了方便用户通过手机扫描进入店铺。本章中也会用到手机店铺的二维码，下面来学习如何获取自己店铺的二维码。

01 进入卖家中心后，单击“手机淘宝店铺”链接，如图 11-2 所示。

02 进入“手机淘宝店铺”页面，在营销推广分类中单击“二维码设置后台”链接，如图 11-3 所示。

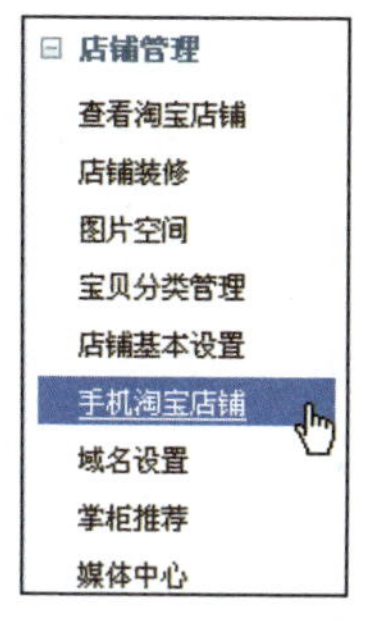

图 11-2　单击“手机淘宝店铺”链接

图 11-3　单击“二维码设置后台”链接

03 在打开的网页中，单击“生成二维码”按钮，如图 11-4 所示。

04 在该页面的右侧即显示了生成的二维码，如图 11-5 所示。

05 单击“下载”按钮，可将二维码以 PNG 格式的图片保存下来。

图 11-4　单击“生成二维码”按钮

图 11-5　生成二维码

11.1.3 装修效果预览

本章学习装修的男装店铺是以深蓝色调为主，以灰色为背景。下面先对装修效果进行预览，如图 11-6 所示。

图 11-6 装修效果

11.2 模块设计与制作

装修的核心就是对模块的设计，将设计好的模块制作出来是网店装修环节中必不可少的。

11.2.1 背景制作

本小节将学习男装店铺中的背景制作。

01 运行 Photoshop，按 Ctrl+N 快捷键打开“新建”对话框，设置参数，如图 11-7 所示。

02 设置前景色为浅灰色（# f0f0f0），按 ALT+Delete 快捷键填充前景色，如图 11-8 所示。

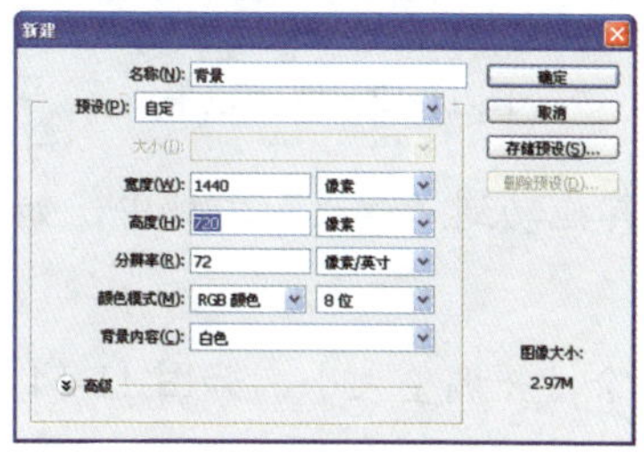

图 11-7　设置参数

图 11-8　填色

03 选择“矩形”工具，在工具选项栏中单击如图 11-9 所示的图标，然后单击“固定大小”单选按钮，设置宽高比为 980 × 720 像素。

04 在舞台中绘制矩形，然后在“图层”面板中选择两个图层，执行“图层”|“对齐”|“水平居中”命令，此时的图像效果如图 11-10 所示。

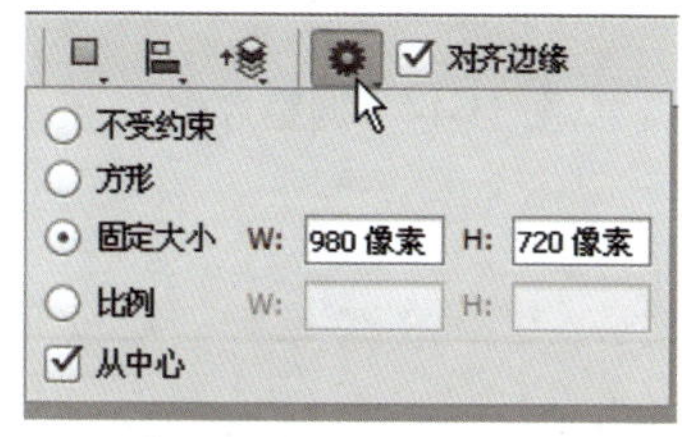

图 11-9　单击图标

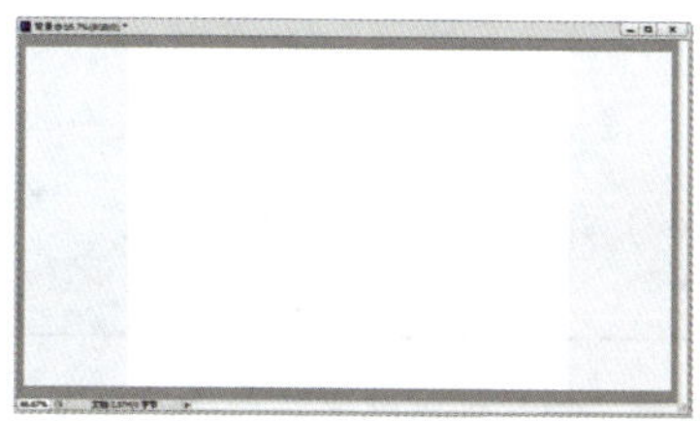

图 11-10　图像效果

05 在矩形所在图层双击鼠标，打开“图层样式”对话框，选择“阴影”选项，设置角度为90，如图 11-11 所示。

06 单击“确定”按钮，此时的图像效果如图 11-12 所示。

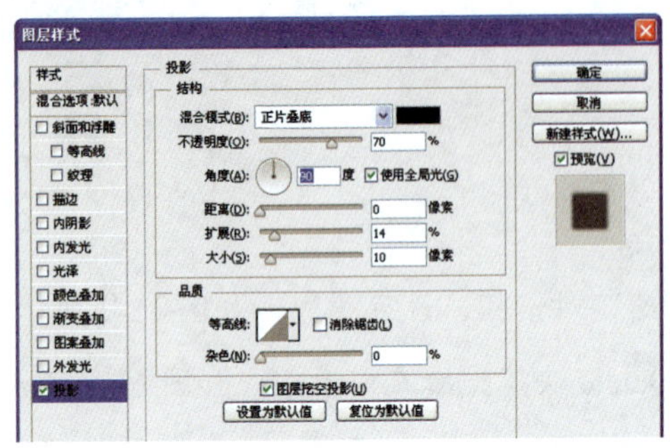

图 11-11　设置“阴影”

图 11-12　图像效果

07 按 Ctrl+O 快捷键打开的手机店铺二维码图，将其拖动到“背景”文档中，如图 11-13 所示。

08 使用“矩形选框”工具将不需要的部分选中并删除，并调整大小，如图 11-14 所示。

图 11-13　拖动

图 11-14　调整大小

店铺二维码可以改变其颜色，或在中间空白区域可以添加图片。

09 新建图层，将其调整到下一层。绘制白色的矩形，如图 11-15 所示。

10 使用矩形选框工具绘制选区，然后执行“选择”|“变换选区”命令，此时选区出现定界框，单击鼠标右键，执行“斜切”命令，调整选区的形状，如图 11-16 所示。按 Enter 键确认变形。

图 11-15　绘制白色矩形

图 11-16　调整选区

11 新建图层，将其移到到下一图层，在工具箱中选择“渐变”工具，拖出黑色到灰色的渐变，然后调整位置，如图 11-17 所示。

12 选择“文本”工具，在舞台中输入文本，如图 11-18 所示。

图 11-17　调整位置

图 11-18　输入文本

在“图层”面板中将相互关联的图层链接，可同时对多个图层进行位置的调整。

13 继续使用文本工具在舞台中输入文本，如图 11-19 所示。

14 选择“椭圆选框”工具绘制正圆选区，并填充黑色。然后使用“自定形状”工具绘制白色的三角形，并调整其角度，最后效果如图 11-20 所示。

图 11-19　输入文本

图 11-20　最后效果

15 将图像保存为 JPEG 格式的位置，然后上传的到淘宝店铺的图片空间中。

11.2.2 店招制作

下面来学习男装店铺中的店招，效果如图 11-21 所示。

图 11-21　店招效果

01 按 Ctrl+N 快捷键打开“新建”对话框，设置参数，如图 11-22 所示。

02 单击“确定”按钮。设置前景色为#143C70 深蓝色，按 ALT+Delete 快捷键填充前景色，如图 11-23 所示。

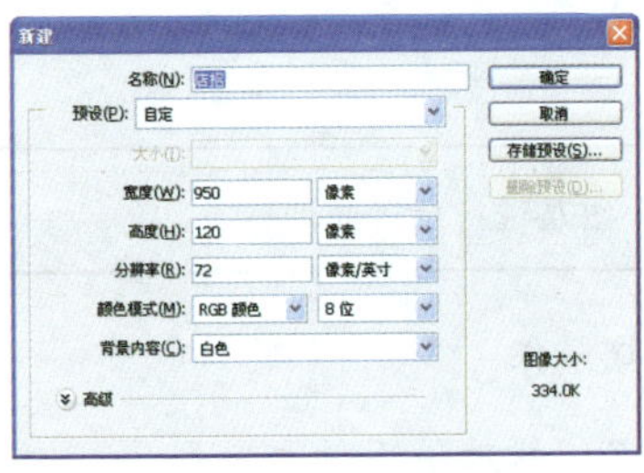

图 11-22　设置参数

图 11-23　填色

03 选择“文本”工具输入文本，并根据实际情况来修改大小，如图 11-24 所示。

04 使用“矩形选框”工具绘制矩形选区，并填充红色#ee0427。然后使用“文本”工具输入文本，如图 11-25 所示。

图 11-24　输入文本

图 11-25　输入文本

05 选择文本工具，在工具选项栏中设置“消除锯齿的方法”为无，然后在舞台中输入文本，如图 11-26 所示。

06 在工具箱中选择“自定形状”工具，在选项栏中选择形状并在舞台中绘制图形，如图 11-27 所示。

图 11-26　输入文本

图 11-27　绘制图形

07 选择“自定形状”工具，绘制图形并进行垂直翻转，如图 11-28 所示。

图 11-28　绘制图形

08 在“图层”面板中双击该图层，在弹出的对话框中选择“阴影”选项，并设置角度为 90 度，如图 11-29 所示。

09 单击“确定”按钮。新建图层，使用“椭圆选框”工具绘制椭圆选区，并填充蓝色，如图 11-30 所示。

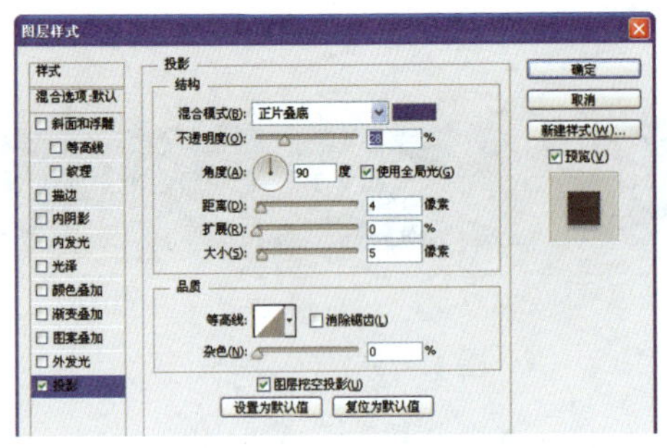

图 11-29 设置“阴影”

图 11-30 绘制选区并填色

10 选择“文本”工具输入文本，如图 11-31 所示。

11 继续使用“文本”工具，输入文本并修改文本颜色，如图 11-32 所示。

图 11-31 输入文本

图 11-32 输入文本

11.2.3 页头背景

页头背景的高度大小为 150 像素，制作的页头背景要与店招衔接，页头背景为矩形条。因此，在制作时，将矩形条上半部分的 120 像素填充为与店招相同的蓝色，将下半部分的 30 像素填充为黑色即可，如图 11-33 所示为页头背景的最终效果图。

图 11-33 页头背景

11.2.4 海报制作

男装店铺的海报不用过于花哨，能突出主题并简约大气就行，如所图 11-34 示为效果图。

图 11-34　效果图

01 运行 Photoshop，按 Ctrl+N 快捷键新建空白文档，设置参数，如图 11-35 所示。

02 按 Ctrl+O 快捷键打开一张素材，将其拖动到“海报”文档中，如图 11-36 所示。

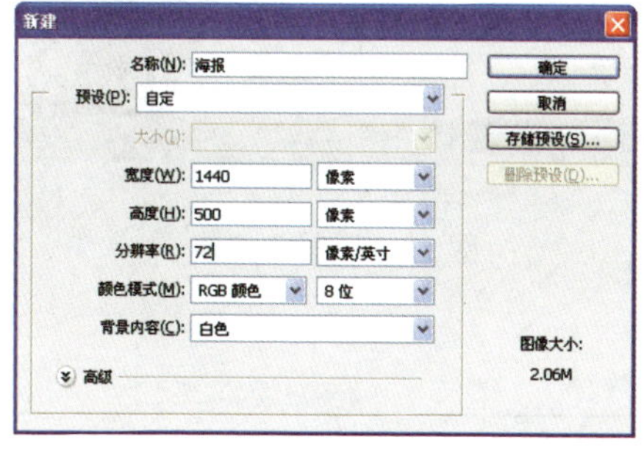

图 11-35　新建

图 11-36　添加素材

03 将人物素材打开并添加到“海报”文档中，如图 11-37 所示。

04 在“图层”面板中双击人物图层，打开“图层样式”对话框，按住 Alt 键单击本图层的白色滑块，将它们分开，然后将左半边的白色滑块向左拖动，如图 11-38 所示。

图 11-37　添加人物素材

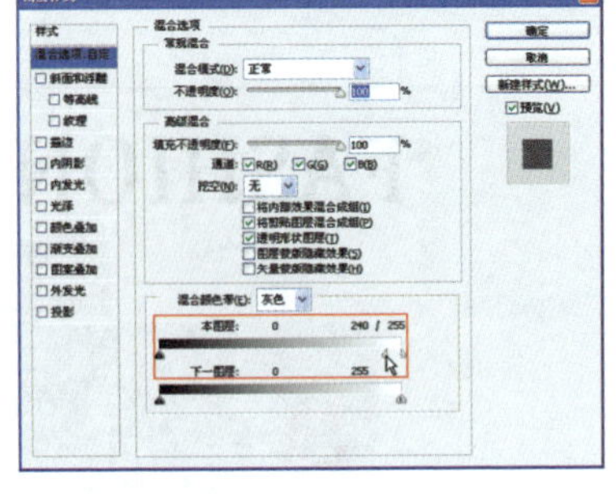

图 11-38　“图层样式”对话框

05 单击“确定”按钮，此时的图像效果如图 11-39 所示。

06 使用文本工具，设置字体及大小后输入文本，如图 11-40 所示。

图 11-39　图像效果

图 11-40　输入文本

旺旺提示

这里是使用的颜色混合带进行的快速抠图。

07 使用“矩形”工具绘制矩形，然后使用“钢笔”工具绘制三角形。使用“文本”工具输入文本，如图 11-41 所示。

08 使用“矩形选框”工具绘制矩形选区，并填充颜色，然后使用“钢笔”工具绘制三角路径，按 Ctrl+Enter 快捷键将路径转换为选区，并按 Delete 键删除选区的图像，如图 11-42 所示。

图 11-41　输入文本

图 11-42　绘制图形

09 在“图层”面板中设置图层的不透明度参数为 70%，如图 11-43 所示。

10 选择“文本”工具输入文本，并使用“直线”工具绘制直线，如图 11-44 所示为海报的最终效果。

图 11-43　设置图层的不透明度参数

图 11-44　最终海报效果

11.2.5 宝贝分类制作

宝贝分类是为了方便买家查找宝贝的模块，在制作宝贝分类时要符合店铺的整体风格，又要方便实用，如图 11-45 所示为宝贝分类效果图。

图 11-45　宝贝分类效果图

01 运行 Photoshop，按 Ctrl+N 快捷键，弹出“新建”对话框，设置新建文档参数，如图 11-46 所示。

02 设置前景色为浅蓝色（#7a8fab），按 Alt+Delete 快捷键填充前景色，如图 11-47 所示。

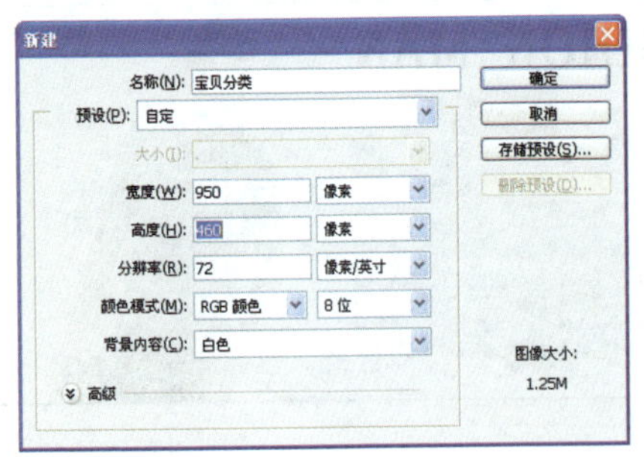

图 11-46　设置文档参数

图 11-47　填充前景色

03 新建图层，绘制矩形选区，选择渐变工具，在工具选项栏中设置渐变颜色从#679ebd 到#4f7f96,，并单击“径向渐变”按钮，然后在选区内拖动鼠标，填充渐变，效果如图 11-48 所示。

04 按住 Alt 键快速复制图形，并将其调整到合适的位置，如图 11-49 所示。

05 打开素材，将其拖动到文档中并分别裁剪大小，如图 11-50 所示。

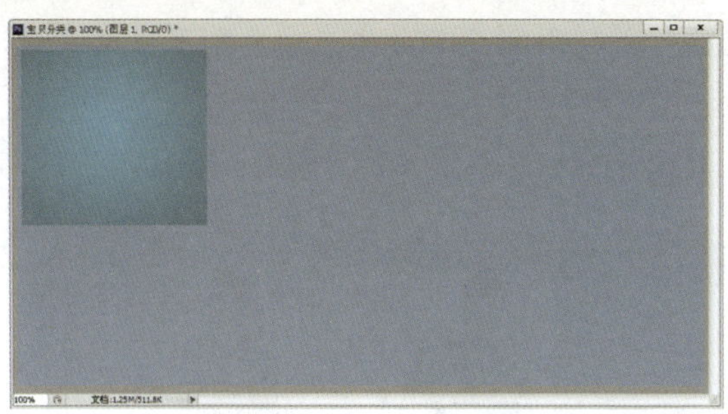

图 11-48　填充渐变

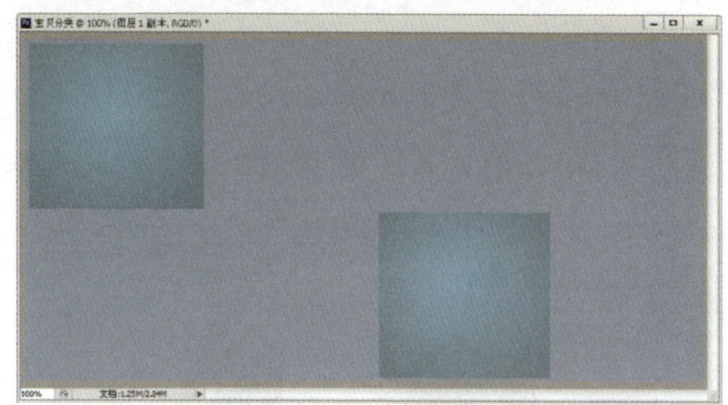

图 11-49　快速复制

06 选择“文本”工具，设置颜色为深蓝色，输入文本，如图 11-51 所示。

图 11-50　添加素材

图 11-51　输入文本

07 按 Ctrl+J 快捷键快速复制文本图层，并修改文字颜色为白色，如图 11-52 所示。

08 继续使用“文本”工具输入文本，如图 11-53 所示。

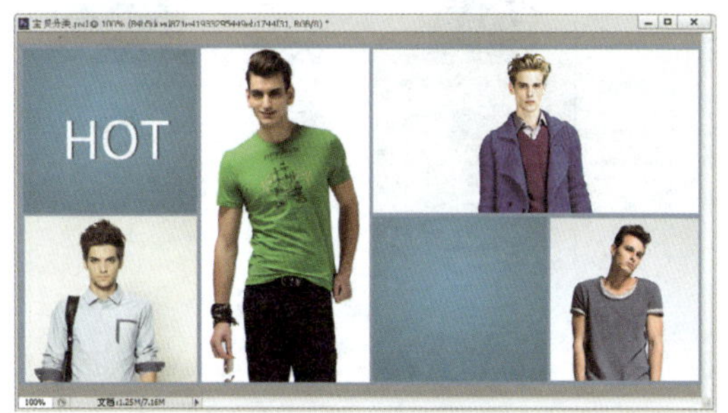

图 11-52　修改颜色

图 11-53　输入文本

09 新建图层，使用“矩形选框”工具绘制选区，并使用渐变工具填充白色到蓝色的渐变，最后将中间区域选中并删除，效果如图 11-54 所示。

10 用同样的方法，使用文本工具输入文本，如图 11-55 所示。

图 11-54 效果

图 11-55 输入文本

11 使用“自定形状”工具绘制三角形，并调整角度及位置，如图 11-56 所示为最终效果图。

11.2.6 宝贝模块

下面将学习宝贝模块的设计与制作，如图 11-57 所示为效果图。

图 11-56 最终效果图

图 11-57 宝贝模块效果图

01 运行 Photoshop，按 Ctrl+N 快捷键，弹出“新建”对话框，设置新建文档参数，如图 11-58 所示。

02 选择“矩形”工具，绘制矩形。按住 Alt 快速复制多个矩形，如图 11-59 所示。

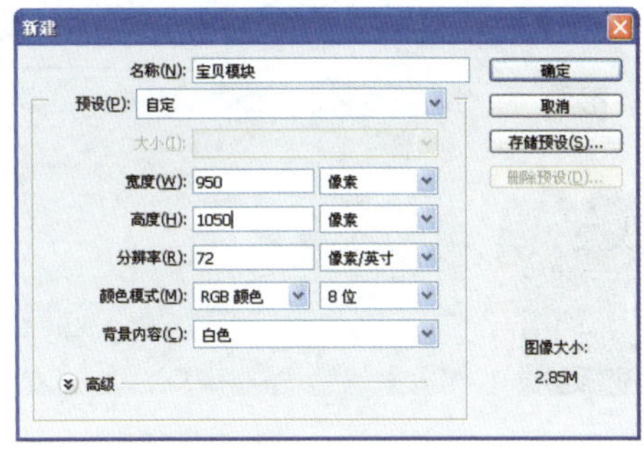

图 11-58　设置文档参数

图 11-59　绘制矩形

执行“图层”|“对齐”和“图层”|“分布”命令可以将矩形排列整齐。

03 使用“文本工具”输入文本，“自定形状”工具绘制图形，如图 11-60 所示。

04 打开一张宝贝素材，将其拖动到“宝贝模块”文档中，并调整图层到“矩形 1”图层的上方，如图 11-61 所示。

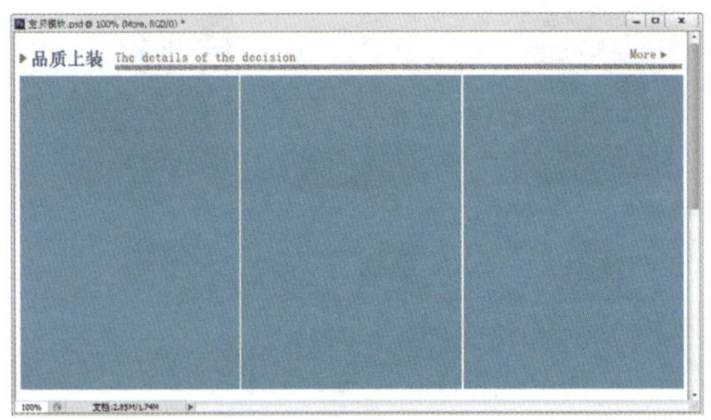

图 11-60　绘制图形

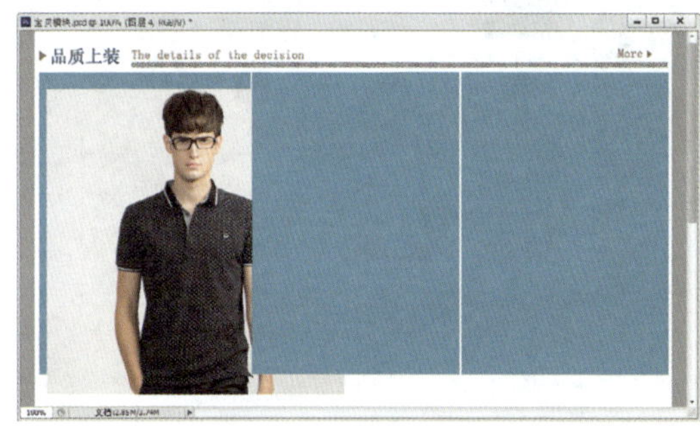

图 11-61　添加素材

05 在“图层”面板中选择该图层，按住 Ctrl+Alt 快捷键的同时单击图层，创建剪贴蒙版，如图 11-62 所示。

06 在舞台中调整素材大小及位置，如图 11-63 所示。

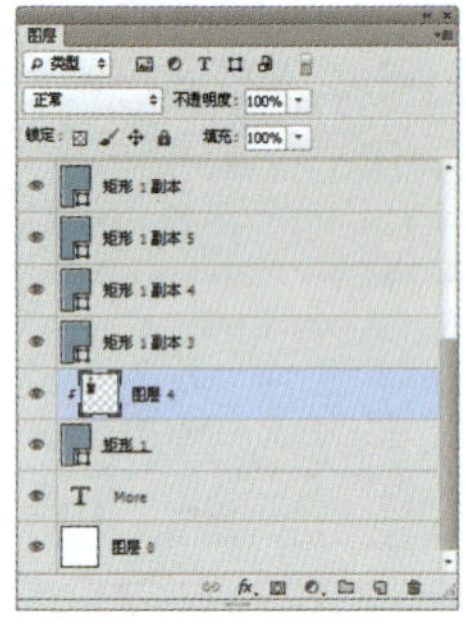

图 11-62　创建剪贴蒙版

图 11-63　调整素材

07 用同样的方法添加其他宝贝素材，如图 11-64 所示。

08 使用“矩形”工具及“自定形状”工具绘制图形，使用“文本”工具输入文本，如图 11-65 所示。

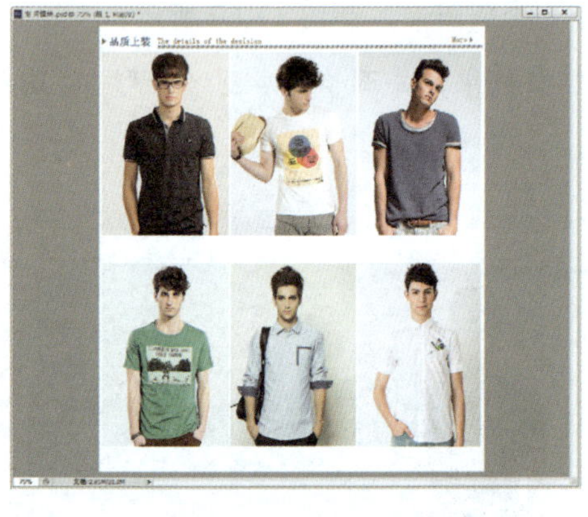

图 11-64　添加其他素材

图 11-65　输入文本

09 按住 Alt 键快速复制多个图层，并修改文字内容，如图 11-66 所示宝贝模块的最终效果。

图 11-66　最终效果

在制作好各模块后，按照前面章节所述方法添加热点或将模块切片，并将图片上传到店铺的图片空间中。

11.3 店铺装修

将店铺各模块进行设计与制作后，装修到店铺中就得心应手了。

11.3.1 整体装修

首先需要对店铺进行整体的装修，下面来学习操作方法。

01 进入“店铺装修”页面，单击“装修”下的“模板管理”选项，如图 11-67 所示。

02 在跳转的页面中，在左侧单击“系统模板”选项，如图 11-68 所示。

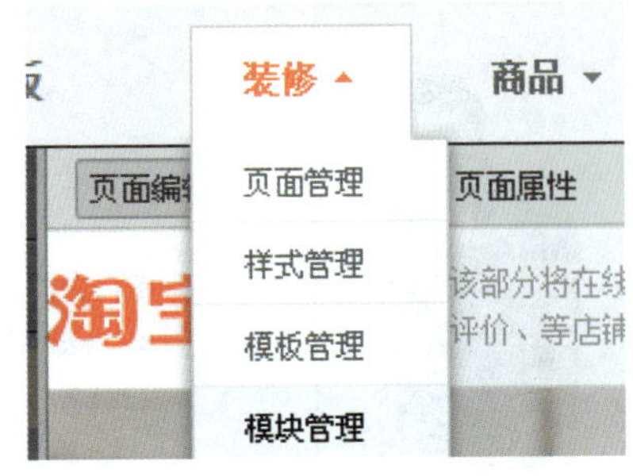

图 11-67 单击“模板管理”选项

图 11-68 单击“系统模板”选项

03 在右侧的新系统模板中，选择第一个系统模板，在弹出的对话框中单击“应用”按钮，如图 11-69 所示。

04 单击“直接应用”按钮，然后单击“装修”下的“样式管理”选项，如图 11-70 所示。

图 11-69 单击“应用”按钮

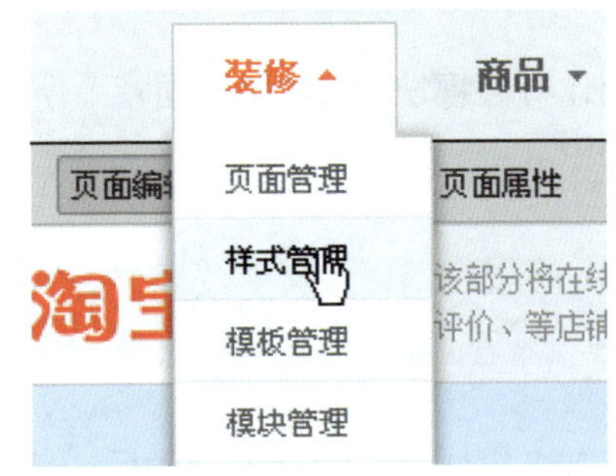

图 11-70 单击

05 在样式中选择“黑白色”样式，然后单击“保存”按钮，如图 11-71 所示。

06 在左侧的“样式编辑”下单击“背景设置”选项，如图 11-72 所示。

07 在页头背景中单击“更换图片”按钮，更换制作好的页头背景图，并单击“居中”按钮，然后单击“保存”按钮，如图 11-73 所示。

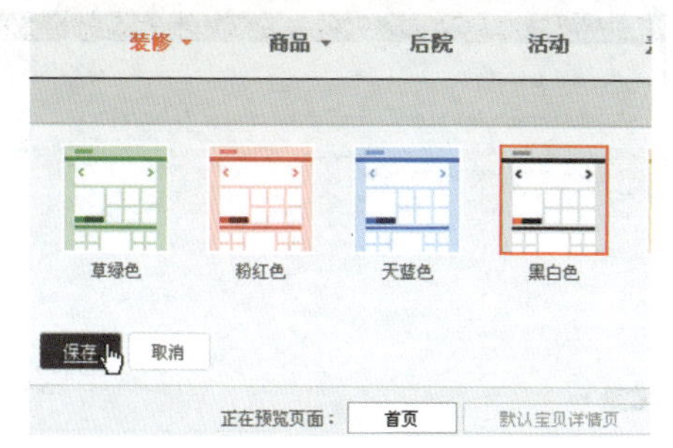

图 11-71　单击“保存”按钮

图 11-72　单击“背景设置”选项

08 在“装修”下单击“页面管理”选项，如图 11-74 所示。

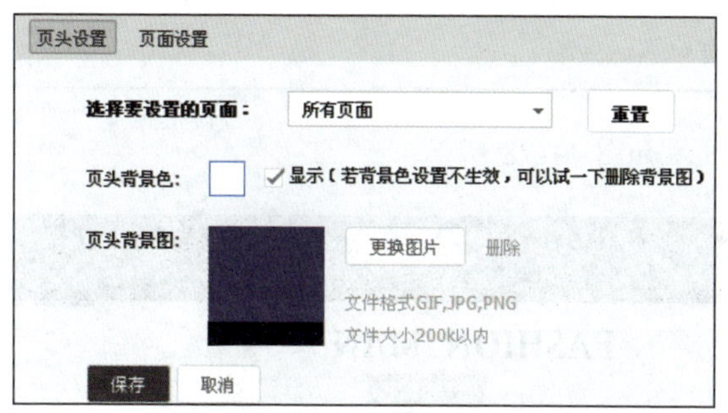

图 11-73　单击“保存”按钮

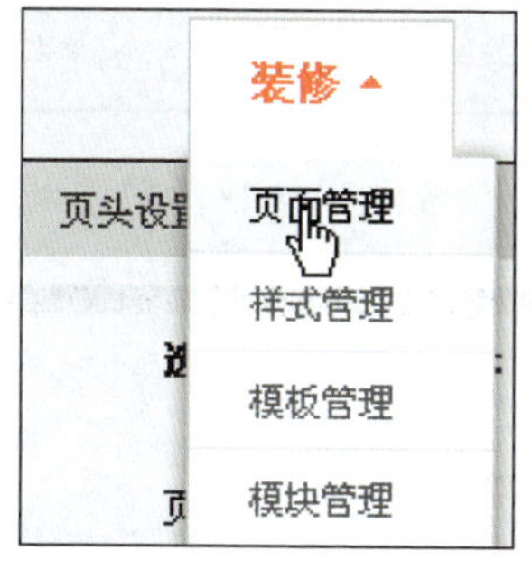

图 11-74　单击“页面管理”选项

09 单击店招模块的“编辑”按钮，在弹出的对话框中上传店招代码，然后单击“保存”按钮，如图 11-75 所示。

10 单击导航模块上的“编辑”按钮，在打开的对话框中单击“显示设置”按钮，然后在文本区域中输入代码 body{background:url(图片地址) no-repeat fixed center top transparent;}，如图 11-76 所示。

旺旺提示

这里的代码是使背景固定居中显示，因此，在代码中图片地址应为背景图片的地址链接。

11 添加“自定义内容区”模块，在自定义内容区中添加全屏海报的代码，如图 11-77 所示。

图 11-75　单击“保存”按钮

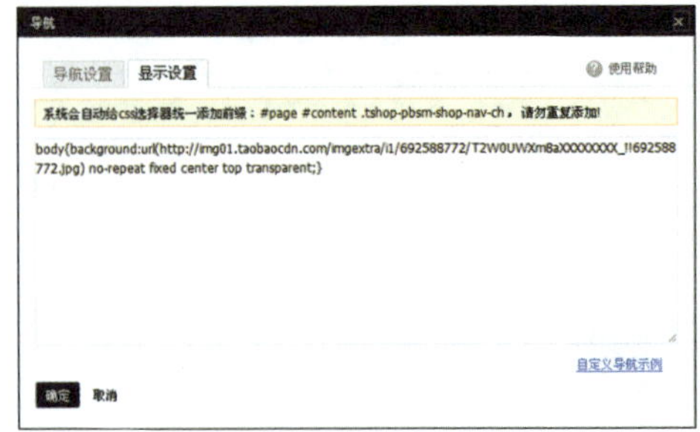

图 11-76　添加代码

旺旺提示

用户若对代码不熟悉，可参考本书的 9.1.2 节的知识。

12 单击“确定”按钮，即添加了全屏海报图，如图 11-78 所示。

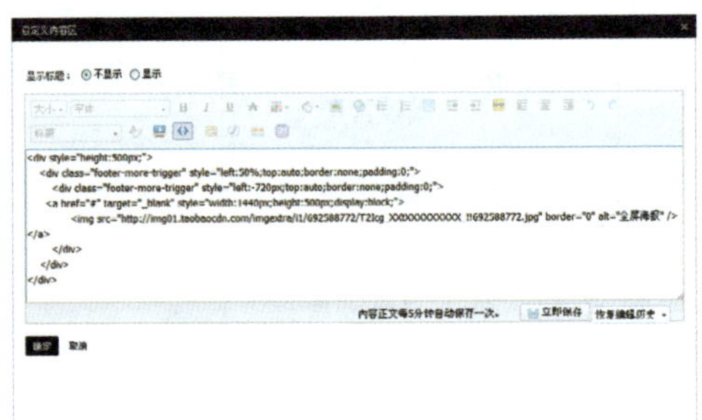

图 11-77　添加全屏海报的代码

图 11-78　全屏海报

13 继续添加“自定义内容区”模块，并将宝贝模块的代码添加到源码编辑区中。

11.3.2 细节装修

对店铺进行整体装修后，还需对店铺的细节进行装修，这需要用户将所学知识进行归纳总结，并举一反三。

装修男装店，除了首页进行装修外，还可以对其他页面进行装修。

第 12 章

品质精美箱包店

通过前面两个服装店铺的装修学习后，用户也就可以通过举一反三，来装修箱包店了。本章将学习精美箱包店铺的装修。

12.1 装修的前期准备

箱包店铺装修也少不了前期准备工作，下面一起开始准备吧。

12.1.1 装修理念

箱包店铺不同于服装店铺，为了不喧宾夺主，在首页设计中应以箱包展示为主，而不是以模特展示为主。

黑白灰是经典的颜色搭配，在本章中要装修的箱包店铺以这种色调为主，不仅时尚简单，还能在一定程度上突出箱包的色彩，从而将消费者的目光吸引到多彩多样的商品上。

12.1.2 效果预览

本章箱包店铺的设计以黑白灰三色为主色调，既经典简约又不失时尚大气。如图 12-1 所示为品质精美箱包店铺的装修效果。

图 12-1　装修效果

12.2 模块设计与制作

下面来学习箱包店铺的模块设计与制作。

12.2.1 店招与导航

下面学习箱包店铺的店招与导航制作，最终效果如图 12-2 所示。

图 12-2　最终效果

01 按 Ctrl+N 快捷键新建一个空白文档，设置其参数，如图 12-3 所示。

02 选择矩形选框工具，绘制选区并填充颜色，如图 12-4 所示。

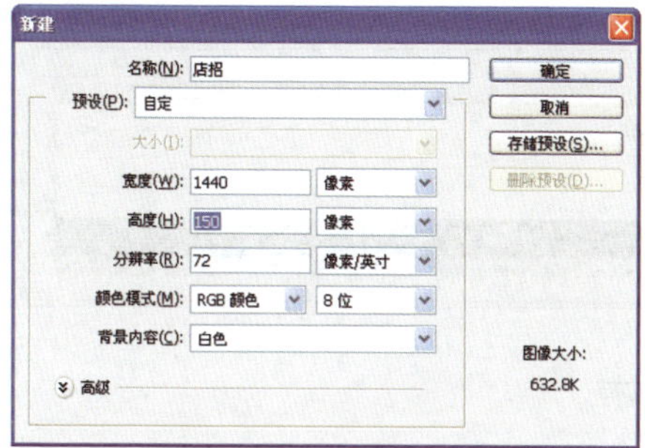

图 12-3　设置参数

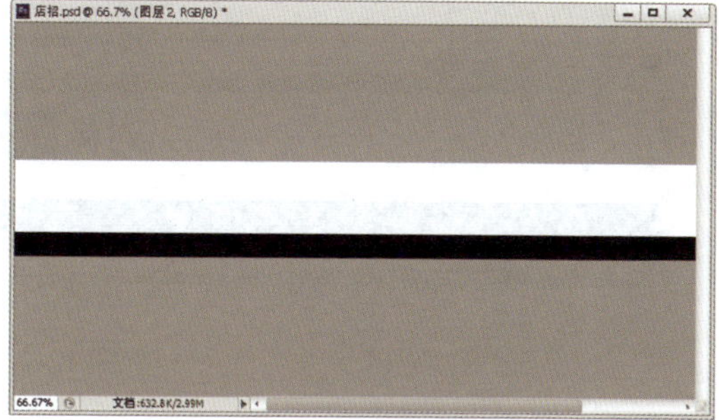

图 12-4　绘制选区并填色

03 使用“文本”工具，设置填充颜色为黑色，输入文本，将文本图层栅格化，按 Ctrl 键的同时单击图层缩略图，将图层载入选区，然后使用“套索”工具减去选区，并为选区填充灰色，如图 12-5 所示。

图 12-5　填充选区颜色

04 使用矩形选框工具绘制选区，然后使用“多边形套索”工具减去选择，并填充黑色，如图 12-6 所示。

图 12-6　填色

05 选择“自定形状”工具绘制图形，并使用“文本”工具输入文本，如图 12-7 所示。

图 12-7　输入文本

06 使用“自定形状”工具绘制形状并使用“文本”工具输入文本，如图 12-8 所示。

图 12-8　输入文本

07 按 Ctrl+O 快捷键打开素材图片，并将其添加到“店招”文档中。按 Ctrl+T 快捷键旋转素材，如图 12-9 所示。

图 12-9　旋转

08 使用“文本”工具，设置填充颜色为白色，输入文本，如图 12-10 所示。

图 12-10　输入文本

09 使用“直线”工具绘制线条，即可完成本实例的制作，店招与导航的最终效果如图 12-11 所示。

图 12-11　最终效果

10 最后将图像存储为 jpeg 格式。

12.2.2 店招与背景分离

上一节制作的店招是包括背景在内的，本小节将学习将店招与背景分离。

01 打开“店招.jpeg”图像，执行“视图”|“新建参考线”命令，在弹出的对话框中单击“垂直”单选按钮，设置位置参数为 245px，如图 12-12 所示。

02 单击“确定”按钮，在文档中即添加了参考线，如图 12-13 所示。

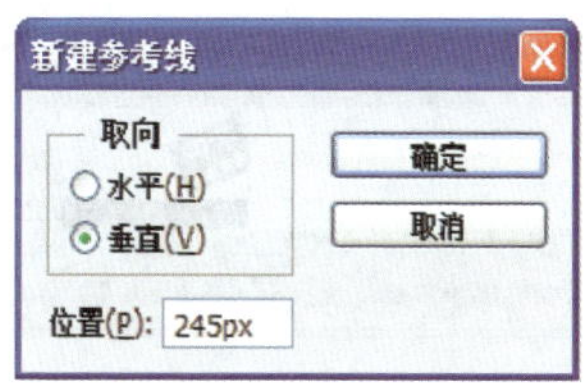

图 12-12　设置参数

图 12-13　添加参考线

旺旺提示

淘宝店铺的店招宽带限定为 950 像素，这里的店招长度为 1440 像素，用两数相减然后除以 2 就是需要创建的参考线位置，像素的单位为 px。

03 用同样的方法，新建另外一条参考线，如图 12-14 所示。

04 单击“确定”按钮，在文档中添加了第二条参考线，如图 12-15 所示。

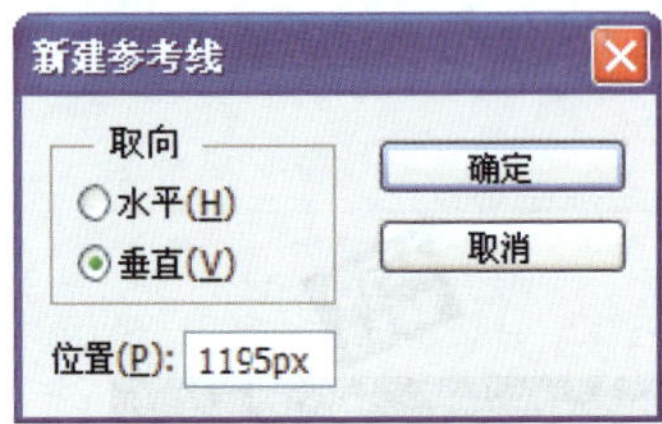

图 12-14　设置参数

图 12-15　添加参考线

旺旺提示

第二条参考线的位置为 245 像素加上店招的 950 像素，即为 1195px。

05 使用“裁剪”工具，根据参考线裁剪出店招，如图 12-16 所示，并将另存为 jpeg 格式的文件。

06 按 Ctrl+Z 快捷键返回上一步操作，使用“矩形选框”工具将店招区域选中并删除，如图 12-17 所示。最后将其保存为 jpeg 格式的文件。

图 12-16　裁剪

图 12-17　删除店招区域

12.2.3 海报制作

箱包店海报的主体为箱包，如图 12-18 所示为海报最终制作效果。

01 新建一个空白文档，设置参数，如图 12-19 所示。

图 12-18　最终效果

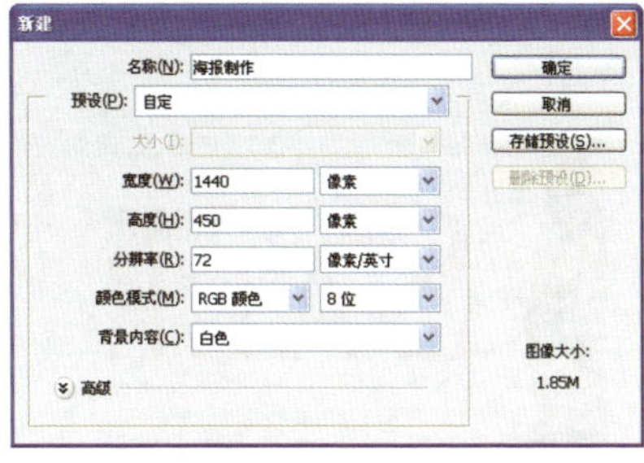

图 12-19　设置参数

02 按 Ctrl+O 快捷键打开一张素材图片，将其拖动到“海报”文档中，如图 12-20 所示。

03 选择“文本”工具输入文本，如图 12-21 所示。

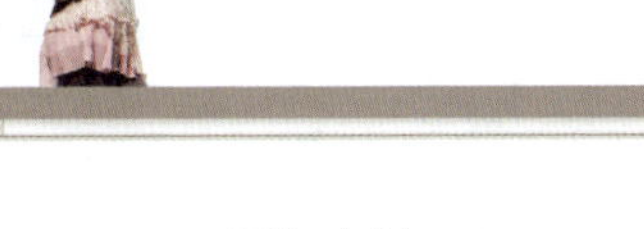

图 12-20　添加素材

图 12-21　输入文本

04 选择“椭圆”工具，按住 Shift 键绘制正圆，如图 12-22 所示。

05 选择“文本”工具输入文本，如图 12-23 所示。

06 继续使用“文本”工具输入文本，如图 12-24 所示。

07 选择“矩形选框”工具绘制选区并填充颜色，然后使用“文本”工具输入文本，即可完成海报的制作，如图 12-25 所示为海报完成效果图。

图 12-22　绘制正圆

图 12-23　输入文本

图 12-24　输入文本

图 12-25　海报完成效果图

12.2.4 宝贝模块

下面学习箱包店的宝贝模块制作，如图 12-26 所示为最终效果图。

01 按 Ctrl+N 快捷键打开“新建”对话框，设置文档大小参数为 950 × 500 像素，如图 12-27 所示。

图 12-26　最终效果图

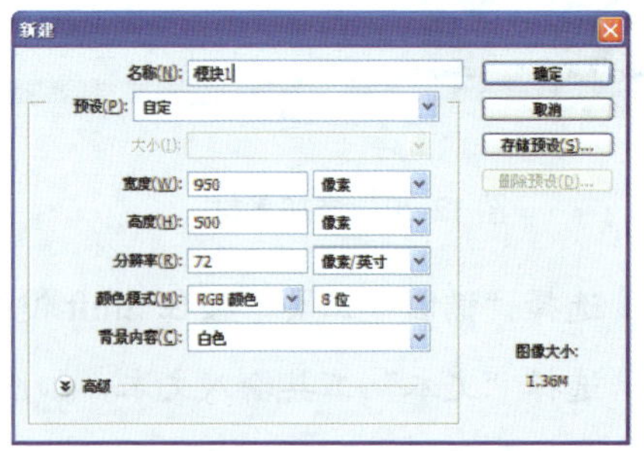

图 12-27　新建

02 使用绘图工具绘制图形，然后输入文本，如图 12-28 所示。

03 选择“直线”工具，在选项栏中设置描边类型，在舞台中绘制虚线，如图 12-29 所示。

图 12-28　输入文本

图 12-29　绘制虚线

04 选择“文本”工具输入文本，如图 12-30 所示。

05 新建图层，选择“矩形选框”工具绘制选区，并填充颜色，如图 12-31 所示。

图 12-30　输入文本

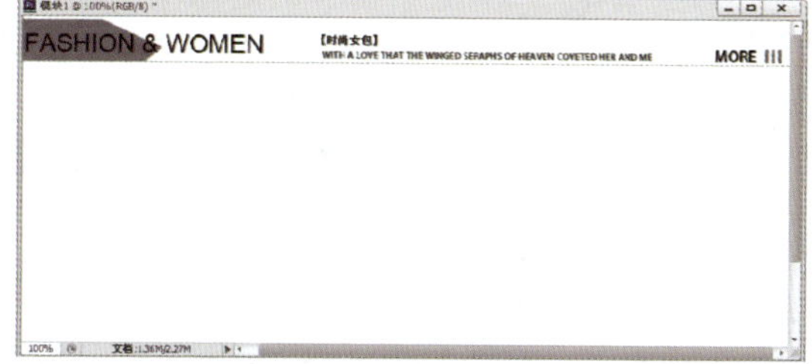

图 12-31　绘制矩形并填色

06 按 Ctrl+O 快捷键打开素材，将商品图片添加到文档中，如图 12-32 所示。

07 选择“文本”工具输入文本，即可完成部分宝贝模块的制作，完成效果如图 12-33 所示。

图 12-32　添加商品图片

图 12-33　完成效果

08 用同样的方法，制作其他宝贝模块。

12.2.5 分类导航

下面学习箱包店的分类导航制作，如图 12-34 所示为最终效果图。

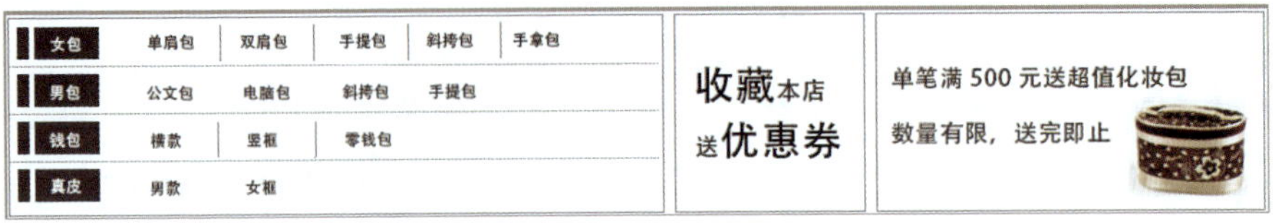

图 12-34　最终效果图

01 新建一个空白文档，文档的大小为 950 × 150 像素。

02 选择“矩形”工具，绘制三个无填充色的矩形，如图 12-35 所示。

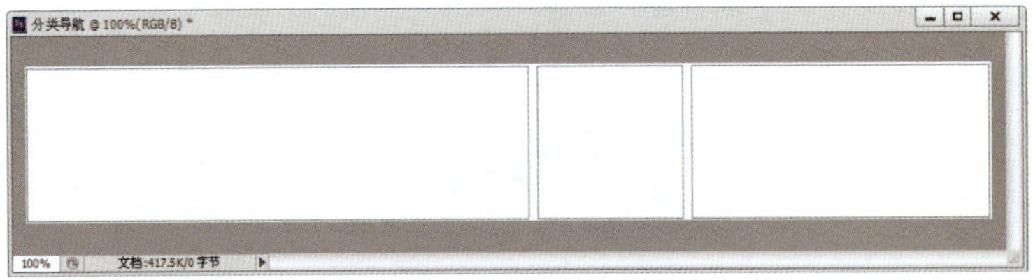

图 12-35　绘制矩形

03 选择“文本”工具，输入文本，如图 12-36 所示。

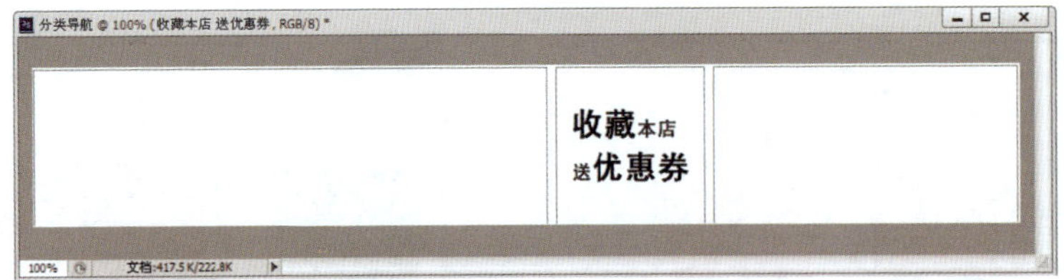

图 12-36　输入文本

04 继续输入文本，并添加商品素材图片，如图 12-37 所示。

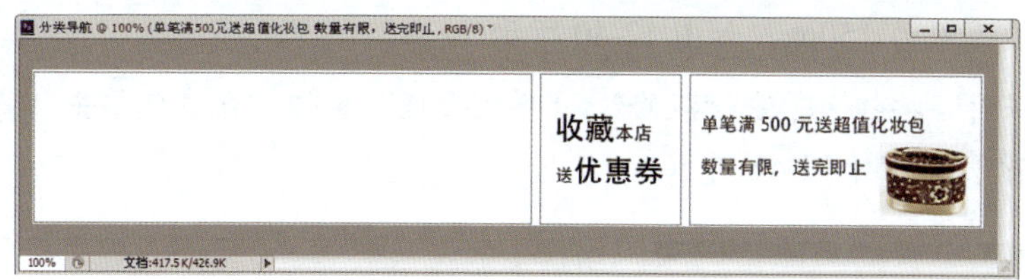

图 12-37　添加素材

05 新建图层，使用“矩形选框”工具绘制选区并填充颜色，然后使用“文本”工具输入文本，如图 12-38 所示。

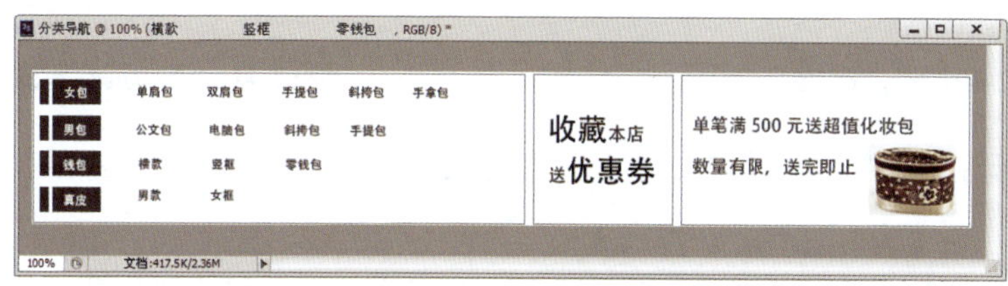

图 12-38　输入文本

06 选择“直线”工具绘制虚线，如图 12-39 所示为最终效果图。

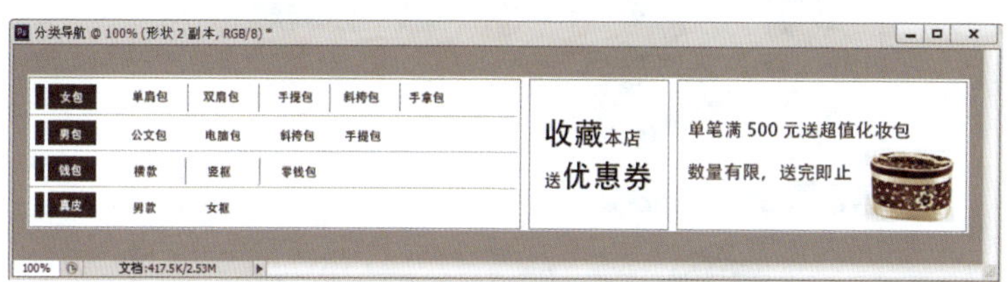

图 12-39　最终效果图

12.3 店铺装修

下面对箱包店铺进行全面装修。

01 进入“店铺装修”页面，在“店招”模块上单击“编辑”按钮，在弹出的对话框中添加店招，并设置高度参数为150px，如图12-40所示。

02 单击“保存”按钮。单击“装修”|“样式管理”按钮，在左侧单击“背景设置”选项，在右侧添加页头背景，如图12-41所示。

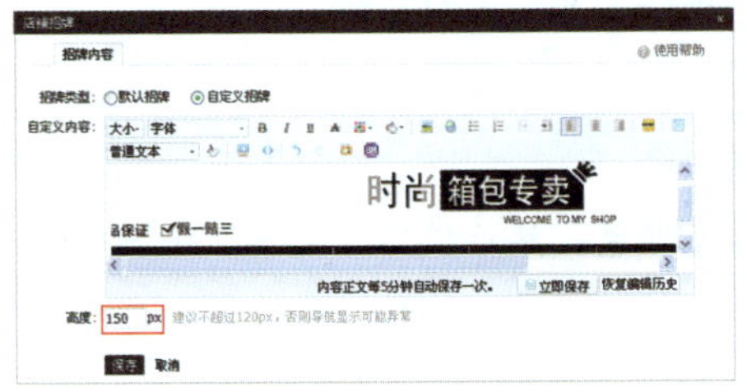

图 12-40　添加店招

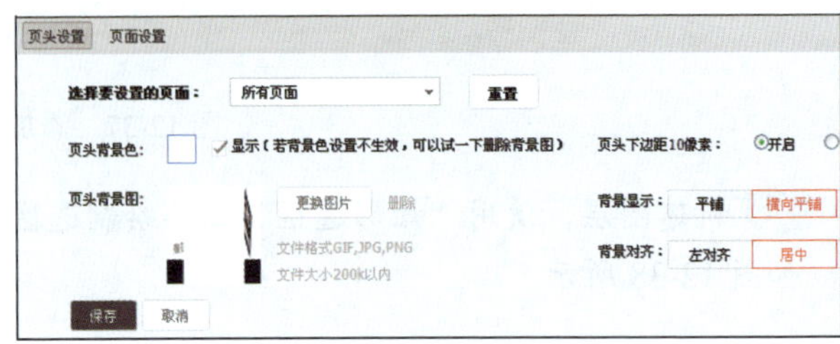

图 12-41　添加页头背景

03 单击“保存”按钮。在店招下添加“自定义内容区”模块，将“海报”代码添加到源码编辑模式下。

04 用同样的方法，添加其他“自定义内容区”模块，并分别将模块装修到店铺中即可，如图12-42所示。

图 12-42　装修其他模块

第 13 章 绿色家居生活馆

随着淘宝网店的增多，人们在网上购置家居用品的也越来越多，因此家居类的店铺同样需要精心装修才能吸引顾客的眼球，本章将学习绿色家居生活馆的装修。

13.1 装修前期准备

家居生活店铺的装修也同其他店铺的装修一样，需要在前期把握其设计理念，及在装修前形成一个蓝图，才能在后期装修中得心应手。

13.1.1 设计理念

现代都市生活的繁忙、快节奏使得人们在装修家居时更倾向于绿色、环保及生态的效果，本章对家居生活馆的装修是以绿色调为主，给人一种清新怡人的感觉。

绿色的格调设计能缓解视觉疲劳及生活压力，再加上橙色的装饰，能使整个店铺装修不会显得过于单一。

13.1.2 效果预览

家居生活馆是以绿色调为主，加以橙色点缀，能更好的突出舒适、生态的效果，如图 13-1 所示为最终效果图。

图 13-1　效果预览

13.2 模块设计与制作

店铺装修前对模块进行设计，然后使用 Photoshop 软件对模块进行制作，最后生成代码。下面来学习模块的设计与制作。

13.2.1 店招制作

下面来学习家居店铺的店招，店招的最终效果如图 13-2 所示。

图 13-2　最终效果

01 按 Ctrl+N 快捷键打开“新建”对话框，并设置参数为 950 × 120 像素，如图 13-3 所示。

02 选择“文本”工具，在舞台中输入文本，如图 13-4 所示。

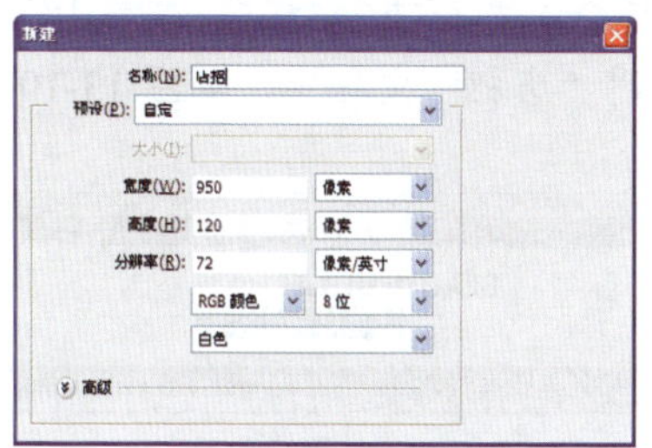

图 13-3　设置参数

图 13-4　输入文本

03 在“图层”面板中选择文本图层，单击鼠标右键，执行“栅格化文字”命令，如图 13-5 所示。

04 按住 Ctrl 键，单击图层缩略图，将文字载入选区，然后使用“矩形选框”工具，按住 Alt 键减去选区，如图 13-6 所示。

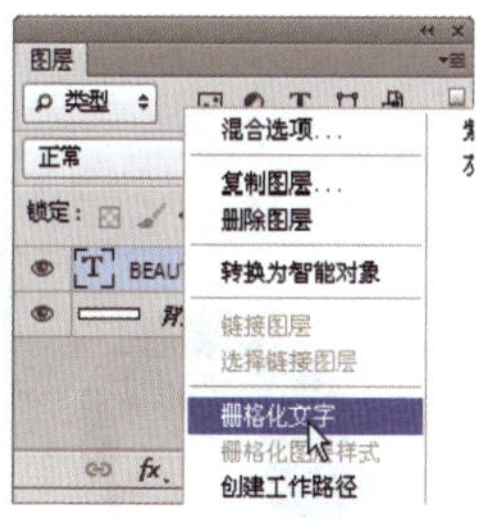

图 13-5　执行命令

图 13-6　减去选区

05 为选区图像填充绿色，如图 13-7 所示。

06 使用“矩形”工具绘制绿色矩形，使用“文本”工具输入文本，如图 13-8 所示。

图 13-7　填充颜色

图 13-8　输入文本

07 按 Ctrl+Delete 快捷键为背景图层填充颜色，选择文本工具输入文本，如图 13-9 所示。

08 按 Ctrl+O 快捷键打开一张素材图片，将其添加到“店招”文档中，如图 13-10 所示。

图 13-9　输入文本

图 13-10　添加素材

09 选择“自定形状”工具绘制图形，然后使用“文本”工具，输入文本，最终效果如图 13-11 所示。

13.2.2 海报制作

下面学习海报制作，最终效果如图 13-12 所示。

图 13-11　最终效果

图 13-12　最终效果

01 按 Ctrl+N 快捷键打开“新建”对话框，并设置参数为 950 × 580 像素，如图 13-13 所示。

02 按 Ctrl+O 快捷键打开素材，将其拖动到“海报”文档中，如图 13-14 所示。

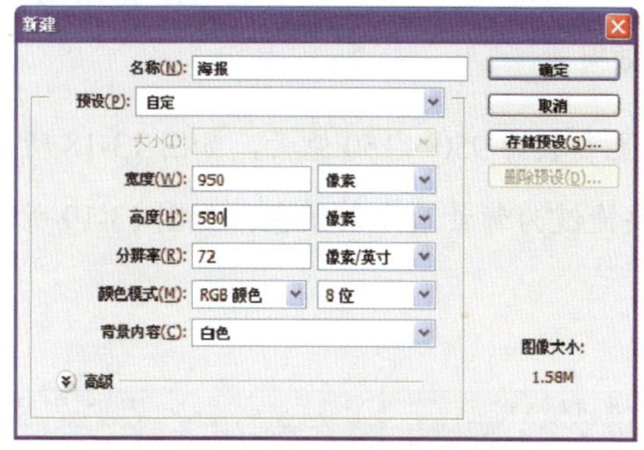

图 13-13　设置参数

图 13-14　添加素材

03 选择“文本”工具输入文本，如图 13-15 所示。

04 继续使用“文本”工具输入文本，完成最终效果如图 13-16 所示。

图 13-15　输入文本

图 13-16　最终效果

13.2.3 店铺收藏

下面学习店铺收藏的制作，最终效果如图 13-17 所示。

图 13-17　最终效果

01 按 Ctrl+N 快捷键打开“新建”对话框，并设置参数为 950 × 150 像素，如图 13-18 所示。

02 新建图层，设置前景色，然后按 Alt+Delete 快捷键为背景填充前景色，如图 13-19 所示。

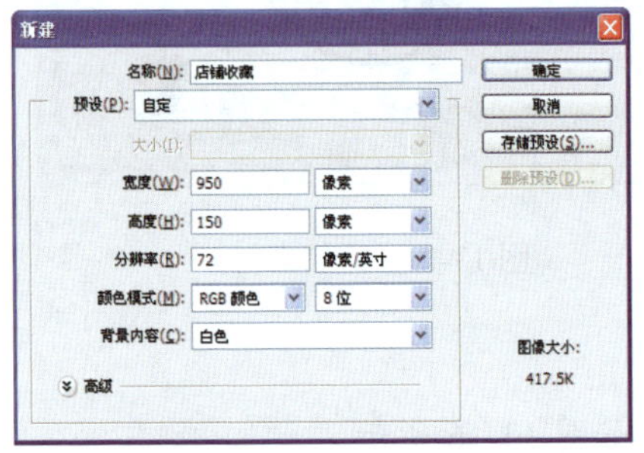

图 13-18　设置参数

图 13-19　填充颜色

03 选择“矩形选框”工具绘制矩形选区，并填充颜色，如图 13-20 所示。

04 选择“文本”工具输入文本，如图 13-21 所示。

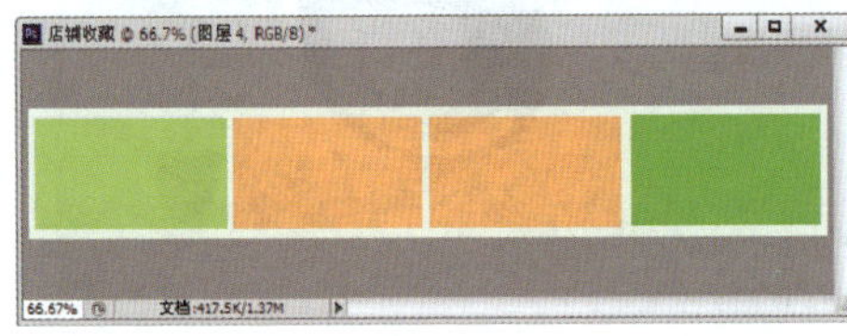

图 13-20　绘制并填色

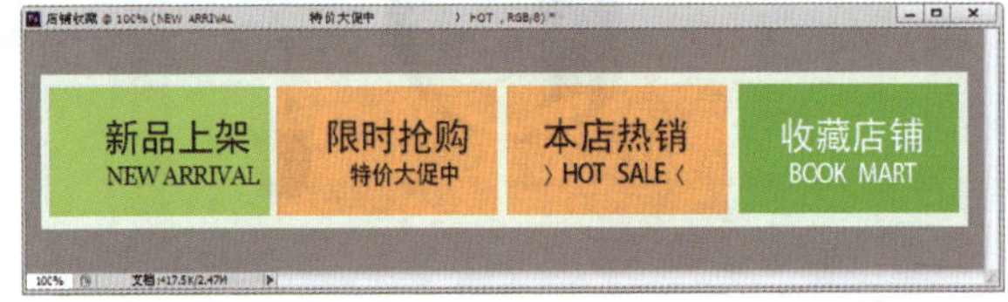

图 13-21　输入文本

05 使用绘图工具绘制图形，然后对文字进行细微移动，效果如图 13-22 所示。

13.2.4 宝贝模块

下面学习宝贝模块的制作，如图 13-23 所示为最终效果图。

图 13-22　最终效果　　　　图 13-23　最终效果图

01 按 Ctrl+N 快捷键打开“新建”对话框，并设置参数为 950 × 800 像素，如图 13-24 所示。

02 新建图层，选择“矩形选框”工具绘制选区并填充颜色，然后使用“文本”工具输入文本，如图 13-25 所示。

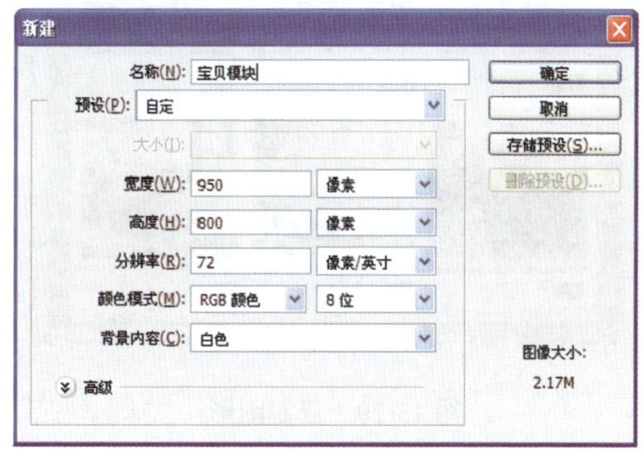

图 13-24　设置参数

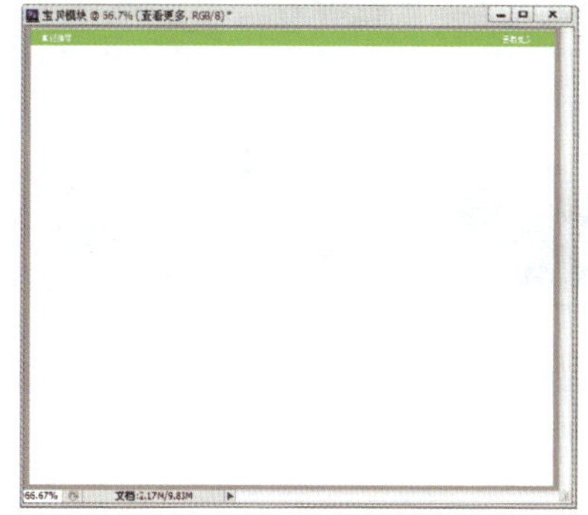

图 13-25　输入文本

03 按 Ctrl+O 快捷键打开素材，将其拖动到“宝贝模块”文档中，如图 13-26 所示。

04 选择“文本”工具，在舞台中输入文本，如图 13-27 所示。

图 13-26　添加素材

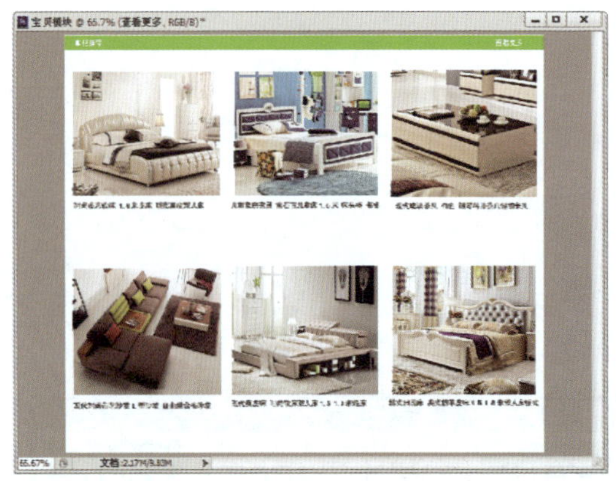

图 13-27　输入文本

05 新建图层，使用“矩形选框”工具和其他绘图工具绘制图形，如图 13-28 所示。

06 按住 Alt 键的同时选择图形，拖动并快速复制图形，如图 13-29 所示。

图 13-28　绘制图形

图 13-29　复制图形

07 选择文本工具输入文本，如图 13-30 所示。

08 使用文本工具输入价格，并使用线条工具绘制线条，完成最终效果图，如图 13-31 所示。

图 13-30　输入文本

图 13-31　最终效果图

13.3 店铺装修

同其他店铺的装修流程一样，在设计与制作网店中的模块后，就需要完成最后一步，店铺装修了。

01 进入“店铺装修”页面，在“店招”模块上单击“编辑”按钮，在弹出的对话框中添加店招，并设置高度参数为 120px，如图 13-32 所示。

02 单击“保存”按钮。单击“装修”|“样式管理”按钮，在右侧单击“草绿色”样式，如图 13-33 所示。

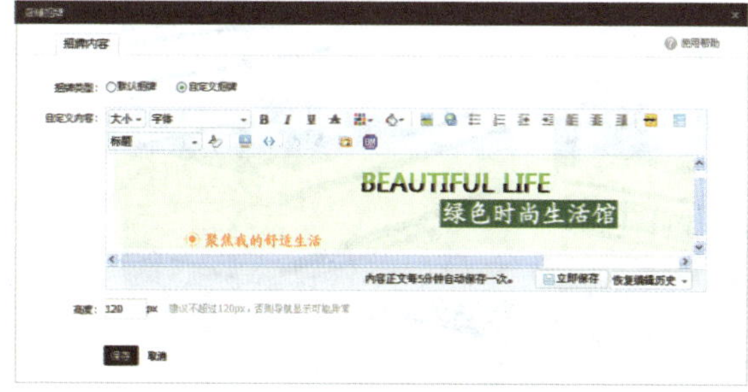

图 13-32　添加店招

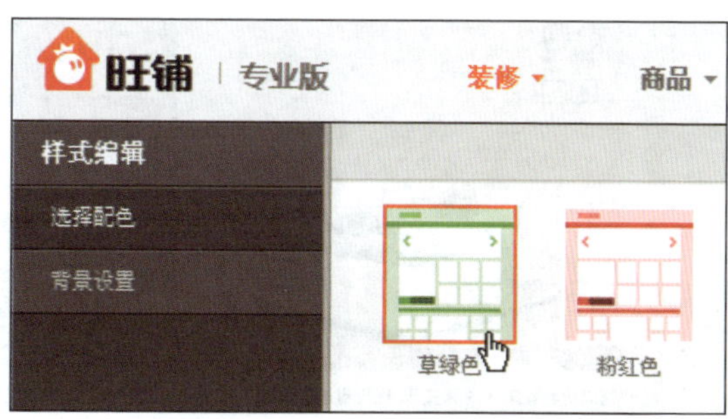

图 13-33　添加页头背景

03 单击“保存”按钮。在左侧单击“背景设置”选项，然后单击“页面设置”按钮，设置页面背景色为浅绿色，选中“显示”复选框，如图 13-35 所示。

04 单击“保存”按钮。回到“页面管理”页面，在店招下添加“自定义内容区”模块，将海报上传并插入，如图 13-36 所示。

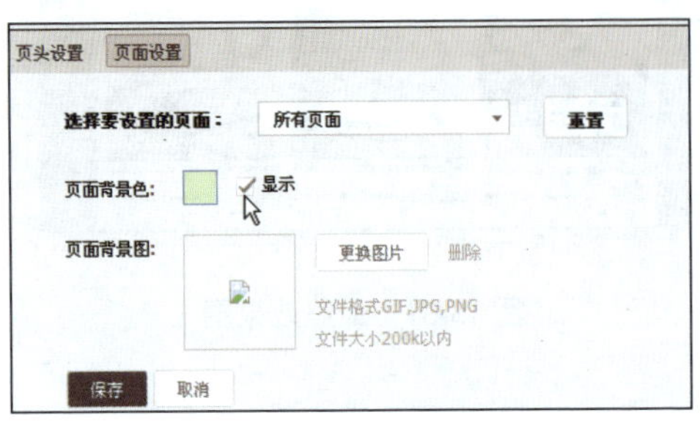

图 13-34 选中“显示”复选框

图 13-35 插入海报

05 用同样的方法，将其他模块生成代码装修到“自定义内容区”模块中，如图 13-36 所示。

图 13-36 添加其他模块